INHALT

	Abkürzungen	6
	Einführung	7
1	Grundbegriffe der chinesischen Medizin	10
1.1	Yin und Yang	10
1.2	Die fünf Wandlungsphasen	12
1.3	Leitbahnen und Netzgefäße	14
1.4	Qi und Blut	30
1.5	Essenz	31
1.6	Speicher- und Hohlorgane	32
1.7	Die acht Leitkriterien	38
2	Die *Tuina*-Massage (Allgemeines)	40
2.1	Massagetechniken	42
2.2	Wichtige Punkte für die *Tuina*-Massage	51
2.3	Massage zum Dehnen, Leiten und Strecken der Leitbahnen und Netzgefäße	72
3	*Tuina*-Massage im Wettkampfbereich	78
3.1	Allgemeine Lockerungsmassage	78
3.2	*Tuina*-Massage in der psychologischen Betreuung	83
3.2.1	Die emotionale Lage des Wettkämpfers aus der Sicht der chinesischen Medizin	85
3.3	*Tuina*-Massage zwischen zwei Wettkämpfen	91
3.4	Regenerationsmassage	92
3.5	Selbstmassage	94
3.6	*Tuina*-Massage als erste Hilfe bei kleineren Sportverletzungen	102
4	Ernährungstipps aus der chinesischen Diätetik für Wettkampfsportler	120
	Literatur	128

Abkürzungen

Bl	Blasenleitbahn
Di	Dickdarmleitbahn
Dü	Dünndarmleitbahn
3E	Dreifachwärmer
Ex	Extrapunkt
Gb	Gallenblasenleitbahn
He	Herzleitbahn
KG	Konzeptionsgefäß
Le	Leberleitbahn
LG	Lenkergefäß
Lu	Lungenleitbahn
Ma	Magenleitbahn
Mi	Milzleitbahn
Ni	Nierenleitbahn
Pe	Perikardleitbahn

Einführung

Das vorliegende Buch möchte die Wege und Methoden aufzeigen, welche die chinesische Massage für die Betreuung von Wettkampfsportlern bereithält. Es versteht sich als Ratgeber für die Anwendungsmöglichkeiten der chinesischen Massagetechniken im Rahmen der medizinisch-physischen und psychischen Betreuung von Wettkampfsportlern. Zielgruppe des Buches sind daher Kampfsportler sowie alle Individual- oder Mannschaftssportler, deren Betreuer, Trainer und Masseure.

Historische Bedeutung. Die chinesische Massage gehörte seit jeher in den Rahmen der medizinischen Therapien Chinas. Sie wurde in der frühen Geschichte vor allem durch taoistisch orientierte Ärzte als Mittel der Selbsttherapie und Prävention gefördert. In der Tangzeit (618-905) wurde im kaiserlichen Medizinalamt ein eigenes Departement für Massage eingerichtet als Zeichen der Hochschätzung dieser Therapiemethode und ihrer Wirksamkeit. Die im Massageamt tätigen Spezialisten wurden »Massageärzte« genannt. In den folgenden Dynastien fiel das Departement für Massage zwar weg, der Berufsstand des Massagearztes existierte jedoch weiterhin. In der Mongolenzeit (1130-1280), die durch permanente Kriegswirren gekennzeichnet war, wurde der Notwendigkeit entsprechend im kaiserlichen Medizinalamt ein Departement für Knochenrichten eingeführt, die Massage diesem unterstellt. Das zeigt, dass die chinesische Massage durchaus auch chiropraktische und osteopathische Aspekte besitzt. Noch heute steht die Massage in der chinesischen Medizin gleichberechtigt neben Nadel- und Kräutertherapie, wobei ihre besondere Bedeutung neben der klinischen Medizin vor allem in den Bereichen Prävention und Rehabilitation liegt. Seit 1987 wurden durch die Gründung der nationalen Massage-Association in China die Studien auf dem Gebiet der chinesischen Massage national und weltweit intensiviert.

Wesen. Der vollständige Name der chinesischen Massage, *tuina anmo*, verrät bereits die vier grundlegenden Massagetechniken, auf denen sie im Wesentlichen beruht: schieben (*tui*), greifen (*na*), pressen (*an*) und reiben (*mo*). Die Massagetechniken werden sowohl flächig als auch punktuell ausgeführt. Die flächige Massage erfolgt im Wesentlichen entlang der Leitbahnen, punktuelle Massage wird an speziellen Reizpunkten durchgeführt. Diese können entweder auf den Leitbahnen lokalisiert sein oder außerhalb dieser liegen (Extrapunkte). Daneben können lokale Schmerzpunkte (*ashi*-Punkte) in die Massage mit einbezogen werden. Die hauptsächliche Wirkweise der *tuina*-Massage liegt in einer Aktivierung des Blutkreislaufs, darin, wie die chinesische Medizintheorie sagt, die Leitbahnen und Netzgefäße durchgängig zu machen, Qi und Blut zu aktivieren und damit energetische Blockaden und Stauungen zu lösen. Die Variabilität der Massagetechniken und -stärken und die Stimulation ganz unterschiedlich wirksamer Reizpunkte des Körpers beschert der *tuina*-Massage ein weites Anwendungsspektrum im physischen wie im psychischen Bereich. Im Bereich der inneren Medizin kann sie bei leichteren organischen Störungen effektiv eingesetzt werden, in der Psychologie wirkt sie allgemein antidepressiv und sedativ. Im Bewegungsapparat angewandt, bewirkt sie durch die Förderung der Zirkulation von Blut und Qi eine Linderung von Schmerzen, Schwellungen und Gelenksteifigkeiten. Es ist ihr besonderer Einfluss auf Physis und Psyche, welcher die chinesische Massage auch für den Bereich des Wettkampfsports zu einer wirksamen Unterstützung bei der physischen und mentalen Vorbereitung und der Regeneration macht, sowohl während des Wettkampfgeschehens als auch in dessen Folge.

Die chinesische Massagetherapie beruht wie bereits angedeutet weniger auf anatomischen Gesichtspunkten als vielmehr auf der traditionellen chinesischen Medizintheorie. Sie basiert auf den Theorien von Yin und Yang, den fünf Wandlungsphasen, den acht Leitkriterien und der Leitbahnentheorie.

Für die *tuina*-Massage im Bereich des Wettkampfsports sind die Grundregeln der chinesischen Medizin nicht von der eminenten Bedeutung wie in der inneren Medizin, dennoch ist ein grundlegendes Verständnis der Theorien hilfreich für das Verständnis

Einführung

der verschiedenen Massagetechniken und deren Anwendung. Aus diesem Grund werden die wichtigsten Theorien der chinesischen Medizin vorab kurz und prägnant vorgestellt (1). Somit kann das Buch auch für diejenigen Sportler und Trainer von Nutzen sein, die noch nicht mit der chinesischen Medizin in Berührung gekommen sind.

Der Körper hat 365 Reizpunkte, die auf den Leitbahnen lokalisiert sind und rund 23 normierte Extrapunkte, daneben etliche chinesische Extrapunkte, die weniger bekannt sind. Grundsätzlich können alle diese Punkte bis auf wenige Ausnahmen für die Massage nutzbar gemacht werden. Für den Bereich des Kampf- und Wettkampfsports allgemein sind jedoch bestimmte Punkte von besonderer Bedeutung, während andere in den Hintergrund treten. Die wichtigsten und am häufigsten gebrauchten Punkte werden im Buch gesondert vorgestellt mit ihrer anatomischen Lage und ihrer spezifischen Wirkweise (2.1). Eine entsprechende Einschränkung wird im Bereich der Massagetechniken gemacht. Die chinesische Massage unterscheidet eine große Anzahl unterschiedlicher Massagetechniken, die sich z. T. sehr ähnlich sind, andere wiederum sind für die Massage im Wettkampfsport nicht relevant. Es wurde daher eine Auswahl von zwölf Massagetechniken getroffen (2.3). In einem dritten Teil werden die Anwendungsmöglichkeiten der chinesischen Massage im Wettkampf als vorbereitende, betreuende und regenerierende Maßnahme beschrieben und erläutert.

Den Abschluss bilden einige Ernährungstipps für Wettkampfsportler aus der chinesischen Diätetik (4).

1 Grundbegriffe der chinesischen Medizin

Die Theorien der chinesischen Medizin sind in ihren Grundzügen bereits Jahrtausende alt. Sie haben ihren Ursprung in den Naturbeobachtungen chinesischer Denker. Es ist daher verständlich, dass sie vielfach sehr weit von denen der westlichen Schulmedizin abweichen. Forschungen in neuerer Zeit ergaben jedoch auch erstaunliche Parallelen im Verständnis der beiden Systeme hinsichtlich der physiologischen und pathologischen Geschehen im Körper. Es sind lediglich die Erklärungsmodelle und die Begriffe, die weit voneinander abweichen.

Die Grundbegriffe, die hier vorgestellt werden, sind diejenigen, welche für das Verständnis der chinesischen Massage unabdingbar sind. Es sind dies Yin und Yang, die fünf Wandlungsphasen, die Leitbahnen und Netzgefäße, Qi und Blut, Speicher- und Hohlorgane und die acht Leitkriterien. Die chinesische Diagnostik kann für die Anwendung im sportlichen Bereich vernachlässigt werden.

1.1 Yin und Yang

Yin und Yang ist ein Begriffspaar aus der chinesischen Philosophie, welches zunächst dazu diente, die beiden Seiten eines Berghanges zu beschreiben. Yang bedeutet im eigentlichen Sinn lediglich »der Sonne ausgesetzt«, Yin bedeutet »der Sonne entgegengesetzt«. Die Gesetzmäßigkeiten von Yin und Yang und die Gesetzmäßigkeiten ihrer Beziehungen untereinander wurden in vorchristlicher Zeit von chinesischen Philosophen durch intensive Naturbeobachtungen entdeckt. Sie stellten in allen Dingen der Erde zwei einander entgegengesetzte Pole fest, die jedoch eine untrennbare Einheit bilden insofern sie beide in stetigem Abhängigkeitsverhältnis voneinander existieren. Die grundlegenden Beziehungen der beiden Pole Yin und Yang sind:

Kein Pol existiert in seiner reinen Form, sondern jeder trägt Teile des anderen in sich.

Yin und Yang

Kein Pol kann allein ohne den anderen existieren.
Beide Pole sind ständig in Bewegung, und jeder nimmt jeweils im proportionalen Verhältnis zum Gegenpol zu und ab.

Es ergab sich aus diesen Beobachtungen eine wertungsfreie Klassifizierung in die sich bewegenden, wachsenden, nach oben strebenden Dinge (Yang) und in die ruhigen, statischen, nach unten strebenden Dinge (Yin). Yin und Yang sind niemals absolute feste Größen, sie ergeben sich stets durch die relative Betrachtung.

Das Yin-Yang-Symbol

In der Hanzeit (206 v. Ch. - 220 n. Ch.) wurde die Yin-Yang-Theorie in den Bereich der Medizin übertragen und spielte fortan eine tragende Rolle im medizinischen Denken, in Anatomie, Physiologie, Pathologie und Therapie.

Der menschliche Körper teilt sich zunächst grob in seine festen Bestandteile (Muskeln, Knochen, Blut etc.) und die Funktionen, welche das Leben in diesen festen Strukturen aufrechterhalten. Die feste Körperhülle (*ti*) repräsentiert Yin, die Funktionen (*yong*) repräsentieren Yang. Anatomisch gesehen ist der Rumpf im Vergleich zum Kopf Yin, mit den unteren Extremitäten verglichen, ist er oben, d. h. er repräsentiert Yang. Die Innenorgane teilen sich von ihrer Funktion her in Yin-Organe (Lunge, Herz, Milz, Leber und Niere) und Yang-Organe, welche aktiv am Verdauungsgeschehen teilhaben (Magen, Dickdarm, Dünndarm). Jedem Yin-Organ ist ein komplementäres Yang-Organ zugeordnet (s. u., 1.6).

Anhand ihrer anatomischen Lage lassen sich die Yin-Organe wiederum in Yin und Yang unterteilen. Lunge und Herz, im Thoraxbereich lokalisiert, repräsentieren Yang, Leber, Milz und

Niere repräsentieren Yin. Herz und Lunge miteinander verglichen ergeben, dass Herz Yang ist und Lunge Yin. Unter den im unteren Abdominalbereich gelegenen Organe repräsentieren Niere und Milz Yin, Leber Yang. Jedes Speicherorgan besitzt darüber hinaus zwei Arten von Energie, eine struktive (Yin) und eine potenzielle, funktionale (Yang).

Alles im menschlichen Körper bewegt sich um das Verhältnis von Yin und Yang, um die Harmonie zwischen diesen beiden Größen. Gesundheit und Krankheit definieren sich über Harmonie und Disharmonie von Yin und Yang. Yin und Yang sind täglich gewissen Schwankungen unterworfen, die jedoch durch den Selbstregulierungsmechanismus des Körpers ausgeglichen werden können. Verschiebungen in die eine oder andere Richtung über einen physiologischen Rahmen hinaus, die nicht mehr ausgeglichen werden können, bedürfen der Regulierung durch therapeutisches Eingreifen.

1.2 Die fünf Wandlungsphasen

Die Naturbeobachtungen der Philosophen aus vorchristlicher Zeit ergaben, dass die Welt im Wesentlichen aus fünf Hauptelementen besteht, aus Wasser, Holz (Bäume), Feuer, Erde und Metall. Sie stellten fest, dass diese Elemente eigentlich Phasen im steten Wandel der Zeiten und Gezeiten darstellen, dass sie in einem Verhältnis der *gegenseitigen Erzeugung* und der *gegenseitigen Kontrolle* zueinander stehen.

Der Kreislauf der *gegenseitigen Erzeugung* beginnt beim Holz. Bäume (Holz) erhalten Nahrung durch das älteste Element der Erde, Wasser, und beginnen im Frühjahr zu wachsen. Trockenes Holz verbrennt bei glühender Sommerhitze, verbranntes Holz wird zu Erde, die Erde birgt Erze (Metall), Metall schmilzt in der Hitze der Erde und nimmt wasserähnliche Eigenschaften an. Diesen Gedankengängen folgend wurden die Jahreszeiten zugeordnet: Frühling (Holz), Sommer (Feuer), Spätsommer (Erde), Herbst (Metall), Winter (Wasser).

Das System der *gegenseitigen Kontrolle* erklärt sich durch folgendes Modell: Wasser löscht Feuer, Feuer schmilzt Metall, Metall schneidet Holz, Holz wächst auf Erde, Erde dämmt Wasser.

Die fünf Wandlungsphasen

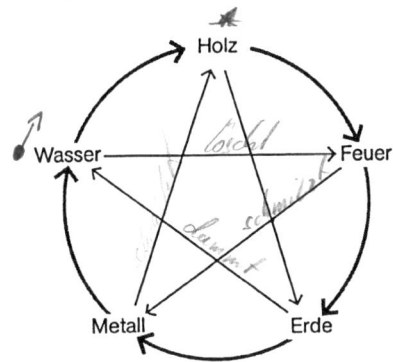

Die Beziehungen der fünf Wandlungsphasen

Seit dem zweiten nachchristlichen Jahrhundert wurde die Fünf-Phasen-Theorie letztlich in den Bereich der Medizin übernommen. Die Zuordnungen in der Medizin umfassen zunächst die Innenorgane:

Holz: Leber/Galle
Feuer: Herz/Dünndarm
Erde: Milz/Magen
Metall: Lunge/Dickdarm
Wasser: Niere/Blase

Jedes Organ ist der Fünf-Phasen-Theorie entsprechend die Mutter des folgenden, jedes Organ kontrolliert ein anderes und unterliegt seinerseits der Kontrolle durch ein anderes Organ. Störung eines Organs kann Auswirkungen auf das mit ihm korrelierende Organ haben. Schwäche im Mutterorgan setzt sich fort in Schwäche des Sohn-Organs. Überaktivität des kontrollierenden Organs führt zu einem Übergriff auf das Organ, welches unter seiner Kontrolle steht (*ke*). Schwäche des kontrollierenden Organs führt zur Unfähigkeit, die Kontrollfunktion auszuüben und in der Folge zu Übergriffen durch das zu kontrollierende Organ (*wu*), wenn dieses zu stark wird.

Die Reihe der Zuordnungen innerhalb der Medizin wurde im Laufe der Zeiten immer weiter ausgedehnt, sie umfasst heute neben den Innenorganen Körperstrukturen, Sinnesorgane, und

Emotionen, daneben die fünf Phasen aus der Natur, Geschmacksrichtungen, Farben, klimatische Einflüsse, Jahreszeiten und Himmelsrichtungen (s. u., 1.6).

1.3 Leitbahnen und Netzgefäße

Der Körper ist durchzogen von einem Netzwerk energetischer Leitbahnen, welche sämtliche Organe und Gewebeteile des Körpers miteinander verbinden. In ihnen zirkuliert das energetische Potenzial Qi, welches sämtliche Gewebeteile und Innenorgane mit Energie versorgt. Das Leitbahnensystem besteht aus den zwölf Hauptleitbahnen, oft auch »Meridiane« genannt, (*jing*), den Netzgefäßen (*luo*), den acht Extraleitbahnen (*jijing bamai*), den tendomuskulären Leitbahnen (*jinjing*) und den oberflächlich verlaufenden Leitbahnen (*bieluo* und *sunluo*). Die zwölf Hauptleitbahnen stehen mit den Innenorganen in Verbindung, und sie besitzen eigene Reizpunkte mit verschiedenen Wirkungen. Sie werden in Yin- und Yangleitbahnen unterteilt und in Hand und Fuß. Die Einteilung in Hand und Fuß richtet sich nach ihrem Ausgangs- oder Endpunkt. Die Yinleitbahnen der Hand (Lunge, Herz, Perikard) verlaufen vom Thoraxbereich zu den Fingerspitzen, die Yinleitbahnen des Fußes (Leber, Milz, Niere) verlaufen von den Zehenspitzen zum Kopf. Die Yangleitbahnen der Hand (Dickdarm, Dreifachwärmer, Dünndarm) verlaufen umgekehrt von einer Fingerspitze zum Kopf, die Yangleitbahnen des Fußes (Magen, Gallenblase und Blase) verlaufen vom Kopfbereich zu den Zehen. Die Yinleitbahnen verlaufen an der medialen Seite der Extremitäten, die Yangleitbahnen an der lateralen Seite. Jede Yinleitbahn steht mit ihrer komplementären Yangleitbahn durch bestimmte Netzgefäße in Verbindung. Es bilden diejenigen Yin- und Yangleitbahnen Komplementärleitbahnen, deren zugehörige Innenorgane ein Komplementärpaar bilden (s. u., 1.6). Es sind dies:

Leitbahnen und Netzgefäße

Organe	Leitbahnen
Lunge-Dickdarm	(Taiyin der Hand – Yangming der Hand)
Milz-Magen	(Taiyin des Fußes – Yangming des Fußes)
Herz-Dünndarm	(Shaoyin der Hand – Taiyang der Hand)
Niere-Blase	(Shaoyin des Fußes – Taiyang des Fußes)
Perikard-Dreifachwärmer	(Jueyin der Hand – Shaoyang der Hand)
Leber-Galle	(Jueyin des Fußes – Shaoyang des Fußes)

Die acht Extraleitbahnen besitzen mit Ausnahme der Leitbahnen, die entlang der mediosternalen Linie (Konzeptionsgefäß) und der vertebralen Linie verlaufen (Lenkergefäß) keine eigenen Punkte. Sie kontrollieren lediglich den Energielauf der Hauptleitbahnen. Die Netzgefäße (*luomai*) stellen die Verbindungslinien zwischen den Yin- und ihren komplementären Yangleitbahnen dar.

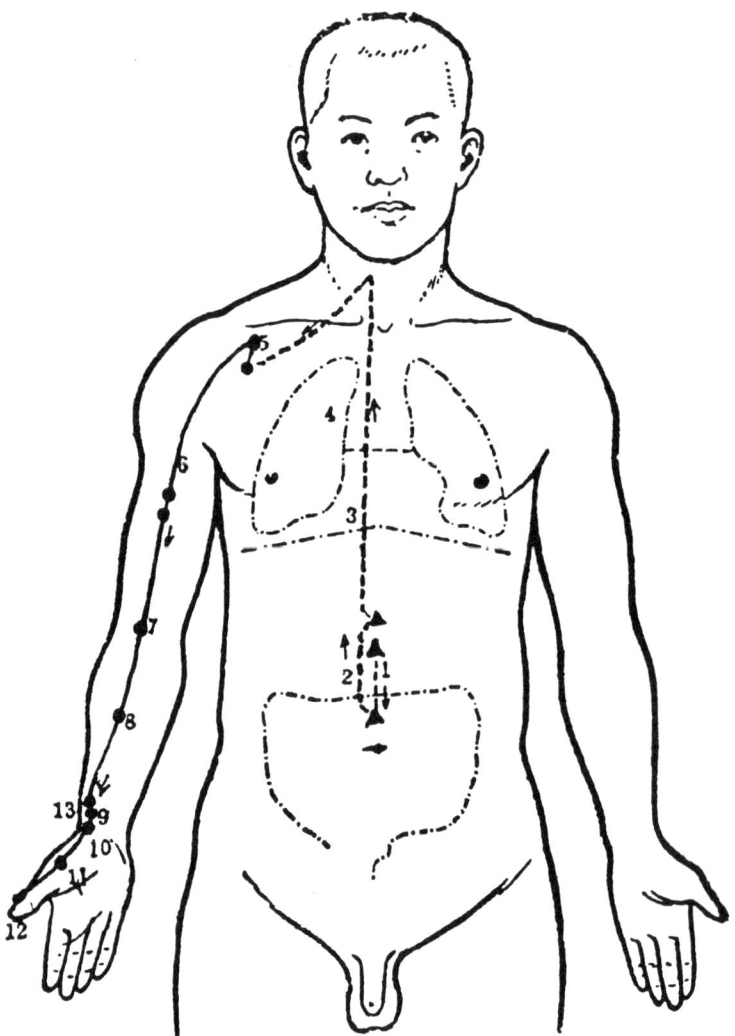

Der Lungen-Meridian und sein Einflussbereich

Zeichenerklärung:
- • Körperpunkte des betreffenden Organs
- ▲ Körperpunkte von anderen Meridianen
- .... zu Organen führender Abschnitt d. betreffenden Meridians ohne Körperpunkte
- — im Unterhautzellgewebe verlaufender Abschnitt des betreffenden Meridians mit Körperpunkten
- --- innere Organe

Leitbahnen und Netzgefäße

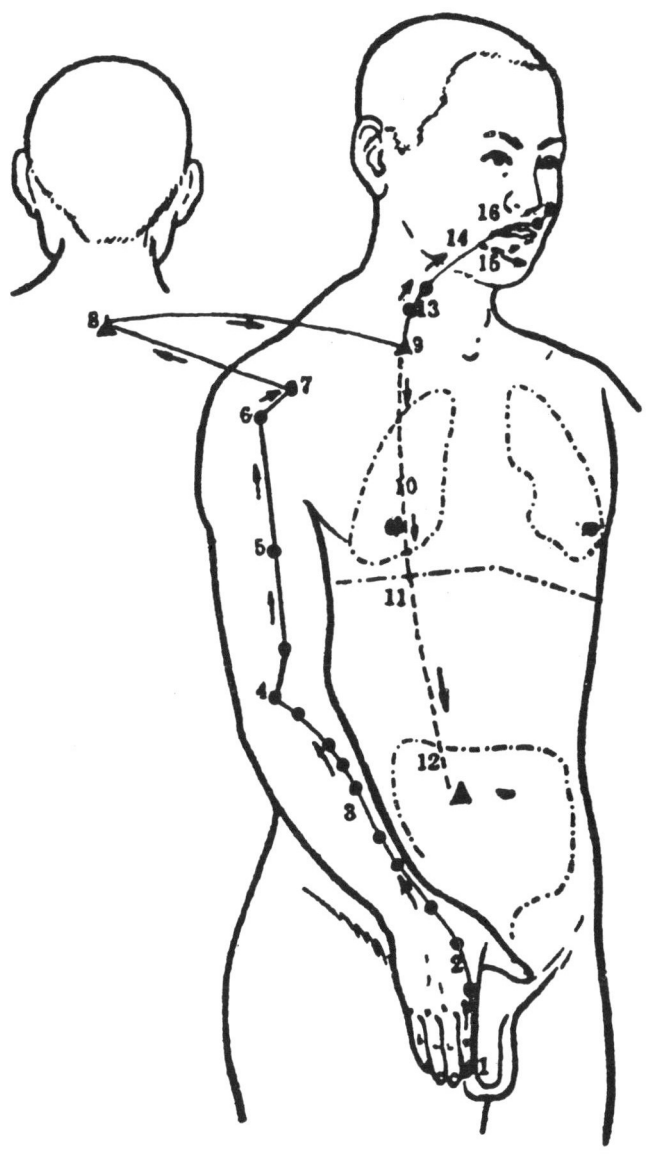

Der Dickdarm-Meridian und sein Einflussbereich

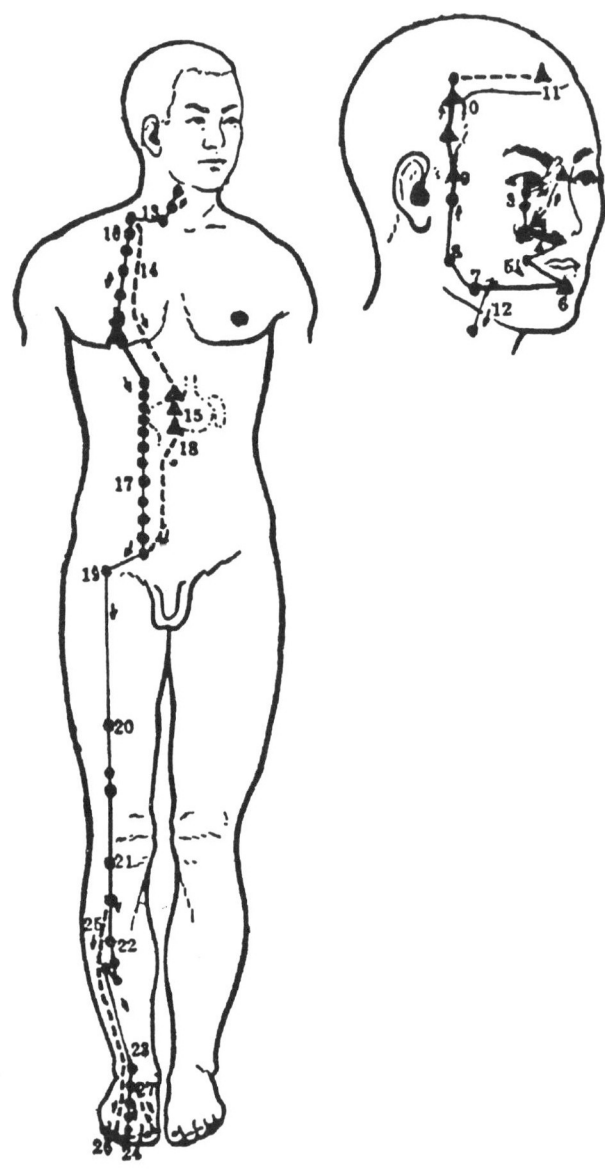

Der Magen-Meridian und sein Einflussbereich

Leitbahnen und Netzgefäße

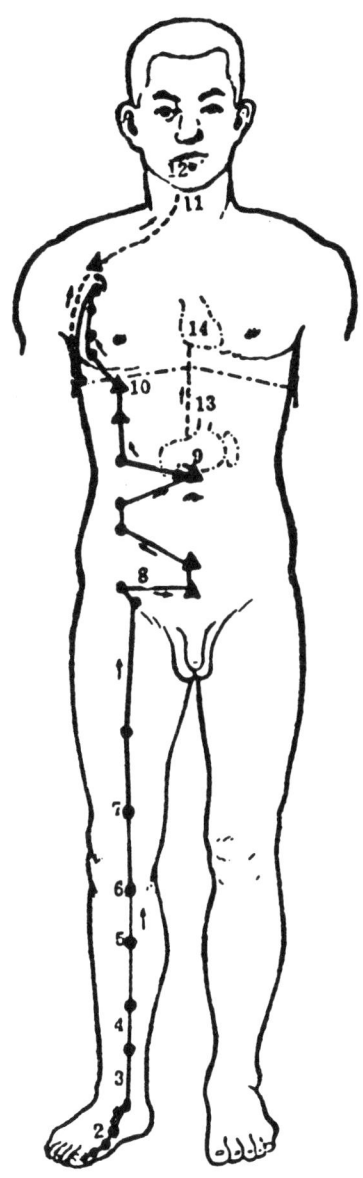

Der Milz-Meridian und sein Einflussbereich

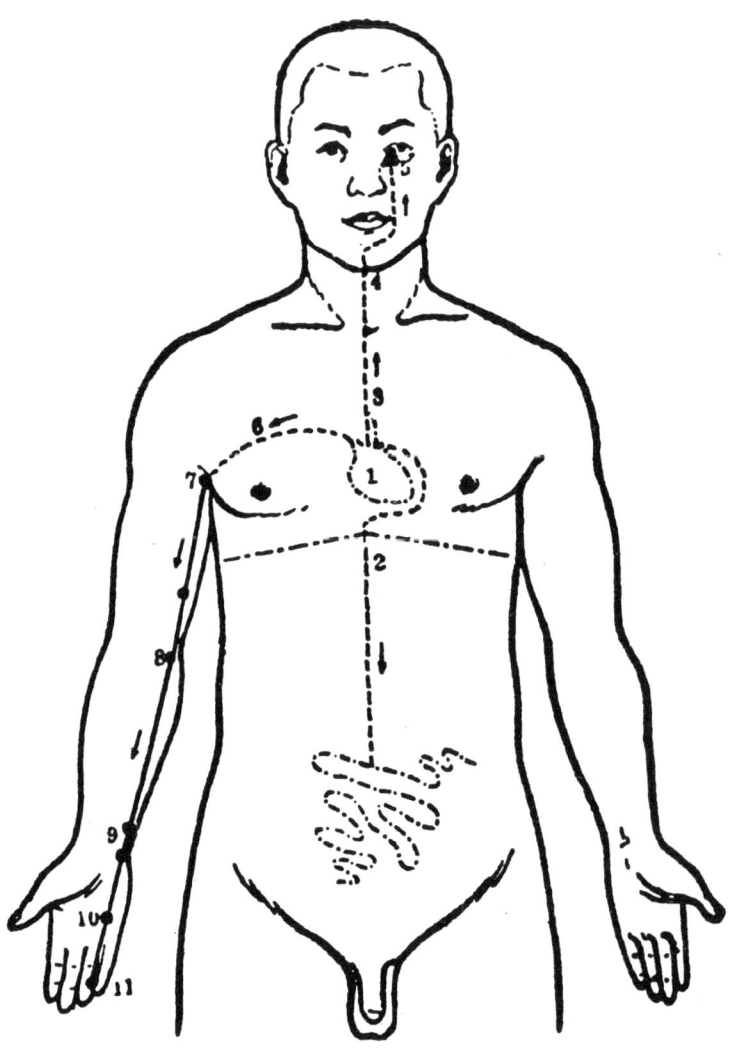

Der Herz-Meridian und sein Einflussbereich

Leitbahnen und Netzgefäße

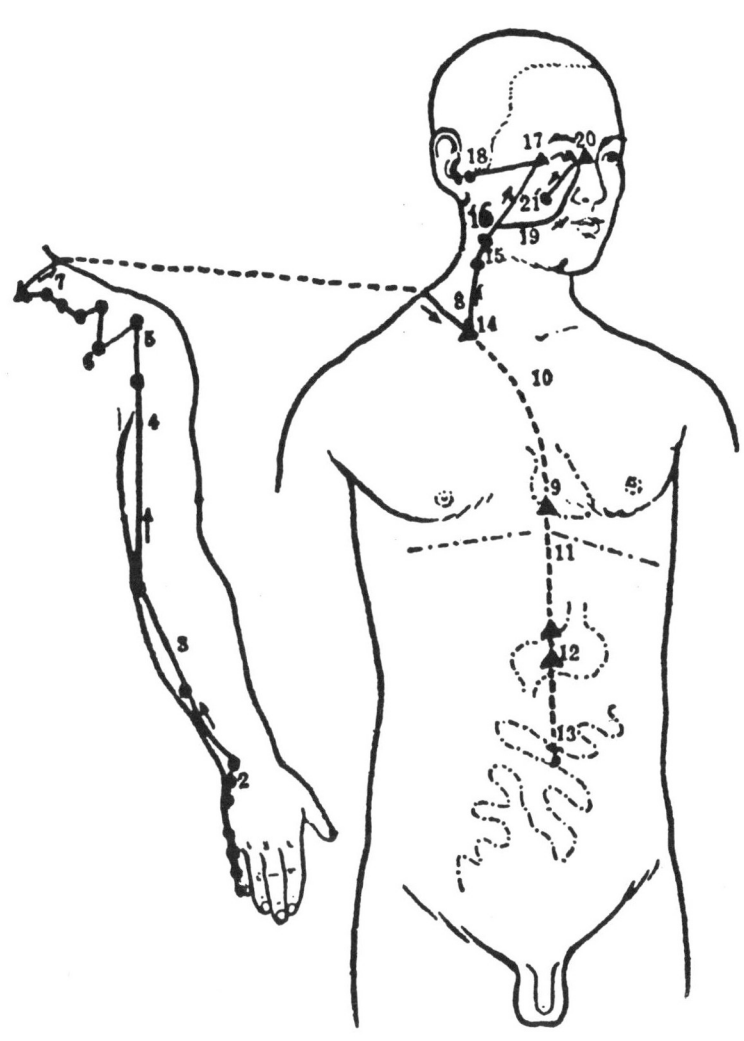

Der Dünndarm-Meridian und sein Einflussbereich

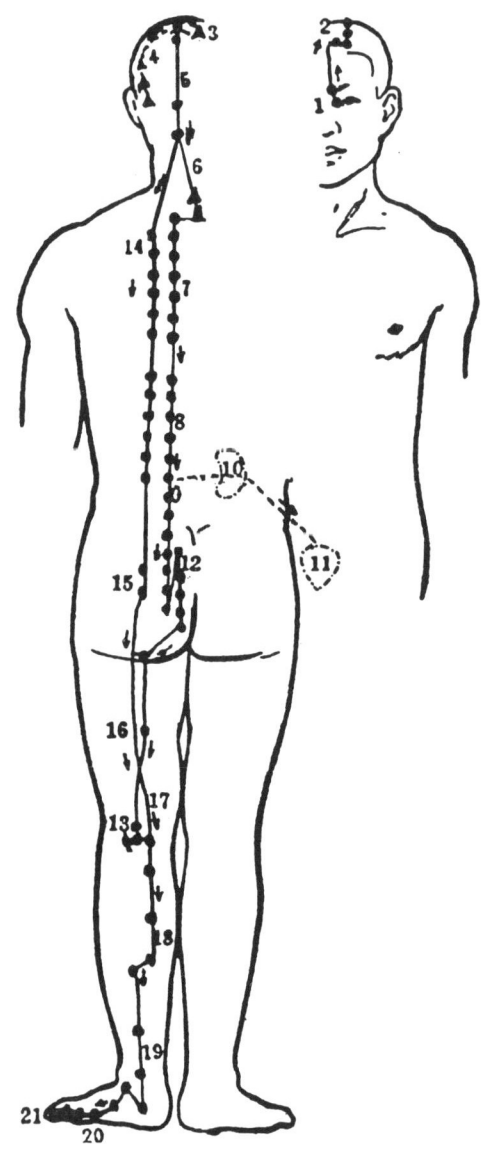

Der Blasen-Meridian und sein Einflussbereich

Leitbahnen und Netzgefäße

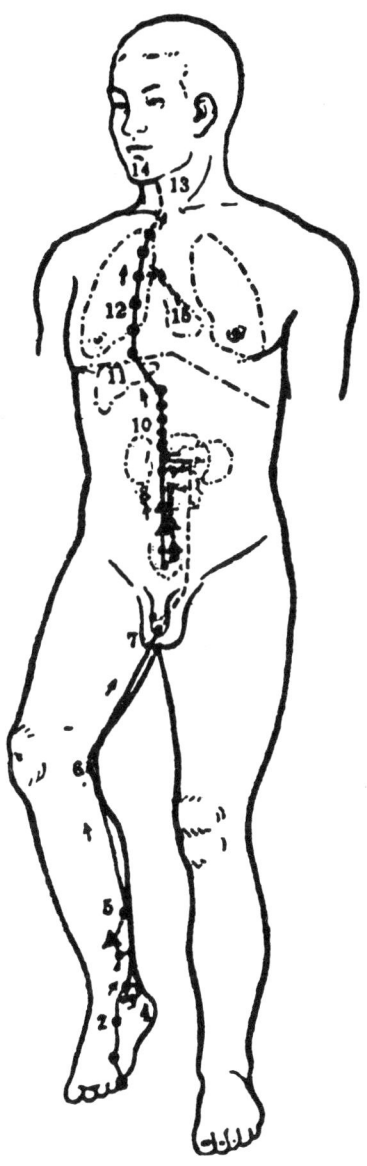

Der Nieren-Meridian und sein Einflussbereich

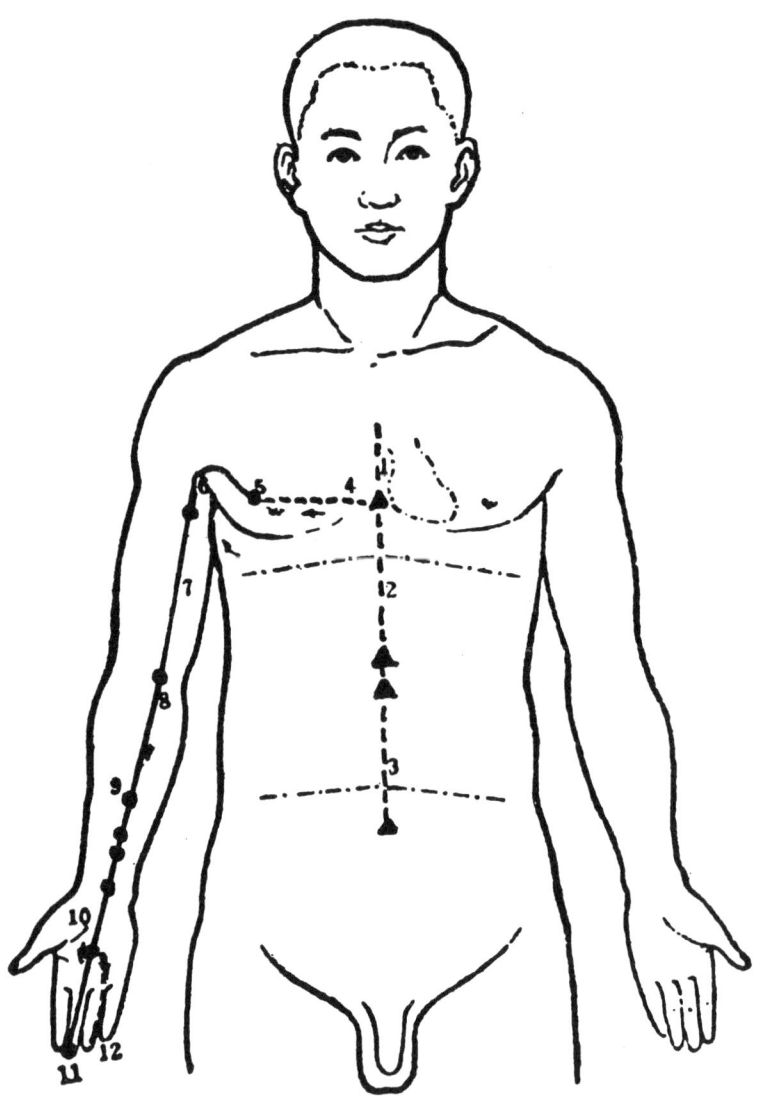

Der »Meister-des Herzens«-Meridian und sein Einflussbereich

Leitbahnen und Netzgefäße 25

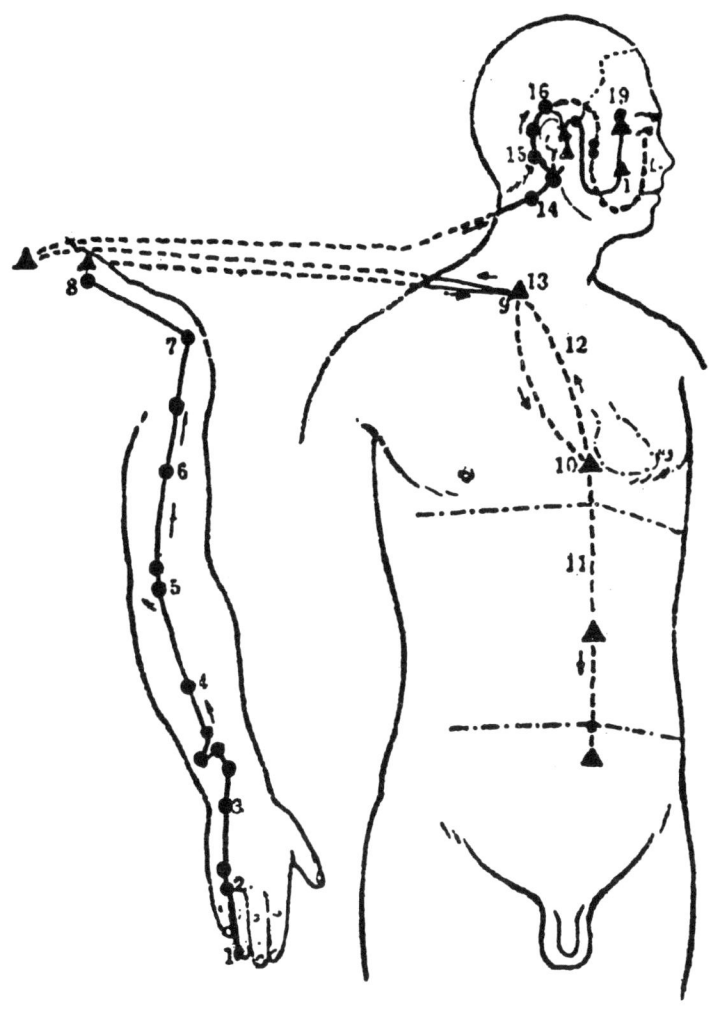

Der Dreifachwärmer-Meridian und sein Einflussbereich

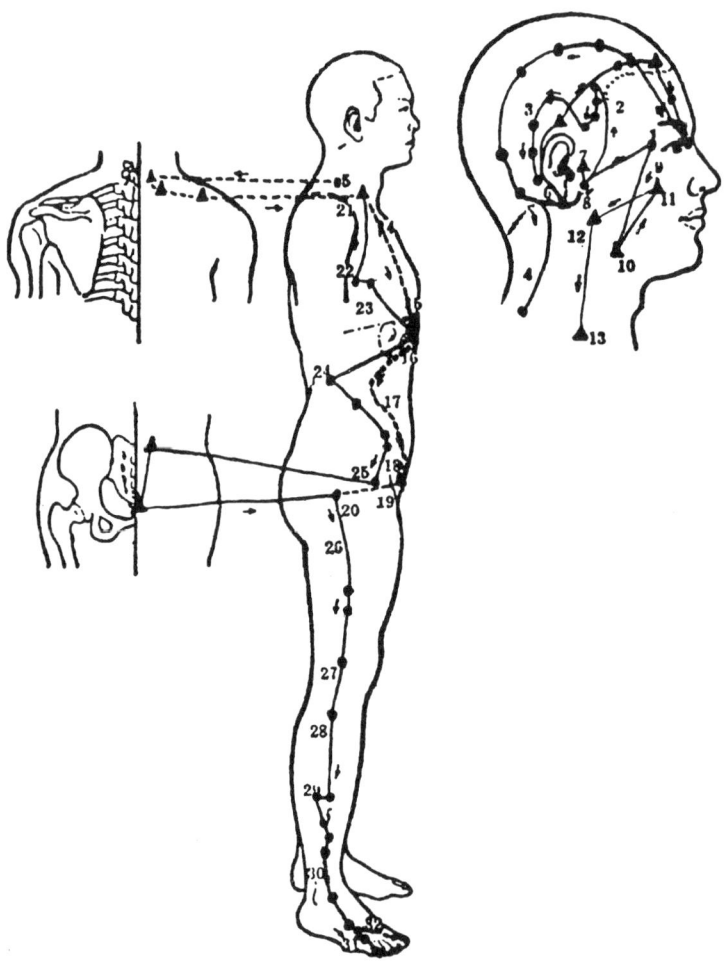

Der Gallenblasen-Meridian und seine Zusammenhänge

Leitbahnen und Netzgefäße

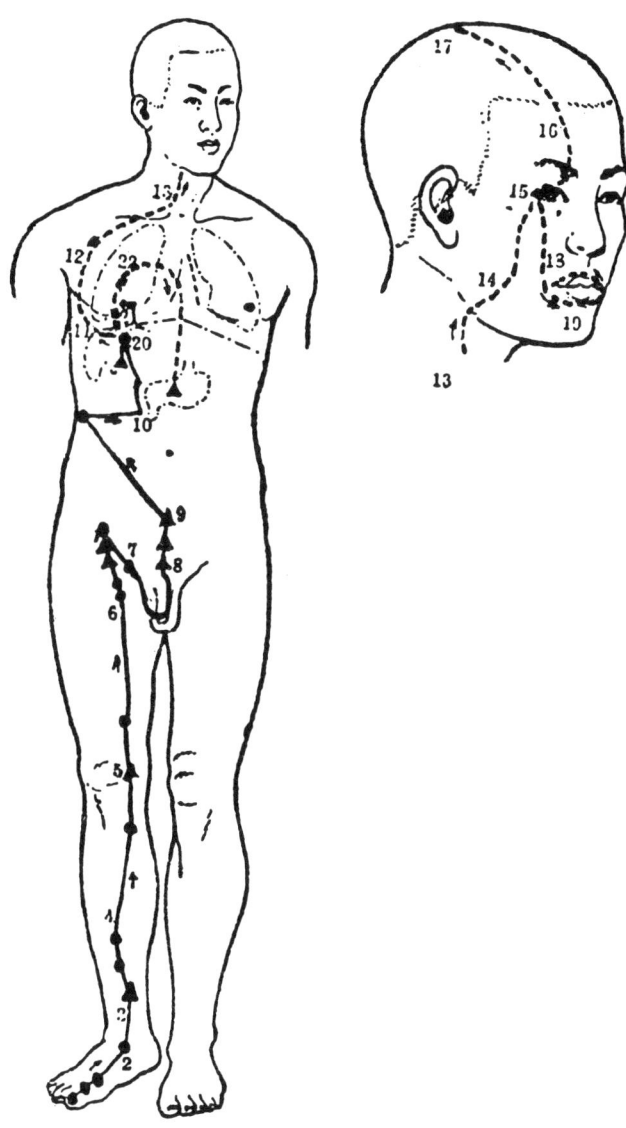

Der Leber-Meridian und sein Einflussbereich

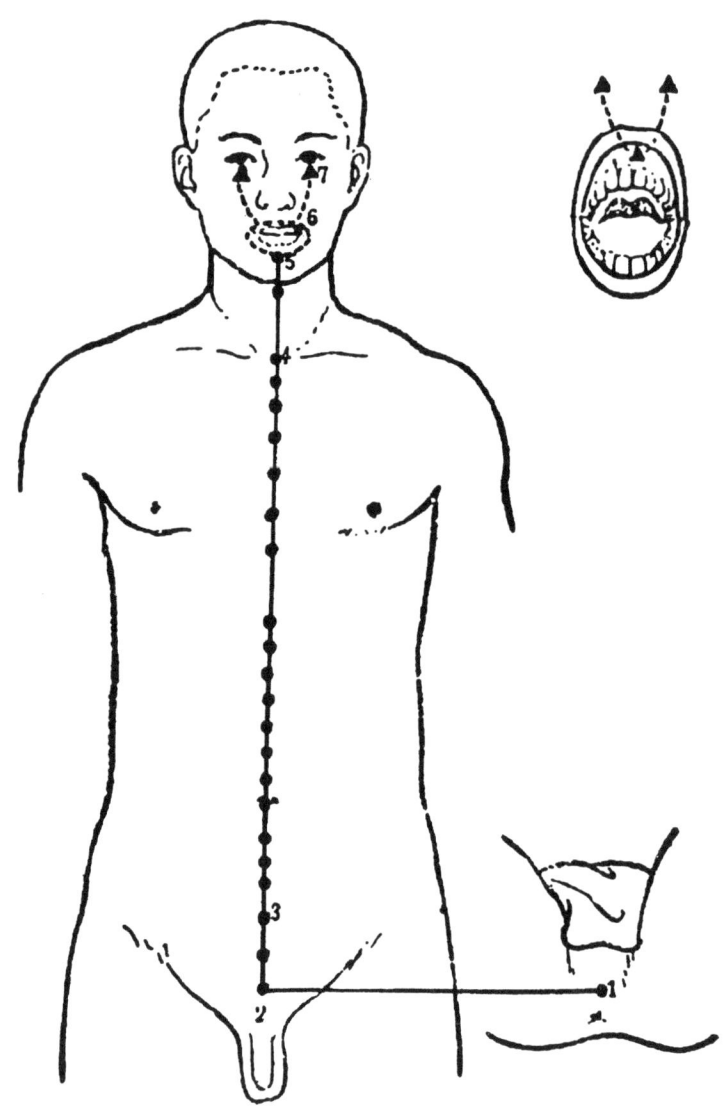

Der Sondermeridian Jen-mai

Leitbahnen und Netzgefäße

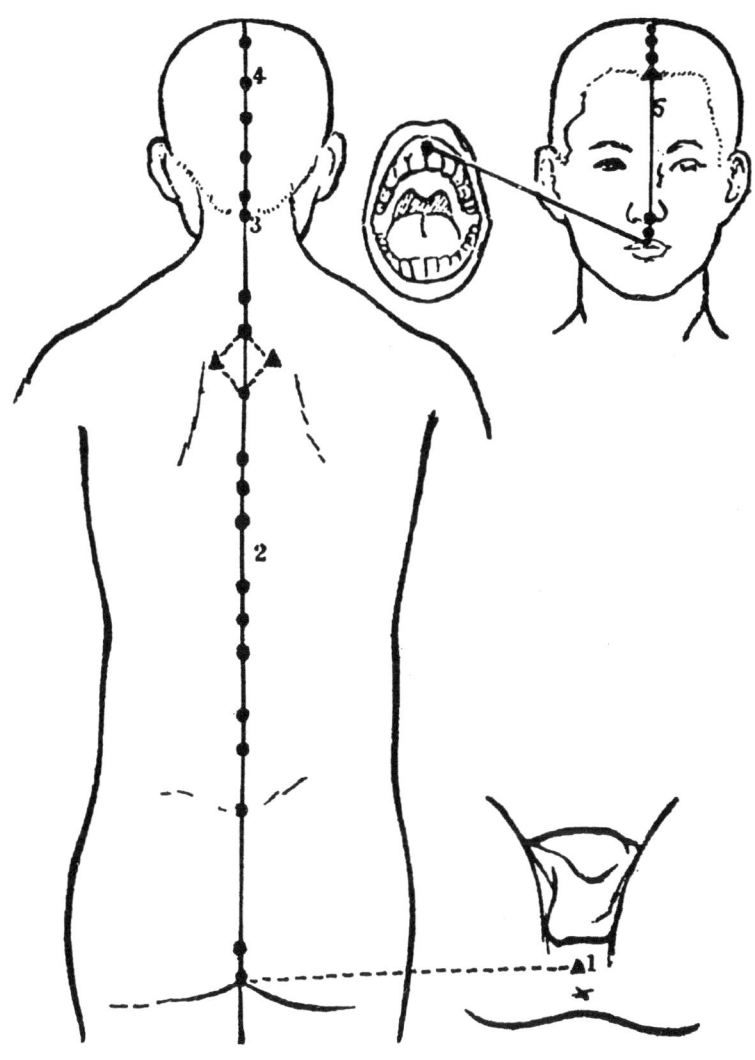

Der Sondermeridian Tu-mai

1.4 Qi und Blut

Qi und Blut versorgen alle Organe und Gewebe mit Energie und Nährstoffen, sie hängen funktional so eng miteinander zusammen, dass sie eine untrennbare Einheit bilden und damit auch als solche besprochen werden können.

Der Begriff »Qi« wird vielfach vereinfachend mit »Energie« wiedergegeben. Tatsächlich umfasst dieser Begriff einen funktionalen und einen materiellen Aspekt. Qi bezeichnet zum einen die nährende Substanz, welche den menschlichen Körper aufbaut und seine Funktionen aufrechterhält, zum anderen bezeichnet er die physiologischen Funktionen der Innenorgane und der Leitbahnen und Netzgefäße. Qi erfüllt eine energetische Aufgabe indem es die metabolischen Prozesse im Körper fördert, die Körperflüssigkeiten leitet und den Körper wärmt. Es gibt verschiedene Arten von Qi im Körper und das Qi außerhalb des Körpers, die Atemluft, die über die Nase in die Lunge gerät und von dort zum körpereigenen Qi wird.

Die wichtigsten körpereigenen Qi-Arten sind das angeborene Qi (*yuanqi*), das Ernährungs-Qi (*yingqi*) und das Verteidigungs-Qi (*weiqi*). Das angeborene *yuanqi* ist genetisch bedingt und ein komprimierter Ausdruck für die Lebenskraft des Menschen. Es wird nach chinesischer Vorstellung in der Niere gespeichert, durch den Yin-Aspekt der Niere.

Das Verteidigungs-Qi verläuft außerhalb der Leitbahnen und schützt den Körper gegen das Eindringen krankmachender Faktoren (Viren, Bakterien, klimatische Einflüsse) von außen. Es reguliert die Haut- und Schweißporen. Im westlich-schulmedizinischen Sinn ist es vergleichbar mit der Lymphe und letztlich der körpereigenen Abwehrkraft allgemein.

Das Ernährungs-Qi wird nach chinesischer Vorstellung durch die Milz aus der Nahrung gewonnen und zur Lunge transportiert und von dort in die Blutbahnen geleitet, wo es im Blut selbst verläuft. Es wirkt dort zum einen als Motor, zum anderen als Nahrung für das Gewebe.

Neben diesen Qi-Arten besitzt jedes Organ sein eigenes Qi, d. h. seine eigene Funktion. Pathologische Veränderungen im

Bereich des Qi manifestieren sich hauptsächlich als Stagnation, Mangel und Gegenläufigkeit. Für die *tuina*-Massage im sportlichen Bereich sind vor allem Stagnationen von Bedeutung.

Der Begriff »Blut« bezeichnet in der chinesischen Medizin zum einen die nährende Flüssigkeit, die in den Blutgefäßen fließt, zum anderen deren Funktion (Zirkulation, Teilchenaustausch, Konsistenz, Fließfähigkeit). Die Bildung des Blutes erfolgt nach chinesischer Vorstellung durch die Funktion der Milz. Sie zieht die wichtigen Nährstoffe aus der Nahrung und leitet sie zum Herzen weiter. Dort soll das Blut seine rote Farbe erhalten. Für seine Funktion ist das Blut zunächst von dem ihm inhärenten Ernährungs-Qi (s. o.) abhängig, welches für die Fließfähigkeit des Blutes verantwortlich ist. Steht das Blut unter dem Einfluss des Ernährungs-Qi, wird es aktiviert, besteht keine Berührung, »erschöpft« es sich. Die reguläre Zirkulation im Körper wird durch die Beförderungsaktion des Qi, vor allem des Herz-Qi und des Qi, welches den Bereich des Thorax regiert (*zongqi*) (s. u., 1.6), bewirkt.

Alle Gewebearten und Organe sind von der Ernährung durch das Blut abhängig. Stockungen im Blutfluss sowie Mangelzustände des Blutes manifestieren sich daher in funktionalen Dysbalancen des Organismus. Traumatische Verletzungen bedeuten eine lokale Unterbrechung des Blut- und Qi-Flusses, schmerzhafte Schwellungen sind die Folge. Die Massage kann hier ein wirksames Mittel sein, derartige Stauungen durch Manipulation an den Leitbahnen zu beheben und so die Schwellungen zum Abklingen zu bringen.

1.5 Essenz

Der Begriff »Essenz« ist in der westlichen Medizin völlig unbekannt, in der chinesischen Medizin bildet er dagegen eines der wichtigsten theoretischen Fundamente. Die Essenz des menschlichen Körpers gilt als Grundsubstanz, als materielle Grundlage für seinen Aufbau. Sie ist Erbsubstanz ebenso wie Grundsubstanz der Knochen und des Blutes. Die das Erbgut bezeichnende Essenz trägt den Namen *angeborene Essenz* (*xiantian zhi jing*). Sie wird von den Eltern auf den Embryo übertragen, und sie stellt die ursprüngliche Materie für die embryonale Entwicklung und den Aufbau des menschlichen Körpers dar. Ihr Speicher ist die Niere. Unterstützt wird die angeborene Essenz durch die sog. *Essenz der zweiten Lebensquelle (houtian zhi jing)*. Diese Essenz bezeichnet die Nährstoffe, die durch die Milz aus der Nahrung herausgefiltert werden. Auch sie wandert in die Niere, wird dort gespeichert und bei Bedarf an die übrigen Organe abgegeben.

Aus dieser Theorie erklärt sich, warum in der chinesischen Medizin die Ernährung eine herausragende Rolle spielt; denn die Nahrung liefert die Grundstoffe für die Essenz, welche sämtliche Organe versorgt und Baustoff für Knochen und Blut ist.

Neben diesen beiden großen Arten der Essenz gibt es die Essenz, welche für die geschlechtliche Funktion des Menschen verantwortlich ist.

1.6 Speicher- und Hohlorgane

Mit der Einführung der beiden Theorien von Yin und Yang und den fünf Wandlungsphasen in die Medizin erfuhren die Innenorgane des Menschen eine entsprechende Zuordnung. Die Yin-Organe sind zunächst diejenigen, bei denen die struktive Energie im Vordergrund steht, von denen man glaubt, dass sie eher speichernde denn ausscheidende Aufgaben besitzen. Sie wurden daher auch »Speicherorgane« genannt. Es sind dies Herz, Lunge, Leber, Milz und Niere. Die Yang-Organe sind diejenigen Organe, bei denen die funktionale Energie im Vordergrund steht, die aktiv am Verdauungsgeschehen teilnehmen. Da sie keine Substanz speichern, sondern ihrer Aufgabe entsprechend stets Substanz (Abfallprodukte) abgeben, werden sie auch »Hohlorgane« genannt. Es sind dies Magen, Galle, Dickdarm, Dünndarm und Blase. Die Galle nimmt hier insofern eine Sonderstellung ein, da sie Gallensaft speichert, dennoch aktiv am Verdauungsgeschehen teilnimmt. Sie gehört wie der Uterus zu den sog. »Sonderorganen«.

Entsprechend der Zugehörigkeit von Yin und Yang wurden die Speicher- und Hohlorgane in Komplementärpaare eingeteilt:

Speicher- und Hohlorgane

Lunge/Dickdarm, Magen/Milz, Herz/Dünndarm, Blase/Niere, Leber/Galle (s. o., 1.2).
Neben diesen Organen kennt die chinesische Medizin zwei außerordentliche Organe, die als solche eigentlich nicht existent sind, sondern lediglich als Funktion wirksam sind. Es sind dies der Dreifachwärmer (Yang) und sein Komplementärorgan Perikard (Yin). Der Dreifachwärmer repräsentiert die wärmende und die Verbrennungsfunktion im gesamten Leib. Der Dreifachwärmer teilt sich in die drei Teile oberer, mittlerer und unterer Erwärmer. Der obere Erwärmer umfasst den Bereich von Lunge und Herz, der mittlere Erwärmer umfasst Leber, Galle, den oberen Teil von Dickdarm (Duodenum, colon transversus) und Dünndarm (Jejunum), der untere Erwärmer birgt Niere und Blase sowie den unteren Teil von Dickdarm und Dünndarm. Das Perikard, der Herzbeutel, hat Schutzfunktion für das Herz.

Jedes Speicherorgan hat besondere Funktionen, die nicht mit Organfunktionen als solchen in Verbindung stehen. Die Speicherorgane Herz, Lunge, Milz, Leber und Niere im Sinn der chinesischen Medizin sind nicht identisch mit den Organen als solchen, sie beschreiben vielmehr ganze »Funktionskreise« mit unterschiedlichen Zustimmungen, Zuständigkeiten und Zuordnungen. Jedes Speicherorgan ist einem bestimmten Sinnesorgan zugeordnet, welches seiner Bestimmung unterliegt. Daneben besitzt jedes Speicherorgan eine Zuständigkeit für Körperstrukturen und einen psychischen Aspekt (s. u.).

Das **Herz** ist das eigentliche Herrscherorgan des Körpers, es regiert über sein Qi den gesamten Blutkreislauf (Aspekt Yang). Es ist der Regent der Blutgefäße und der Sitz (Aspekt Yin) des geistigen Aspekts des Menschen (Bewusstsein, Denken, Denkfähigkeit, Psyche). Mentale Störungen, Tachykardie, nervöse Unruhe, Hektik sind im Wesentlichen das Resultat von Störungen im Herzfunktionskreis. Das Herz drückt sich in der Zunge aus, bedingt durch den inneren Verlauf der Herzleitbahn in die Zunge. Mangel an Herzblut zeigt sich in blasser Zunge, rote Zungenspitze bedeutet Herzfeuer. Seine Zugehörigkeit zur Wandlungsphase Feuer macht das Herz zu einem Organ, das zur Kontrolle seiner Aktivität der Supervision durch andere Speicherorgane bedarf, vornehmlich durch das zur Wandlungsphase Wasser gehörende Organ Niere, ihr nebengeordnet die Leber.

Der *Herzfunktionskreis* umfasst im Einzelnen
Blutgefäße und Kreislauf
Geist
Sinnesorgan: Zunge
psychischer Aspekt: Freude

Die **Lunge** ist das Hauptorgan für Qi. Sie ist verantwortlich für die Verteilung des durch die Luft aufgenommenen Qi nach unten in den Körper bis zu den äußersten Kapillaren. Das Qi leitet Blut und die übrigen Körperflüssigkeiten mit sich, damit ist die Lunge ein wichtiges Versorgungsorgan für alle Gewebe mit Energie und Nährstoffen. Daneben steht die Lunge in enger Verbindung mit dem Verteidigungs-Qi (s. o.) des Körpers, damit auch mit der Schweißbildung und der Abwehrkraft des Körpers. Die Lunge regiert Haut, Poren und Körperhaar, sie öffnet sich in die Nase. Störungen im HNO-Trakt werden also zuerst dem Lungenfunktionskreis zugeordnet.

Der *Lungenfunktionskreis* umfasst im Einzelnen
Qi
Haut mit Poren und Körperhaar
Sinnesorgan: Nase
psychischer Aspekt: Trauer

Die **Milz** hat zum einen Verdampfungsfunktion für überschüssiges Wasser im Körper, zum anderen ist sie für die Auslese von guten Nährstoffen aus der Nahrung verantwortlich (Aspekt Yang). Sie kontrolliert Blut, d. h. sie sorgt mit ihrem Qi dafür, dass das Blut in den Blutgefäßen verbleibt. Spontane Blutungen können daher ein Zeichen schwachen Milz-Qis sein. Das zur Milz gehörige Sinnesorgan ist der Mund, d. h. genauer die Lippen, bedingt durch den Verlauf eines Astes der Milzleitbahn um die Lippen herum. Verfärbungen der Lippen geben daher diagnostische Zeichen für den Zustand der Milz. Die Milz regiert Muskeln und Bindegewebe. Schwaches Bindegewebe und Muskelschwäche werden daher im Wesentlichen über den Milzfunktionskreis betrachtet und behandelt.

Der *Milzfunktionskreis* umfasst im Einzelnen
Wandelung und Verdampfung von Nährstoffen
Blutkontrolle
Muskeln und Bindegewebe
Sinnesorgan: Mund
psychischer Aspekt: Grübeln, Melancholie (s. u.)

Die **Leber** ist von ihrer physiologischen Funktion her (Aspekt Yang) vor allem für die Beförderung von Stoffen innerhalb des Stoffwechsels verantwortlich. Sie nimmt eine Reihe von Stoffen auf, filtert und scheidet sie aus. Sie ist daneben dasjenige Organ, welches für den Ablauf des Qi-Mechanismus im Körper verantwortlich ist. Ist der Qi-Mechanismus geregelt, sind demzufolge auch die physiologischen Abläufe im Körper geregelt, Störungen manifestieren sich in pathologischen Erscheinungen sowohl auf der physischen als auch auf der psychischen Ebene. Das Leber-Qi ist eine wichtige Größe für die Psyche des Menschen. Psychische Störungen, die auf die Leber wirken, bedingen eine Blockade des Leber-Qi, durch Blockaden des Leber-Qi wird der Qi-Fluss im gesamten Körper beeinträchtigt. Psychische Störungen werden daher nicht nur über den Herzfunktionskreis betrachtet, sondern auch über die Leber (s. u. 3.2.1).

Die Leber ist zuständig für Sehnen und die Speicherung von Blut. Das bedeutet, sie sorgt für die Bindung der Sehnen an die Knochen. Die Beweglichkeit der Glieder und Gelenke, die wesentlich von der Funktion der Sehnen und der Durchblutung abhängt, fällt in den Zuständigkeitsbereich des Leberfunktionskreises. Wenn die Leber genügend Blut zur Verfügung stellt, erhalten die Sehnen und Faszien genügend Nahrung, um die normalen Bewegungsabläufe zu vollziehen.

Das Qi der Leber reicht bis zu den Augen, die Funktion der Augen ist nach chinesischer Medizintheorie im Wesentlichen abhängig von der Leber. Unzureichendes Leber-Yin oder Leberblut sind Ursache für trübe Augen, Nachtblindheit und unklares Sehen. Schwellungen und schmerzhafte Rötungen der Augen werden einer extremen Hitzeentwicklung in der Leberleitbahn zugeschrieben.

Der *Leberfunktionskreis* umfasst im Einzelnen
Stoffwechselprozesse
Blut
Sehnen
Sinnesorgan: Auge
psychischer Aspekt: Ärger

Die **Niere** ist das Organ mit der umfassendsten Zuständigkeit im menschlichen Körper. In ihrer Yangfunktion ist sie für die Erwärmung und Aktivierung aller anderen Organe sowie für den Wasserhaushalt des Körpers zuständig. Sie sorgt für die Ausscheidung der harnpflichtigen Stoffe und die Rückresorption der für den Körper notwendigen Flüssigkeit.

In ihrer Yinfunktion ist die Niere das Energiereservoir des Körpers. Sie speichert die angeborene und die erworbene Essenz (s. o., 1.5), das angeborene Qi, und sie regiert die geschlechtliche Funktion des Menschen. Die Niere ist also der Regent über den gesamten Urogenitaltrakt.

Die Niere ernährt mit ihrer Essenz, die sie speichert, die Knochen und das Knochenmark. Mangelnde Nierenessenz bedeutet Porosität und Zerbrechlichkeit der Knochen, schlechtes Knochenwachstum und schlechte Zähne, da die Zähne in der chinesischen Medizin als ein »Anhang der Knochen« gesehen werden.

Öffnungsorgan der Niere sind die Ohren, die Hörfähigkeit des Menschen ist im Wesentlichen eine Funktion der Niere. Mangelndes Nieren-Yang kann geistige Ermüdung, Schmerzen in Lende und Knie häufige Miktion bewirken, latente Lumbalschmerzen, Augenflimmern, mangelnde Konzentration und Reaktionsfähigkeit sind hauptsächlich Ausdruck eines Mangels an Nieren-Yin.

Der *Nierenfunktionskreis* umfasst im Einzelnen
Wasserhaushalt
Essenz
Knochen, Knochenmark
Sinnesorgan: Ohren
psychischer Aspekt: Angst und Furcht (s. u.).

Speicher- und Hohlorgane

Elemente	Richtungen	Jahreszeiten	Klimatische Faktoren
Holz	Osten	Frühjling	Wind
Feuer	Süden	Sommer	Hitze
Erde	Mitte	Spätsommer	Feuchtigkeit
Metall	Westen	Herbst	Trockenheit
Wasser	Norden	Winter	Kälte

Elemente	Farben	Entwicklungsstufen	Innere Organe
Holz	Grün	Geburt	Leber
Feuer	Rot	Wachstum	Herz
Erde	Gelb	Wandlung	Milz
Metall	Weiß	Ernte	Lunge
Wasser	Schwaarz	Sammlung	Niere

Elemente	Hohlorgan	Sinnesorgan	Körperschicht
Holz	Galle	Auge	Muskel
Feuer	Dünndarm	Zunge	Blutgefäße
Erdew	Magen	Mund	Bindegewebe, »Fleisch«
Metall	Dickdarm	Nase	Haut
Wasser	Harnblase	Ohr	Knochen, Gelenke

Elemente	Gefühl	Geschmack	
Holz	Zorn	Sauer	
Feuer	Freude	Bitter	
Erde	Besorgnis	Süß	
Metall	Traurigkeit	Scharf	
Wasser	Angst	Salzig	

Die Entsprechungen der Speicherorgane und der fünf Wandlungsphasen

1.7 Die acht Leitkriterien

Alles in der chinesischen Medizin bewegt sich im Rahmen der acht Leitkriterien:
Yin – Yang
Innen – Außen
Hitze – Kälte
Fülle – Leere

Die acht Leitkriterien dienen der Typisierung des Patienten und/oder der Charakterisierung einer gesundheitlichen Störung. Die erste Betrachtung gilt der Typisierung des Patienten. Handelt es sich um einen Yin- oder einen Yang-Typ? Yang-Typen präsentieren sich tendenziell kräftig, stimmgewaltig, aktiv, Yin-Typen dagegen tendenziell ruhig, zurückhaltend, blass. Die Betrachtung von Yin und Yang bezieht sich im Bereich der inneren Medizin auch auf die Feststellung, welcher Aspekt eines Organs geschädigt sein kann, der struktive (Yin) oder der funktionale (Yang). Die Differenzierung zwischen innen und außen dient dazu, festzustellen, ob die Störung an der Körperoberfläche lokalisiert ist, d. h. im Bereich der äußeren Gewebeschichten (z. B. Bewegungsapparat, Hautoberfläche) oder im inneren, d. h. ob die Störung eines oder mehrere Innenorgane betrifft.

Die beiden letzten Aspekte sind einander recht ähnlich. Hitze zeigt sich durch erhöhte Körpertemperatur, durch Symptome wie trockene Stühle, strengen Körpergeruch, Obstipation. Schmerzen, die keinen Druck dulden, sind eindeutiges Zeichen für Füllesymptomatik. Kälte ist repräsentiert durch Untertemperatur, Kältephobie, körperliche muskuläre Schwäche, häufige Miktion, Diarrhöe. Schmerzen, die durch Druck gemildert werden, sind eindeutiges Zeichen für Leeresymptomatik.

Die Differenzierung nach den acht Leitkriterien ist bei weitem nicht so einfach und eindeutig wie es auf den ersten Blick erscheint. In der klinischen Praxis treten meist Mischsymptomatiken auf, auch Pseudosymptome sind recht häufig, d. h. eine tatsächliche Leere zeigt sich auf der Symptomenseite als Fülle und umgekehrt. Im Bereich der *tuina*-Massage im sportlichen Bereich sind diese komplexen Differenzierungen nicht von

Bedeutung, weshalb an dieser Stelle nicht weiter darauf eingegangen werden muss.

Für die *tuina*-Massage im sportlichen Bereich ist vor allem die Beachtung des Typs von Bedeutung, die Differenzierung zwischen Fülle und Leere und der mentalen Seite. Füllesymptomatik zeigt sich wie gesehen in Schmerzen, die keinen Druck dulden. Schwellungen und Prellungen stellen Stauungen von Qi und Blut dar, damit eine lokale Fülle.

2 Die *Tuina*-Massage (Allgemeines)

Die *tuina*-Massage ist wie die Nadeltherapie ein therapeutisches Verfahren, bei dem es um die Regulierung der energetischen Prozesse im Körper geht. Es wird auch hier eine Reaktion vom Patienten erwartet, die man im Chinesischen mit »*de qi*« (»Erreichen des Qi«) bezeichnet. Das Erreichen des Qi, d. h. das Akzeptieren des Reizes, manifestiert sich in verschiedenen Arten von Gefühlen: Wärme, Schwere, Kribbeln, Ameisenlaufen, Taubheitsgefühl, elektrischer Strom. Das Gefühl verbreitet sich meist entlang des Verlaufs der entsprechenden Leitbahn oder lokal. Die Information des Reizes entfaltet sich entlang des Leitbahnensystems unter der Voraussetzung, dass das Reizleitungssystem intakt ist. Bei physisch geschwächten Personen ist die Aufnahmebereitschaft für den energetischen Reiz geringer als bei kräftigen. Eine Reaktion ist daher nicht unbedingt gleich zu erwarten, sie tritt zu einem späteren Zeitpunkt ein, keinesfalls kann sie erzwungen werden. Bei physischer Schwäche sind die gesetzten Reize der Massagetherapie daher leicht und schafft ein energetisches Potenzial im Patienten und damit die Voraussetzungen für die energetische Therapie zu schaffen. Unterstützt werden die leichten Reize durch Atemübungen und Ernährung.

Jede *tuina*-Massage, gleich in welchem medizinischen Bereich sie angewandt wird, fordert die unbedingte Einhaltung bestimmter Grundsätze:

Allgemeine Grundsätze der Tuina-Massage
• Die *tuina*-Massage erfolgt *stets* durch harmonische rhythmische Bewegungen, *niemals* hektisch.
• Die *tuina*-Massage wühlt niemals das Gewebe unspezifisch auf.
• Die *tuina*-Massage ist niemals unspezifisch und identisch für alle, sondern stets spezifisch auf den Patienten abgestimmt.
• Vor Beginn der Massage richtet sich die Konzentration des Masseurs zunächst auf den zu massierenden Bereich. Er testet aus, ob er die richtige Wahl der zu therapierenden Punkte getroffen hat und welche Massagetechnik, zuführend oder ab-

leitend, die geeignete ist. Seine Diagnose entscheidet über Massagestärke und Dauer.
• Vor der Massage sind die Hände zu reinigen, die Fingernägel müssen auf eine angemessene Länge gekürzt werden, um Verletzungen der Haut des Behandelten zu vermeiden.
• Massagen im Bereich von Kopf, Nacken, Händen und Armen können grundsätzlich im Sitzen durchgeführt werden. Bei Massagen im Bereich von Thorax, Unterleib, Lendenbereich, Oberschenkeln und Füßen sowie bei Ganzkörpermassagen empfiehlt sich prinzipiell die liegende Position, selbst wenn keine Verletzungen vorliegen. Die liegende Position hat in jedem Fall den Vorteil, dass das Risiko eines Kollapses weitestgehend ausgeschlossen werden kann.
• Im Raum sollten Zugluft, starke Lichteinstrahlung und starke Geräusche vermieden werden.
• Schweiß auf der Haut des Behandelten ist zunächst abzuwischen, bei trockener Haut empfiehlt sich für die flächige Massage die sparsame Anwendung eines reizfreien Hautöls.
• Reaktionen und Schmerzempfinden sind individuell verschieden. Während der Massage behält der Therapeut daher ständig die Reaktion des Patienten im Auge.

Kontraindikationen für die tuina-Massage
• hohes Fieber
• offene Knochenbrüche und Luxationen
• Blutkrankheiten und Leukämie
• Eitrige Geschwüre
• Hautkrankheiten (Furunkel, Ekzeme etc.)
• Geisteskrankheiten
• Hautüberreizungen (Verbrennungen, Frostbeulen)
• Körperliche Erschöpfungszustände nach Überanstrengung
• Thrombophlebitis, Thrombose
• Offene Wunden
• Blasen- und Nierensteine
• Schwangerschaft und Menstruation (für Unterleib und hormonell wirksame Punkte)

2.1 Massagetechniken

Grundanforderungen an die Massagetechnik
- Jede Massagetechnik muss eine bestimmte Permanenz besitzen, d. h. die Manipulation sollte einen gewissen Zeitraum einnehmen ohne Änderung der Struktur.
- Die Technik muss an Stärke den Anforderungen der Symptomatik und dem Zustand des Patienten bzw. Behandelten angemessen sein.
- Sie muss erträglich sein, nicht rau, nicht zu hart und nicht zu oberflächlich.

1. *Die Ein-Finger-Druckmassage (yizhi dantui fa)*

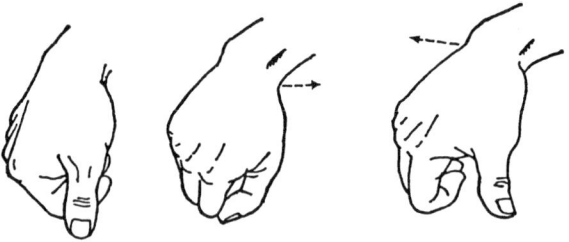

Bei der Ein-Finger-Druckmassage wird mit dem Daumen oder der Daumenkuppe ein Gewebegebiet gedrückt, wobei die übrigen Finger eine Hohlfaust bilden. Ellbogen, Handgelenk und Schultern des Therapeuten hängen locker nach unten, der Impuls kommt durch Flexion und Strecken des Ellbogens auf Handgelenk und Daumen zustande, die Kraft rührt aus dem Zusammenspiel von Bizeps und Trizeps. Daumen und zu behandelndes Gewebe bilden einen 90°-Winkel. Der Winkel des Ellbogens variiert während der Manipulation um 10 bis 20°. Die Bewegungen, die mit dem Daumen ausgeführt werden, sind rhythmisch und gleichmäßig. Die Frequenz des Druckimpulses liegt bei ca. 120/min. Eine Variante ist die des Vibrierens, wobei die Bewegungen schnell (240/min.) erfolgen in einem geringen Radius.
Beachte: die Haut wird nie geschabt oder gekratzt.

Die Charakteristik dieser Technik ist die, dass das massierte Areal klein (Reizpunkt) ist, die applizierte Kraft dagegen relativ groß mit großer Tiefenwirkung. Sie findet Anwendung bei Kopfschmerzen, hohem Blutdruck, Schlaflosigkeit, gestautem Leber-Qi und bei schmerzhaften Gelenken.

2. *Die Rollmassage*

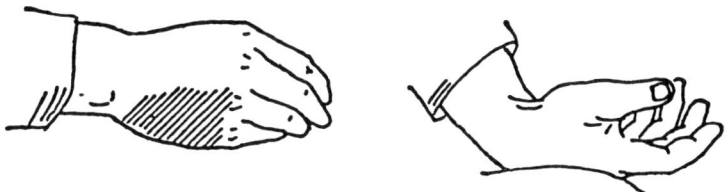

Die Massage erfolgt durch Rollbewegung des Daumengrundgelenks und des Handrückens bzw. des Handgelenks. Sie wird durch die Kraft des Trizeps bewirkt. Die Bewegungen erfolgen rhythmisch hin und her nach außen und von außen nach innen. Die Hand verlässt dabei nie die Haut des Patienten. Diese häufig gebrauchte Massagetechnik ist besonders geeignet für die Therapie schmerzhafter Gelenke mit Bewegungseinschränkung sowie von Schmerzzuständen im Bewegungsapparat allgemein, daneben für die Anregung der Blutzirkulation.

3. *Die Knetmassage (rou fa)*

Die Knetmassage erfolgt durch sanftes Kneten der entsprechenden Region durch Hin- und Herbewegen der Finger, des Handballens, des Daumenballens oder der Ellbogenspitze. Die Bewegungen sind leicht und rhythmisch, ohne dass die Hand die Haut des Therapierten verlässt. Sie ist besonders gut geeignet im Brust-Bauchbereich und im oberen und unteren Rückenbereich. Das Kneten mit dem Ellbogen dient dem Erreichen der tieferen Muskelschichten.

Die klinische Anwendung erfolgt bei Blutstasen, Schwellungen, Kopfschmerzen, Schlaflosigkeit, Druck im Hypochondrium, Schmerzen in der epigastrischen Region, Obstipation, Diarrhöe, Verletzung der weichen Gewebe von Rücken- und Lendenbereich und der Extremitäten.

4. *Die Reibemassage (mo fa)*

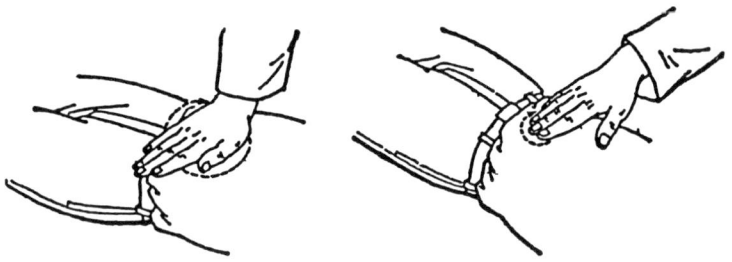

Die Reibemassage erfolgt mit Fingern, der Handfläche oder den Handballen. Die Massagebewegung erfolgt kreisend ohne Verlassen der Haut des Behandelten und der therapierten Stelle. Die Kreisbewegung erfolgt entweder im oder gegen den Uhrzeigersinn (ca. 120 Kreisbewegungen/min.). Sie wird angewandt an Thorax, Abdomen oder im lumbo-sakralen Bereich. Sie dient dem Entstauen gedrückten Leber-Qis, der Förderung der Verdauung und der lokalen Gewebeerwärmung. Langsames Reiben hat zuführenden Effekt, schnelles Reiben ableitenden. Reibemassage im Bereich des unteren Erwärmers im Uhrzeigersinn bewirkt die Ausleitung stagnierender Nahrung aus den Därmen, damit die Anregung der Verdauung, die Reibemassage gegen den Uhrzeigersinn verfolgt dagegen den Zweck, den mittleren und unteren Erwärmer zu wärmen und Diarrhöe entgegenzuwirken.

Massagetechniken

5. Die Streichmassage (cha fa)

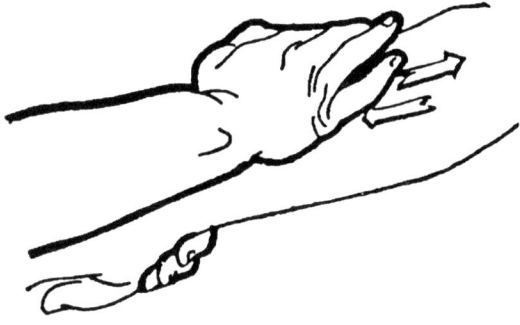

Die Streichmassage erfolgt durch Auf- und Abstreichen der zu therapierenden Region in gerader Linie. Entsprechend dem zu therapierenden Gebiet erfolgt die Massage mit der Handfläche, dem Daumenballen oder den Fingerkuppen. Die Massageform hat einen relativ weiten Radius, sie hat im Wesentlichen wärmenden Effekt und damit den der Lösung von Stauungen. Die Massage mit den Fingerkuppen wird im Wesentlichen an den Punkten Bl 31 - Bl 34 (baliao) im Lumbosakralbereich angewandt, den jiaji-Punkten (vegetative Rinne 0,5 cun paravertebral) und den geraden Rückenstreckern (Blasenleitbahn). Die Handflächenmassage erfolgt im abdominalen und dorsalen Bereich, die Streichmassage mit dem Daumenballen findet vor allem an den Extremitäten Anwendung. Besondere Indikationen der Streichmassage sind Wärmen der Leitbahnen mit Schmerzlinderung, Abtragen von Schwellungen und Förderung der Blutzirkulation.

Die Streichmassage wird anfangs langsam und oberflächlich durchgeführt, um allmählich schneller und tiefer zu werden. 10 Streichungen sind mindestens durchzuführen.

6. Greifen (na fa)

Die Greifmassage wird durchgeführt, indem der zu therapierende Teil symmetrisch und langsam zwischen Daumen und Zeigefinger, Daumen, Zeige- und Mittelfinger oder Daumen und vier Fingern angehoben und dabei leicht geknetet, gedreht oder gepresst wird. Die Manipulation ist tief gehend und relativ schwer.

Sie wird hauptsächlich an weichem Gewebe durchgeführt, an Genick, Schulter und Rücken, lateralem Abdomen, oberen und unteren Extremitäten.

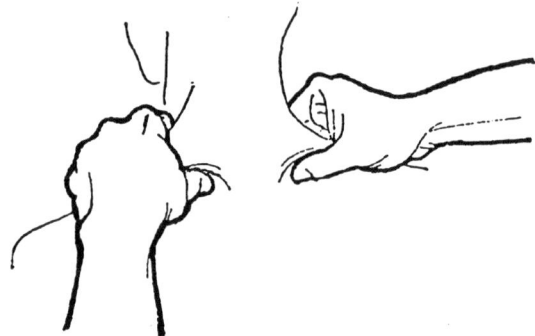

Die Greifmassage wirkt erfrischend, entspannend auf Muskeln und Sehnen, schmerzlindernd und entkrampfend. Sie bewirkt eine Anregung der Blutzirkulation und eine Erfrischung des Geistes.

7. *Druckmassage (an fa)*

Bei der Druckmassage wird auf die zu therapierende Stelle mit Fingerspitzen, Handwurzel oder Ellbogen permanenter Druck ausgeübt, zuerst leicht, dann mit langsam gesteigerter Intensität. Wenn der Behandelte ein Taubheits- oder ein ziehendes

Gefühl verspürt, soll der Druck über einen Zeitraum von 2-3 Minuten erhalten bleiben, ehe er langsam reduziert wird. Soll eine größere Tiefe erreicht werden, kann zusätzlich geknetet werden. Der Therapeut nutzt für die Druckausübung im Wesentlichen seine eigene Schwerkraft (z. B. Ellbogendruck). Die Druckmassage mit der Handfläche eignet sich vor allem im abdominalen Bereich, die Druckmassage mit der Handwurzel wird an Stellen mit reichlicher Muskulatur (lumbodorsal, Gesäß) angewandt. Die Ellbogenstimulation wird angewandt, wenn ein großer Reiz erforderlich ist (z. B. an Ischiaspunkten wie Gb 29, Gb 30, Bl 54).

Die Druckmassage wirkt schmerzlindernd, muskellockernd, stressmildernd, anregend auf die Blutzirkulation, beruhigend und zugleich anregend auf den Geist.

8. *Punktuelle Druckmassage (andian fa)*

Die punktuelle Druckmassage erfolgt durch starkes Anpressen der tieferen Muskelschichten auf einem Punkt mit Daumen oder Mittelfinger bzw. den Mittelfingerknöcheln. Die punktuelle Druckmassage wird daher in diese drei Arten unterteilt.

Die Manipulation entspricht derjenigen der Druckmassage (*an fa*) mit dem Unterschied, dass die Stimulation hier wesentlich stärker ist. Die Methode ist geeignet für Schmerzzustände und Parästhesien durch Verspannungen in den tiefen Muskelschichten.

9. Flachhand-Schiebemassage (*pingtui fa*)

Die Flachhand-Schiebemassage wird durchgeführt, indem das Gewebe mit der flachen Hand oder dem Daumenballen geradlinig geschoben und gestrichen wird. Sie ist vor allem für Brust-Bauchbereich und die Lumbalregion geeignet. Sie regt die Zirkulation von Blut und Qi an. In der gastrischen und hypopchondrischen Region wird sie eingesetzt, um Magen und Milz zu regulieren, die Leber zu entspannen und die Zirkulation des Qi zu fördern. Im unteren Abdomen und im Lumbosakralbereich angewandt stärkt sie vor allem die Niere. Hauptindikationen der Flachhand-Schiebemassage sind Druckgefühl in der

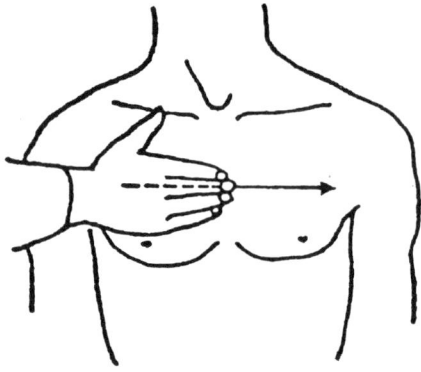

Brust, Husten, stagnierendes Leber-Qi, Lumbago, Nierenschwäche.

10. *Punktuelles Klopfen (jidian fa)*
Punktuelles Klopfen erfolgt durch Klopfen eines einzelnen kleineren Areals mit einem Finger, drei Fingern oder fünf Fingern. Es werden entweder langsamere Schläge mit niedriger Frequenz oder leichtere Schläge mit höherer Frequenz durchgeführt. Die Schläge erfolgen einzeln oder gebündelt als eine Einheit (z. B. einmal leicht, zweimal hart oder umgekehrt. Die Frequenz liegt dann bei 2-3/sec.). Hauptindikationen des punktuellen Schlagens sind Aktivierung von Nieren-Yang, im Bereich des Bewegungsapparates die Auflösung von Stauungen nach traumatischen Verletzungen, das Aktivieren des Qi, traumatische Paraplegie und periphere Neuritis.

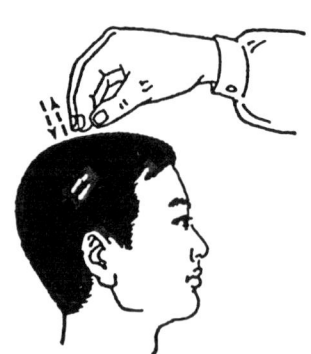

Eine kräftigere Variante mit einem breiteren Stimulationsareal bildet das Klopfen mit dem Faustrücken oder dem Faustballen. Das Klopfen mit dem Faustballen bewirkt eine Stimulation der tieferen Gewebeschichten und wird daher auch »Schlagen« (*da fa*) genannt.

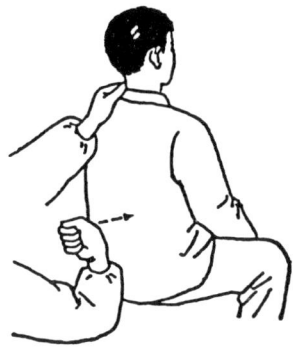

11. *Patten (bo fa)*
Das Patten erfolgt mit der hohlen Handfläche, dem Faustrücken oder dem kleinen Handballen. Es ist ein kurzer Reiz, die Klopfbewegungen folgen einander in kurzen Abständen. Reizflächen sind Schultern, Rücken, Lumbosakralregion und Gesäß.

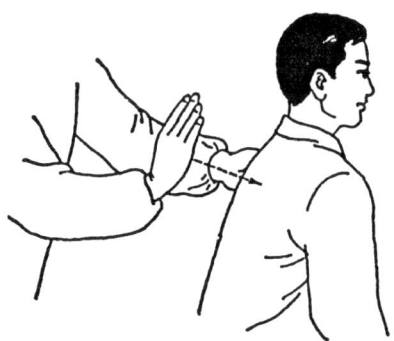

Faustrücken: Lumbosakralregion
Handfläche: Schulterregion
Kleiner Handballen: gerade Rückenstrecker
Hauptindikationen sind Myalgien, Paralyse der Extremitäten, Muskelspasmen und Arthralgien.

12. Vibrieren (zhen fa)

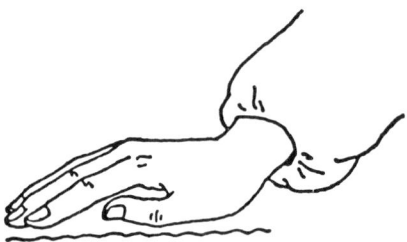

Das Vibrieren erfolgt durch Vibrationen von Mittelfinger, mehreren Fingern oder der Handfläche auf dem zu massierenden Gewebe. Die Vibrationen werden dabei vom Unterarm gesteuert. Fingerspitzen oder Handfläche werden auf das zu therapierende Gewebe aufgelegt, der Ellbogen beschreibt einen stumpfen Winkel (90-100°). Bei der Vibrationsmassage mit der Handwurzel befindet sich der Ellbogen leicht unterhalb der Hand, bei der Fingervibration liegen die Fingerspitzen im 90°-Winkel auf dem Gewebe, das Handgelenk bleibt leicht gebeugt. Die Vibrationen erfolgen in einer Frequenz von 8-12/min.

Hauptindikationen sind Beruhigung bei Nervosität, Regulierung des Qi-Flusses, Lösen von Blutstasen, Regulierung der Peristaltik und das Wärmen des Bereichs des mittleren Erwärmers.

Beachte: Da das Vibrieren eine Massage ist, die gut zur Energieübertragung geeignet ist, sollte der Therapeut selbst eine entsprechende Vorbereitung treffen. Hände mit warmem Wasser waschen, ruhig atmen, das körpereigene Qi zunächst durch Konzentration in das in das untere Zinnoberfeld (Bereich KG 4 bis KG 6 s. u.) leiten, anschließend wieder nach oben fließen lassen und durch Willenskraft in die Hände leiten, so dass die Vibrationsbewegungen quasi ohne aktives Bewegen der Hände durch den Qi-Strom erfolgen. Die Massage kann daher nur kurze Zeit andauern, um eine Erschöpfung des eigenen Qi zu vermeiden.

2.2 Wichtige Punkte für die *tuina*-Massage

Die Wirkung der chinesischen Massage beruht auf der Kombination der Massagetechniken mit ihrer Anwendung auf bestimmten Arealen und Reizpunkten. Die Punktewahl für die Massage von Reizpunkten ist je nach Sportart unterschiedlich; für Wurfdisziplinen werden vor allem Punkte an den oberen Extremitäten bevorzugt, bei Laufdisziplinen sind insbesondere Punkte an den unteren Extremitäten von Bedeutung. Bei Kampfsportarten empfiehlt sich eine gleichmäßige Auswahl von Punkten an den oberen und unteren Extremitäten. Eine gezielte Massage an Punkten, welche auf die Muskulatur an Armen und Beinen einwirken in Kombination mit mental wirksamen Punkten ist eine wertvolle Unterstützung vor und nach dem Wettkampf. Die Zahl der wichtigsten Punkte für die *tuina*-Massage im Bereich des Wettkampfsports beläuft sich auf etwa vierzig. Sie werden im Folgenden zuerst gruppenweise nach ihrer Lokalisation geordnet vorgestellt, anschließend einzeln in ihrer besonderen Lage und Indikation diskutiert.

Punkte in Kopf- und Gesichtsbereich (10 Punkte): LG 20 (baihui), Bl 2 (zangzhu), yuyao, 3e 23 (sizhukong), Ma 2 (sibai), LG 26 (renzhong), *yintang* (Ex 1), Gb 15 (toulinqi), Ma 8 (touwei), Gb 20 (fengchi).

Allgemeine Indikation: Vor dem Wettkampf leicht mit Kneif- oder Reibemassage manipuliert steigern sie die Sehkraft und wirken anregend auf die geistige Frische.

Kräftige Manipulation nach dem Wettkampf bewirkt mentale Beruhigung und wirkt Erschöpfung entgegen.

Punkte im Schulterbereich (2 Punkte): Dü 9 (jianzhen), Dü 12 (bingfeng).

Allgemeine Indikation: Leichtes Kneifen und Kneten vor dem Wettkampf bewirkt Auflockerung und Kräftigung der Muskulatur, stärkere Stimulation nach dem Wettkampf wirkt Müdigkeit und Erschöpfung entgegen.

Punkte in Rücken- und Lendenbereich (4 Punkte): Dü 13 (quyuan), Bl 43 (gaohuang), LG 14 (dazhui), *yaoyan* (Ex), Bl 23 (shenyu), Bl 31-34 (baliao).

Allgemeine Indikation: Knet und Kneifmassage vor dem

Wettkampf bewirkt eine Kräftigung der Muskulatur im Lendenbereich, nach dem Wettkampf angewandt wirkt die kräftige Stimulation Erschöpfung entgegen.

Punkte im Thoraxbereich (2 Punkte): KG 17 (danzhong), Ni 25 (shenzang).

Allgemeine Indikation: Leichte Druck- und Reibemassage vor dem Wettkampf wirkt stärkend auf die Lungenfunktion, nach dem Wettkampf ist sie sinnvoll bei Kurzatmigkeit und Druckschmerzen im Thoraxbereich.

Punkte am Abdomen (6 Punkte): KG 4 (guanyuan), KG 6 (qihai), KG 10 (xiawan), KG 12 (zhongwan), KG 13 (shangwan), Ma 25 (tianshu).

Allgemeine Indikation: Sanfte Knet- und Druckmassage vor und nach dem Wettkampf bewirkt eine Regulierung der Zirkulation von Qi und Blut im Abdominalbereich und der Organfunktionen allgemein.

Punkte an der oberen Extremität (4 Punkte): Di 4 (hegu), Di 11 (quchi), Pe 6 (neiguan), 3E 5 (waiguan), He 7 (shenmen).

Knet- und Druckmassage vor und nach dem Wettkampf wirkt kräftigend auf das Qi.

Punkte an der unteren Extremität (11 Punkte): Bl 54 (zhibian), Gb 30 (huantiao), Bl 36 (chengfu), Bl 40 (weizhong), Bl 57 (chengshan), Bl 60 (kunlun), Ni 3 (taixi), Ma 32 (futu), Ma 36 (zusanli), Mi 6 (sanyinjiao), Bl 62 (shenmai).

Allgemeine Indikation: Druck- und Knetmassage vor dem Wettkampf bewirkt im Wesentlichen eine Stärkung und Flexibilisierung der unteren Extremitäten, kräftige Stimulation nach körperlicher Anstrengung wirkt Müdigkeit und Schwere der unteren Extremitäten entgegen.

Kopf- und Gesichtsbereich

LG 20 (baihui)

Der Punkt LG 20 liegt in der Mitte des Schädeldaches. Er bildet den Schnittpunkt zwischen der Verbindungslinie der höchsten Punkte der Ohrmuscheln mit der Kopfmittellinie. Seine Eigenschaften machen ihn zu einem außerordentlich wichtigen Punkt in der chinesischen Akupunktur und Massage: Er ist der Punkt,

Wichtige Punkte für die tuina-Massage

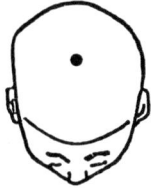

an dem das Lenkergefäß Kontakt zum Gehirn aufnimmt, er ist der Verbindungspunkt zwischen Lenkergefäß und allen Yangleitbahnen des Körpers und gleichzeitig der Verbindungspunkt zwischen Lenkergefäß und der Hauptleitbahn der Leber. Damit hat er zunächst beruhigende und stabilisierende Wirkung auf den Leberfunktionskreis und aktivierende Wirkung auf das Soma. Er aktiviert die Durchblutung des Gehirns und zieht das Qi nach oben in den Kopf. Gute Durchblutung und Konzentration von Qi im Kopfbereich sind wichtige Voraussetzungen für geistige Frische und Konzentrationsfähigkeit. Durch seine beruhigende und stabilisierende Wirkung auf den Leberfunktionskreis ist LG 20 auch ein mental wirksamer Punkt. Er wirkt mental beruhigend, damit Übernervosität sowie Palpitationen und nervös bedingter Schlaflosigkeit entgegen. In der Akupunktur wird LG 20 erfolgreich bei Apoplexie und deren Folgeschäden, Kopfschmerzen und psychischen Störungen verwendet, die *tuina*-Massage nutzt ihn vor allem bei Kopfschmerz, Nervosität und Konzentrationsschwäche.

Bl 2 (zangzhu)

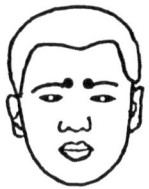

Der Punkt Bl 2 liegt am medialen Ende der Augenbraue. Er wirkt Stirnkopfschmerzen entgegen und klärend auf die Sicht. Punktuelle leichte Knetmassage und Streichen nach außen in Richtung *yuyao* (s. u.) sind empfehlenswert für eine geistige Erfrischung und Stärkung der Sehschärfe.

Yuyao (»Fischtaille«)

Der Punkt *yuyao* ist ein chinesischer Extrapunkt. Er liegt auf dem Mittelpunkt der Augenbraue. Seine Indikationen entsprechen denen von Bl 2.

3E 23 (sizhukong)

Der Punkt 3E 23 liegt am lateralen Ende der Augenbraue. Die Wirkung des Punktes entspricht derjenigen der oben genannten Punkte. Er kann einzeln mit den Zeigefingern durch Druck- oder Reibemassage stimuliert werden oder bei der Streichmassage von Bl 2 und *yuyao* mit einbezogen werden.

Ma 2 (sibai)

Der Punkt Ma 2 liegt senkrecht unterhalb der Pupille (bei geradeaus gerichtetem Blick) auf dem Rand des Jochbeins in einer Vertiefung *(foramen infraorbitalis)*. Er kann sanft reibend oder kneifend mit dem Daumennagel stimuliert werden. Wie die übrigen bisher beschriebenen Punkte wirkt er stärkend auf die Sehkraft und gegen Kopfschmerz.

LG 26 (renzhong)

Der Punkt LG 26 liegt zentral in der mediolabialen Falte. Er ist ein ausgesprochener Erste-Hilfe-Punkt. Auf Grund seiner stark sedierenden und öffnenden Wirkung auf die Sinnesorgane wird er vor allem zur Wiedererlangung des Bewusstseins nach einem K.O. stimuliert. Die Stimulation muss durch starkes Kneifen mit dem Daumennagel erfolgen.

Yintang (Ex 1)

Der Punkt *yintang*, nach der Nomenklatur Extrapunkt 1, liegt auf der Mittellinie zwischen den Augenbrauen. Die Stimulation erfolgt durch Kneifen der Haut zwischen Daumen- und Zeigefinger mit leichtem Andrücken. Neben den Indikationen von Bl 2 und 3E 23 hat yintang ausgesprochen sedierende und beruhigende Wirkung auf die Psyche und ist damit ein wichtiger mental wirksamer Punkt. Während Bl 2 und 3E 23 eher auf der physischen Seite wirksam sind, wird *yintang* im Wesentlichen auf Grund seiner mentalen und psychisch beruhigenden Wirkung stimuliert.

Gb 15 (toulinqi)

Der Punkt Gb 15 liegt auf der Mittelposition zwischen der Geheimratsecke und der Mittellinie des Gesichts 0,5 *cun* hinter dem Haaransatz. Er wirkt insbesondere auf Hör- und Sehvermögen sowie gegen Kopfschmerz. Die Stimulation des

Punktes vor dem Wettkampf steigert die Aufnahmefähigkeit für akustische und visuelle Reize, nach dem Wettkampf bewirkt er eine geistige Entspannung.

Ma 8 (touwei)

Der Punkt Ma 8 liegt an der Geheimratsecke, 0,5 *cun* hinter der Haargrenze. Seine Wirkung entspricht der von Gb 15. Auf Grund seiner harmonisierenden Wirkung auf den Leberfunktionskreis kann er daneben als mental wirksamer Punkt eingesetzt werden, sowohl bei Hypernervosität als auch bei mangelndem Kampfgeist.

Gb 20 (fengchi)

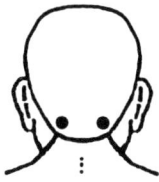

Der Punkt Gb 20 liegt in der Vertiefung zwischen dem *musculus sternocleidomastoideus* und dem *musculus trapecius* am unteren Haaransatz. Kräftige Reibe- und Knetmassage vor dem Wettkampf empfiehlt sich bei Kopfschmerz oder Müdigkeit vor dem Wettkampf. Die Aufnahmebereitschaft für optische und akustische Reize wird erhöht, der Geist generell erfrischt. Die erfrischende Wirkung gilt auch für die Massage nach dem Wettkampf. Muskuläre Verspannungen im Schulter-Nackenbereich können ebenfalls über die Massage von Gb 20 wirksam gelockert werden.

Schulterbereich

Dü 9 (jianzhen)

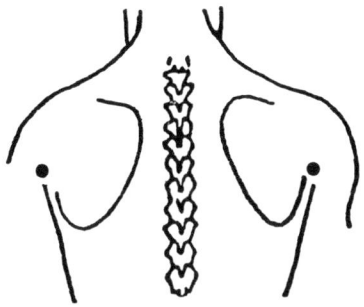

Der Punkt Dü 9 liegt ca. 0,5 *cun* oberhalb der hinteren Axillarfalte. Anatomisch gesehen liegt er damit nahe der Ansatzstelle des *musculus latissimus dorsi*. Leichte Kneif- oder Knetmassage vor dem Wettkampf bewirkt eine Entspannung des Latissimus, des größten Rückenmuskels. Kräftiges Greifen, Kneten und Kneifen nach dem Wettkampf fördert die Blut- und Qi-Zirkulation, damit eine Lockerung der lokalen Muskulatur und die Ausleitung von Schlackestoffen.

Dü 12 (bingfeng)

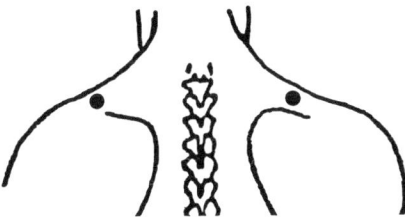

Der Punkt Dü 12 ist auf der Mittellinie zwischen dem Dornfortsatz des 7. Halswirbels und dem Akromioklavikulargelenk, knapp oberhalb des Schulterblatts lokalisiert. Die Indikationen entsprechen denen von Dü 9, wobei Dü 12 hauptsächlich auf den *musculus trapecius* wirkt.

Rücken- und Lendenbereich

Dü 13 (quyuan)

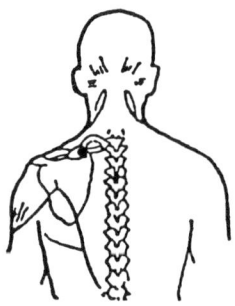

Dü 13 ist am medialen Ende der *fossa supraspinata* lokalisiert. Seine Indikationen entsprechen denen von Dü 12. Beide Punkte eignen sich für die Greifmassage, die bei Dü 12 durch Anheben mit evtl. leichtem Drehen der Muskulatur noch verstärkt werden kann. Dies erlaubt den Zugriff auf die tieferen Muskelschichten. Vor dem Wettkampf eignet sich der schwächere Stimulus durch Kneten oder Druckmassage.

Bl 43 (gaohuang)

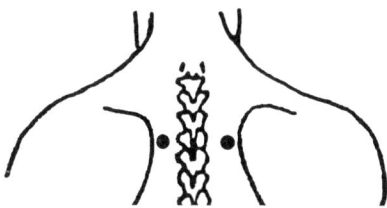

Bl 43 liegt auf der Höhe des Dornfortsatzes des 4. Brustwirbels, 3 *cun* (= eine Handbreite) lateral. Seine Wirkweisen machen ihn in vielfacher Weise nutzbar: Er ist zunächst ein wirksamer Punkt für muskuläre Verspannungen im oberen Bereich des Rückens. Innerlich wirkt er auf Milz und Magen und kann damit bei nervösen Verdauungsstörungen in die Massage mit einbezogen werden. Die Massage von Bl 43 ermöglicht des weiteren eine kräftigere und tiefere Atmung durch die regulierende Wirkung auf das Lungen-Qi. Seine Lage unterhalb des Herzens macht ihn über die segmentale Zustimmung zu einem psychisch wirksamen d. h. stabilisierenden Punkt. Geeignete Massagetechniken sind Kneten und Fingerdruck.

LG 14 (dazhui)

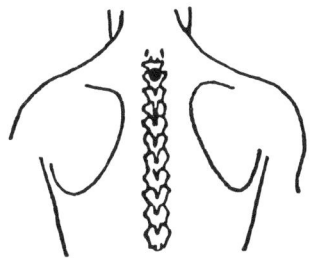

Der Punkt *dazhui* liegt, wie sein Name »großer Wirbel« verrät, am größten Wirbelsegment, d. h. unterhalb des Dornfortsatzes des 7. Halswirbels. Der Punkt wird hauptsächlich wegen seiner entspannenden, beruhigenden und psychisch stabilisierenden Wirkung stimuliert. Seine Stimulation nach körperlicher Anstrengung wirkt körperlicher und geistiger Erschöpfung entgegen. Nebenindikation sind muskuläre Verspannungen. Geeignet sind Kneif- oder Knetmassage.

Yaoyan (»Lendenauge«)

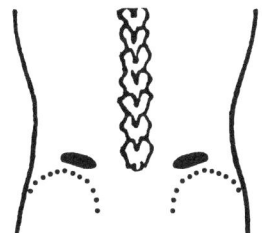

Der Punkt *yaoyan* ist ein chinesischer Extrapunkt. Wie sein Name verrät, ist er deutlich sichtbar im Lendenwirbelbereich, er zeigt sich als Vertiefung in Höhe des 4. oder 5. Lendenwirbels. Der Punkt, der eigentlich ein Areal beschreibt, eignet sich durch seine leichte Lokalisation und seine Wirkung auf den gesamten Lendenbereich. Seine Nähe zu den Zustimmungspunkten für Dickdarm und Dünndarm erlaubt durch seine Stimulation ein regulierendes Einwirken auf die Verdauungsfunktionen. Großflächige Druckmassage (Handwurzel, Ellbogen) bewirkt zudem eine Lockerung der lokalen Muskulatur, damit eine Schmerzlinderung bei Lumbalgien und Ischialgien.

Bl 23 (shenshu)

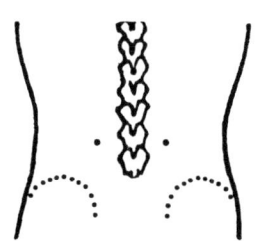

Bl 23 ist der Zustimmungspunkt für die Niere. Er ist unterhalb des Dornfortsatzes des zweiten Lendenwirbels lokalisiert, 1,5 *cun* (2 Fingerbreiten) paravertebral. Er ist wirksam gegen Lumbalgien und Schwäche in den unteren Extremitäten. Die Wirkung gegen Lumbago kann durch eine Kombination mit Bl 40 (s. u.) verstärkt werden. Geeignet ist vor allem die Druck- oder Knetmassage mit dem Daumen.

Bl 31-34 (baliao)

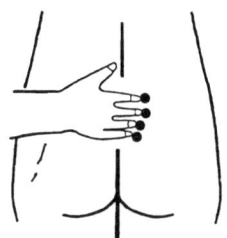

Der Name der vier bzw. acht Punkte verrät ihre Lokalisation: die »acht Foramina« in den vier Sakralwirbeln. Streichen bis zur Wärmeentwicklung und Kneten mit der Handwurzel vermittelt ein angenehmes Wärmegefühl im unteren Lendenbereich und ein Gefühl der Geborgenheit, was die Massage vor allem für psychisch labile Personen empfehlenswert macht.

Thoraxbereich

KG 17 (danzhong)

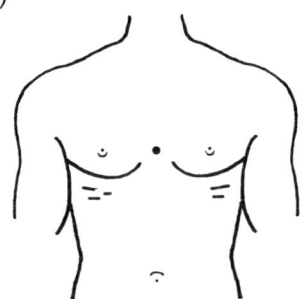

Der Punkt KG 17 ist auf dem Brustbein in der Mitte zwischen den Brustwarzen gelegen. Er ist der Alarmpunkt des Perikards und Meisterpunkt des Qi des gesamten Körpers. An ihm laufen die Leitbahnen von Dünndarm, Milz, Niere und Dreifachwärmer zusammen. Seine besondere Indikation sind Blockaden im Qi-Fluss, er ist daher für Stauungen in der Qi-Zirkulation und Gegenläufigkeiten des Qi im Körper indiziert. Durch seine enge Beziehung zu Qi und damit auch zur Lunge ist er geeignet, besonders die Atemenergie zu regulieren, Beklemmungsgefühl und Druck von der Brust zu nehmen. Durch seine Verbindung mit den Leitbahnen von Dünndarm und Dreifachwärmer bewirkt die Stimulation des Punktes KG 17 Entspannung der Leibesmitte. Druck auf der Brust, Beklemmungsgefühl, Kurzatmigkeit und Verkrampfungen im Magen-Darmtrakt sind Symptome, die sich häufig vor Wettkämpfen einstellen. Von daher ist die Stimulation vor dem Wettkampf empfehlenswert. Zustände der Verausgabung von Qi nach körperlicher Anstrengung sind durch Stimulation von KG 17 weniger zugänglich, da KG 17 kein spezieller Punkt für die Zuführung von Qi ist. Druckschmerzen auf der Brust nach körperlicher Anstrengung gehören jedoch in das Indikationsfeld von KG 17. Es eignet sich eine sanfte Knet-, Reibe-, Druck- oder Klopfmassage.

Ni 25 (shenzang)

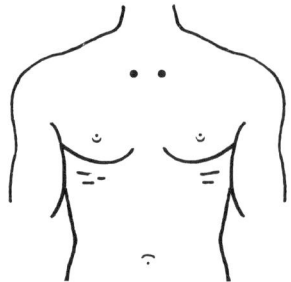

Der Punkt Ni 25 liegt im 2. ICR, zwei *cun* (3 Fingerbreiten) lateral der mediosternalen Linie. Seine Indikationen sind im Wesentlichen Druck auf der Brust und Kurzatmigkeit entsprechend der von KG 17. Es eignet sich die Knet-, Reibe- oder Druckmassage.

Abdomen

KG 4 (guanyuan)
Der Punkt KG 4 ist ein kardinaler Punkt des Körpers. Sein Name »Tor zum Ursprungs(Qi)« verrät bereits seinen engen Bezug zum Ursprungs-Qi und zum Yang-Qi, d. h. zur eigentlichen Lebensenergie, des Menschen. KG 4 ist daneben Alarmpunkt für den Dünndarm und Verknüpfungspunkt der drei Hauptleitbahnen von Leber, Niere und Milz. Die Stimulation von KG 4 bewirkt eine Stärkung des Qi, die Regulierung der Qi-Zirkulation sowie eine Beruhigung der Darmfunktion. In Verbindung mit der Konzentration des Atems auf diesen Punkt durch den Behandelten stellt sich eine mental beruhigende Wirkung ein.

KG 6 (qihai)
Der Punkt KG 6 liegt 1,5 *cun* (2 Fingerbreiten) unterhalb des Nabels. Wie sein Name »Meer des Qi« verrät, ist er ein spezieller Punkt für die Regulierung des Qi-Flusses im Körper. Er ist wie KG 4 ein Zentrum der menschlichen Energie. Wie dieser unterhält auch KG 4 eine enge Beziehung zur Niere. Seine Stimulation dient der Lösung von Qi-Stauungen im abdominalen Be-

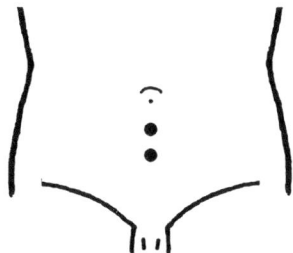

reich, durch seinen engen Bezug zur Niere auch die Lösung von Angstzuständen. Seine Indikationen liegen daher auch und vor allem im mentalen Bereich. Nervös bedingte Bauchschmerzen, Herzstiche, große Nervosität und Unruhe können durch seine Stimulation mittels Knet- oder Druckmassage effektiv beeinflusst werden.

KG 10 (xiawan), KG 12 (zhongwan), KG 14 (shangwan)

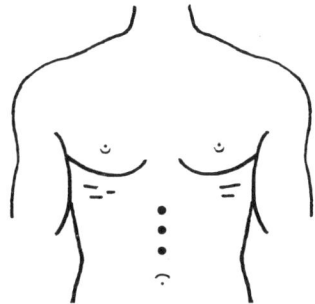

Die drei Punkte bilden eine Gruppe, insofern sie alle direkt mit dem Magen in Verbindung stehen. Dementsprechend lauten ihre Namen in Übersetzung »Magenausgang«, »Mitte des Magens« und »Mageneingang«. Sie liegen im Abstand von 2 *cun* (3 Fingerbreiten) und 1 *cun* zueinander über dem Nabel.

KG 10 liegt 2 *cun* oberhalb des Nabels. Er ist Verknüpfungspunkt zwischen den Leitbahnen von Milz und Dünndarm. Seine Hauptindikationen liegen in Magenbeschwerden, Krämpfen und Klumpengefühl im Bauch. Er kann im vorliegenden Rahmen als psychosomatisch wirksamer Punkt eingesetzt werden.

KG 12 liegt 2 *cun* oberhalb von KG 10. Er ist der Alarmpunkt des Magens und Meisterpunkt für alle Hohlorgane. Er stellt daneben die Verknüpfung her zwischen den Leitbahnen von Magen, Dünndarm und Dreifachwärmer. Er reguliert das Magen-Qi und leitet Gegenläufigkeiten von Qi ab. Seine Indikationen sind wie bei KG 10 Spasmen im Magen-Darmbereich, daneben Appetitlosigkeit, Übelkeit, Brechreiz und Angstzustände.

KG 13 liegt 1 *cun* oberhalb von KG 12. Seine Indikationen entsprechen denen der Punkte KG 12 und KG 10.

Ma 25 (tianshu)

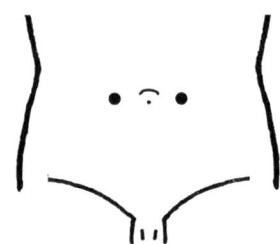

Der Punkt Ma 25 liegt 2 *cun* (3 Fingerbreiten) lateral des Nabels. Er ist der Alarmpunkt des Dickdarms, damit für die Regulierung von dessen Qi zuständig. Seine Stimulation verfolgt im Wesentlichen den Zweck, Bauchschmerzen und Diarrhöe zu lindern.

Obere Extremität

Di 4 (hegu)

Der Name des Punktes Di 4 »vereinte Täler« verrät seine Lage: zwischen Daumen und Zeigefinger (zwischen der ersten und zweiten Metakarpale) in einer Vertiefung. Er ist der Quellpunkt der Dickdarmleitbahn, der Punkt, der den Zugriff auf das

Ur-Qi des Dickdarms erlaubt. Er hat im Wesentlichen schmerzlindernde und zuführende Wirkung auf das Qi. Er wird eingesetzt bei Erschöpfungszuständen nach körperlicher Anstrengung, zur physischen Aktivierung vor dem Wettkampf sowie bei Kopfschmerzen.

Die Stimulation erfolgt knetend in Verlaufsrichtung der Dickdarmleitbahn, d. h. in Richtung Unterarm (zuführende Technik).

Di 11 (quchi)

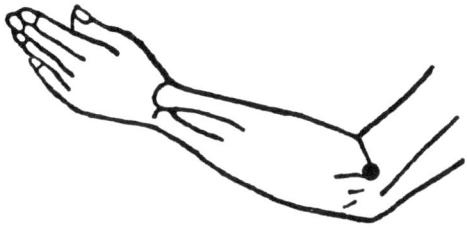

Der Name dese Punktes Di 11 »gekrümmter Teich« weist auf seine Lokalisation: am Ende der Ellbogenfalte in einer Vertiefung. Hier läuft das Qi der Dickdarmleitbahn zu seiner höchsten Konzentration zusammen. Seine Indikation entspricht der von Di 4.

Pe 6 (neiguan)

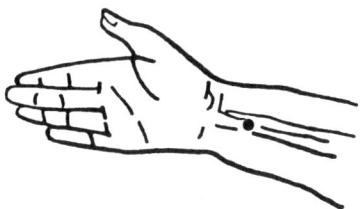

Der Punkt Pe 6 liegt 2 *cun* (3 Fingerbreiten) proximal der Handgelenksfalte zwischen den Sehnen der *mm palmaris longus* und *flexor carpi radialis*. Er ist der Verknüpfungspunkt zwischen der Leitbahn des Perikards und der des Dreifachwärmers und korreliert damit direkt mit dem Punkt 3E 5 (waiguan) (s. u.). Er reguliert das gesamte Qi des oberen Erwärmers, d. h. des Qi im

Thoraxbereich, und sorgt für dessen freien Lauf. Brustbeklemmungen und Kurzatmigkeit sowie Atemnot können über ihn wirksam reguliert werden. Pe 6 hat stützende und sedierende Wirkung auf den Herzfunktionskreis, damit direkten Einfluss auf die Psyche. Die Stimulation von Pe 6 bewirkt eine Beruhigung von Herz und Magen, sie wirkt damit Nervosität entgegen. Daneben können - bedingt durch den Verlauf der Perikardleitbahn entlang der medialen Seite der oberen Extremität - auch Spannungen und Verspannungen in den oberen Extremitäten gelöst werden.

3E 5 (waiguan)

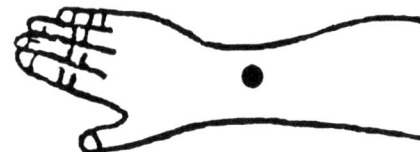

Der Punkt 3E 5 ist der Verknüpfungspunkt der Leitbahn des Dreifachwärmers mit der Perikardleitbahn. Er ist der Entsprechungspunkt zu Pe 6 und direkt gegenüber von diesem lokalisiert (s.o.) auf der lateralen Seite des Unterarms. Er macht die Haupt- und Netzleitbahnen durchgängig und stärkt das Qi. Er hat insbesondere Wirkung auf die Yangleitbahnen der Hand. Seine Stimulation im sportlichen Bereich dient im Wesentlichen der Lösung von Qi-Blockaden in den oberen Extremitäten. Bei der Massage können Pe 6 und 3E 5 gemeinsam stimuliert werden.

He 7 (shenmen)

Der Punkt He 7 liegt in der Handgelenksfalte, proximal und radial des *os pisiforme*. Er ist der Quellpunkt der Herzleitbahn, er ist der Punkt, an dem das Herz-Qi aus- und eintritt. Er hat insbesondere beruhigende und sedierende auf den Herzfunktionskreis. He 7 kann vor allem als mental wirksamer Punkt eingesetzt werden bei nervöser Unruhe, Ängstlichkeit, Herzklopfen, aber auch Depression und Teilnahmslosigkeit. Kräftige Druckmassage oder kneifende Stimulation gegen die Verlaufsrichtung der Herzleitbahn (in Richtung Unterarm) ist empfohlen.

Untere Extremität

Bl 54 (zhibian)

Der Punkt Bl 54 liegt auf der Höhe des vierten *foramen sacrale*, 3 *cun* (1 Handbreite) lateral der Mittellinie. Er ist im Wesentlichen auf die untere Extremität und deren Muskulatur wirksam. Er ist ein ausgewiesener Ischiaspunkt, über dessen Stimulation Ischialgien wirksam therapiert werden können. Druckmassage vor dem Wettkampf bewirken eine Lockerung und Entspannung der Muskulatur und sorgt für entsprechende Beinfreiheit und Flexibilität. Kräftigere Druckmassage nach sportlicher Aktivität wirkt Erschöpfung entgegen und dient der Ausleitung von Schlackestoffen aus der Muskulatur.

Gb 30 (huantiao)

Der Punkt Gb 30 liegt auf der Verbindungslinie zwischen dem *os sacrum* und dem großen Trochanter am Übergang vom ersten zum zweiten Drittel. Seine Indikation entspricht der von Bl 54.

Bl 36 (chengfu)

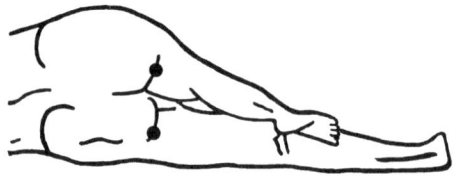

Der Punkt Bl 36 liegt auf dem Mittelpunkt der Glutealfalte in der Vertiefung (zwischen den *mm semitendinosus* und *biceps femoris*). Er ist wie Bl 54 und Gb 30 ein ausgewiesener Ischiaspunkt. Probleme der Ischiaswurzel (Entzündungen, Irritationen) machen sich meist an Schmerzhaftigkeit von Bl 36 und Bl 40 (s. u.) bemerkbar. Eine Behandlung von Bl 36 kann daher ihrerseits befreiend auf die Ischiaswurzel einwirken. Im Übrigen entspricht die Indikation der von Gb 30 und Bl 54.

Bl 40 (weizhong)

Der Punkt Bl 40 liegt auf dem Mittelpunkt der Kniegelenksfalte. Er wird bei Schmerzen der unteren Extremität verwendet wie Ischialgien, Lumbalgien und Kniegelenksschmerzen.

Bl 57 (chengshan)

Der Punkt Bl 57 liegt in der Vertiefung zwischen den beiden Gastrocnemiusköpfen in der Mitte zwischen Bl 40 und Bl 60 (s. u.). Seine Indikation entspricht zunächst denen der vorgenannten Punkte. Danben hat er kräftigende Wirkung auf den

Leberfunktionskreis, im Bereich des Bewegungsapparates wird der zum Aufbau bei Muskelschwäche in den unteren Extremitäten eingesetzt. Auch Schmerzhaftigkeit und Verspannungen im Wadenbereich sowie Wadenkrämpfe können über Bl 57 behandelt werden. Die Stimulation muss dann durch Punktdruckmassage erfolgen.

Bl 60 (kunlun)

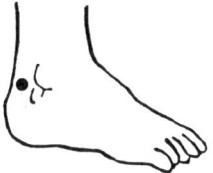

Bl 60 liegt auf der horizontalen Linie in der Mitte zwischen dem *malleolus externus* und der Achillessehne. Er macht die Netzbahnen durchgängig und hat allgemein kräftigende Wirkung auf den Bewegungsapparat. Im sportlichen Bereich wird er vorwiegend als lokal wirksamer Punkt bei Knöchelschwellungen, Fußschmerzen und Spasmen in den unteren Extremitäten eingesetzt. Es empfiehlt sich eine Kneifmassage in Kombination mit dem korrelierenden Punkt Ni 3 (taixi), der auf der gleichen Höhe wie Bl 60 auf der medialen Seite lokalisiert ist.

Ma 32 (futu)

Der Punkt Ma 32 ist 6 *cun* (2 Handbreiten) oberhalb der lateralen Kante der Patella lokalisiert. Ma 32 wirkt als kräftigender und schmerzlindernder Punkt auf die unteren Extremitäten, nach körperlicher Anstrengung hat er unterstützende Wirkung beim Abbau von Schlacken aus der Oberschenkelmuskulatur. Zum anderen wirkt Ma 32 kräftigend und anfachend auf das Leber-Qi, die Stimulation des Punktes kann das Selbstvertrauen hebende, die Kampfbereitschaft steigernde Wirkung entfalten. Die Massage erfolgt im Wesentlichen kneifend oder knetend in Verlaufsrichtung der Magenleitbahn (zuführende Technik) bis sich ein Wärmegefühl einstellt.

Ma 36 (zusanli)

Ma 36 liegt 3 *cun* (1 Handbreite) unterhalb des lateralen Unterrandes der Patella. Er ist der Punkt, an dem sich das Qi der Magenleitbahn versammelt, er wirkt jedoch zuführend auf das Qi des Körpers allgemein. Damit gehören allgemeiner körperlicher Kräfteverfall und Erschöpfungszustände in seinen Indikationsbereich. Als Punkt der Magenleitbahn wirkt er regulierend,

d. h. anregend oder beruhigend, auf die Verdauungsfunktion. Als lokal wirksamer Punkt kann er bei Schmerzen und Kraftlosigkeit in den unteren Extremitäten sowie bei Stauungen und Stauchungen in den unteren Extremitäten eingesetzt werden. Die Massage erfolgt am besten kräftig knetend.

Mi 6 (sanyinjiao)

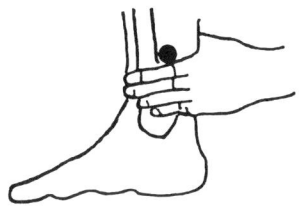

Der Punkt Mi 6 zeigt durch seinen Namen »Verknüpfung der drei Yin(leitbahnen)« seine besondere Lage und Funktion an. Mi 6 liegt 3 *cun* (1 Handbreite) über dem *malleolus internus* am Hinterrand der Tibia und stellt die Verbindung zwischen den drei Yinleitbahnen des Fußes (Niere, Leber, Milz) her. Er wirkt allgemein stärkend auf die drei Funktionskreise von Milz, Niere und Leber. Seine besondere Indikation ist die Regulierung der Verdauungsfunktion, daneben die Anregung der Zirkulation von Blut und Qi. Diese aktivierende Funktion auf den Kreislauf von Blut und Qi macht den Punkt zu einem Kardinalpunkt für die Lösung von Stauungen im Bereich der unteren Extremitäten.

Bl 62 (shenmai)

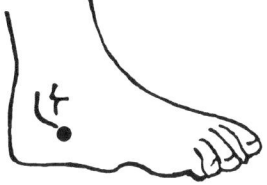

Der Punkt Bl 62 liegt am unteren Rand des *malleolus externus* in einer Vertiefung. Er macht die Leitbahnen durchgängig und hat insbesondere entkrampfende Wirkung auf den Bewegungsapparat. Er kann eingesetzt werden zur Massage bei Steifheit von Knie- und Fußgelenken, aber auch nach Einknicken der Fußgelenke. Daneben hat Bl 62 beruhigende Wirkung auf die Psyche und kann daher als mental wirksamer Punkt zur psychischen Beruhigung mit eingesetzt werden.

2.3 Massage zum Dehnen, Leiten und Strecken der Leitbahnen und Netzgefäße

Die Massage zum Dehnen, Leiten und Strecken der Leitbahnen und Netzgefäße dient verschiedenen Zwecken:
Durchleiten der Leitbahnen
Anregung der Blutzirkulation in den Extremitäten
Lösen von Stauungen (Energieblockaden)
Abbau von Hämatomen und anderen
       traumatischen Verletzungen
Steigerung der Flexibilität in Muskeln und Gelenken
Abbau von Gelenksteifigkeiten
Abbau von Stoffwechselschlacken in der Muskulatur
Verbesserung von Bewegungseinschränkungen

Bei dieser Art der Massage erfolgt eine passive Bewegung der Muskeln und Gelenke des Behandelten durch Einwirken des Masseurs.

Die hier vorgestellten Methoden sind vielfältig einsetzbar: Sie können z. B. in jedem Training als Partnermassage dem Aufwärmtraining vorgeschaltet oder zwischen Trainingseinheiten in Trainingslagern eingebaut werden. Sie garantieren eine bessere Verarbeitung physischer Belastungen und Ermüdungserscheinungen im Bewegungsapparat und bewirkt eine Entlastung von Muskulatur und Gelenken.

Obere Extremitäten
• Ein Arm wird seitlich zur Senkrechten angehoben und auf die Schulter des Masseurs aufgelegt. Es werden zunächst die sich dabei abzeichnenden Vertiefungen im Schultergelenk (frontal und dorsal) massiert sowie die Punkte Dü 12 (bingfeng), Dü 13 (quyuan) auf der gleichen und auf der gegenüberliegenden Seite.

Massage der Leitbahnen und Netzgefäße

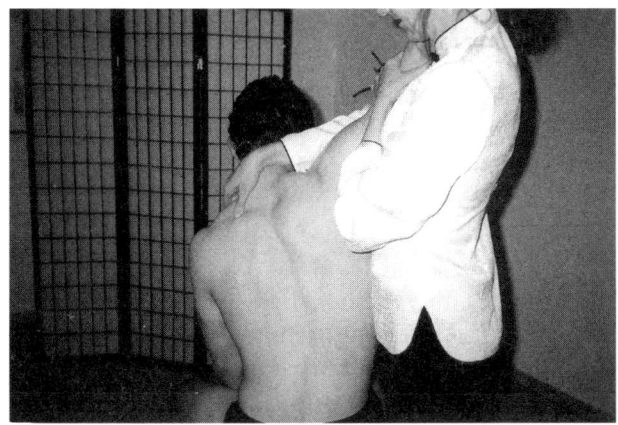

- Ein Arm wird an den Punkten 3E 5 (waiguan) und Pe 6 (neiguan) oder zwischen den Metakarpalen 4/5 und ½ gefasst, anschließend wird der Arm mit mittelstarkem Zug nach unten gezogen.
- Führen der Ellbogenspitze nach hinten. Der Behandelte hebt den angewinkelten Arm nach oben bis die Ellbogenspitze senkrecht nach oben sieht, die Finger auf der Schulter aufliegen. Der Masseur führt die Ellbogenspitze langsam nach hinten bis zum Schmerzpunkt und hält diese Position ca. 15 Sekunden. Der Behandelte atmet dabei aus. (*Anm*: Die Technik ist auch zur Selbstmassage geeignet.)

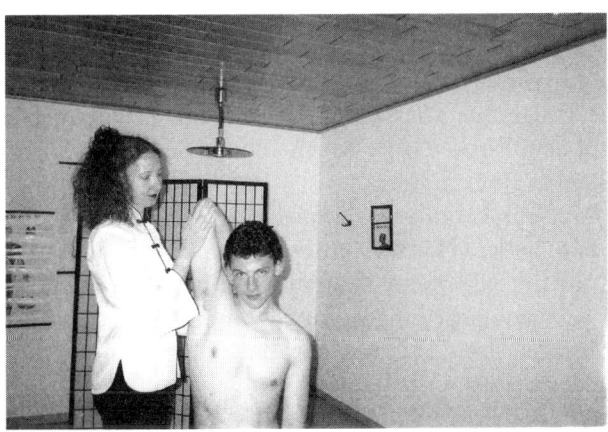

- Die Finger einzeln in die Hohlfaust nehmen und mehrfach von oben nach unten abstreifen. Die Methode steigert den Energiefluss in den Fingern und wirkt mental beruhigend durch Ausleiten der Energie aus den Leitbahnen von Herz und Perikard über die Stimulation von deren Endpunkten. (*Anm.:* Die Technik ist auch zur Selbstmassage geeignet).
- Eine Hand stützt den Arm des Behandelten unterhalb des Schultergelenks, die andere umfasst das Handgelenk. Unterarm und Oberarm des Behandelten bilden einen 90°-Winkel. Der Masseur führt den Unterarm nach unten und hinten ohne Vergrößerung des Winkels. Die Methode dient der Dehnung der drei Yangleitbahnen der Hand.

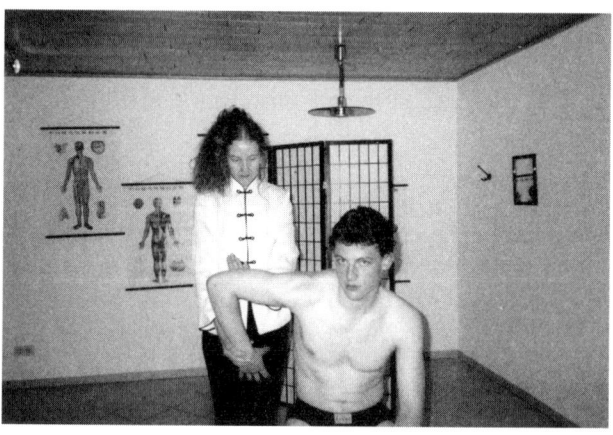

Untere Extremitäten
Für die Behandlung der unteren Extremitäten liegt der Behandelte auf dem Rücken oder Bauch (Boden oder Liege).
Methoden in Rückenlage:
- Der Masseur befindet sich am Fußende des Behandelten. Er greift mit beiden Händen unter dessen Fersen und zieht die Beine mit mittelstarkem Kraftaufwand zu sich. Dabei werden sanfte Schwenkbewegungen durchgeführt. Der Beinzug dient dem Strecken und Dehnen der Blasenleitbahn und der Entlastung der Lendenwirbelsäule.

Massage der Leitbahnen und Netzgefäße

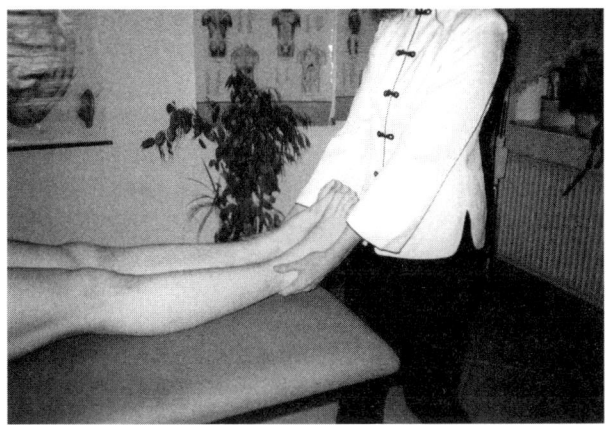

- Ein Bein liegt gestreckt auf dem Boden, das andere wird angewinkelt. Der Masseur greift mit einem Unterarm in die Kniekehle und zieht den Unterschenkel nach unten, dehnt den Oberschenkel dann unter Einsatz seines Körpergewichts in Richtung Brustbein des Liegenden. Die Endposition wird ca. 20 Sekunden gehalten. Der Behandelte atmet während des Dehnvorgangs aus.

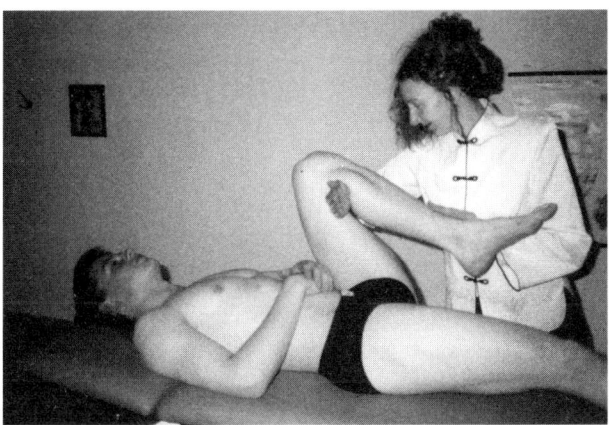

- Beide Beine sind angewinkelt. Der Masseur greift die Fesseln oder Knie und drückt die Knie unter Einsatz seines Körpergewichts in Richtung Brustbein des Liegenden. Die Endposition wird ca. 15 Sekunden gehalten. Leichte Wiegebewegungen bei mittelstarkem Druck dienen der Lockerung und Entlastung der Wirbelsäule.

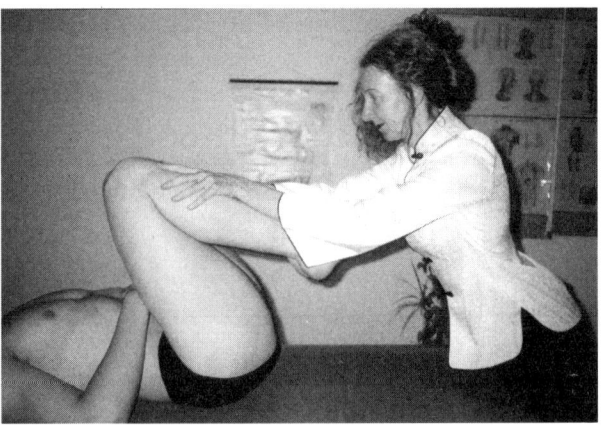

- Eine Hand fasst die Kniekehle, die andere den Fuß des Liegenden. Das Bein wird nach oben, unten, links und rechts sowie in Kreisbewegungen geführt (5 bis 10 Mal). Die Methode dient der Flexibilität von Knie- und Hüftgelenk.

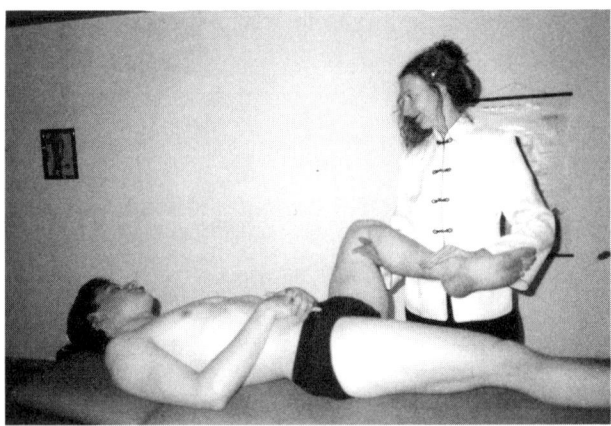

- Ein Bein ist gestreckt, das andere wird angewinkelt über das ausgestreckte Bein geführt und mit dem Knie auf eine Seite abgelegt. Die Schulter wird dabei in Gegenrichtung zum Boden geführt, wobei der Arm einen rechten Winkel zum Rumpf bildet.

Massage der Leitbahnen und Netzgefäße

Der Masseur unterstützt die Bewegungsrichtungen durch sanften Druck auf das angewinkelte Knie und die Schulter. (*Anm.*: Diese Übung ist in der Krankengymnastik unter dem Namen »Drehdehnlage« bekannt.)

Methoden in Bauchlage:
- Beide Fesseln werden gegriffen und die Unterschenkel mit langsam steigendem Druck in Richtung Gesäß geführt. Der Maximaldruck wird 15 Sekunden gehalten, anschließend werden die Unterschenkel zurückgeführt. Der Liegende atmet in der Dehnphase aus.

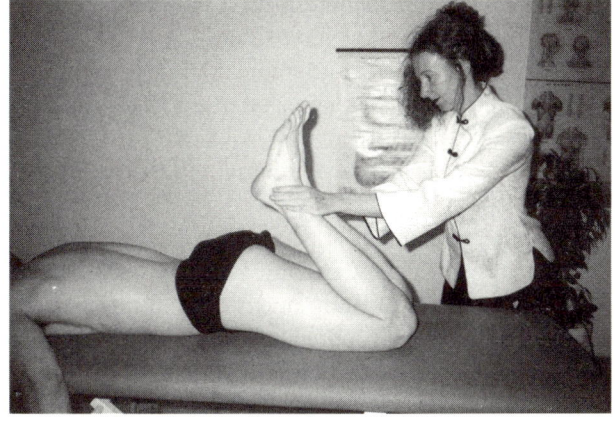

- Ein Handballen drückt das Areal *yaoyan*, während die andere Hand die Fessel des gleichseitigen Fußes umfasst und den Unterschenkel mit langsam steigendem Druck in Richtung Gesäß drückt. Die Endposition wird ca. 15 Sekunden gehalten, dann gelöst.

Beide Methoden dienen der Dehnung der vorderen Oberschenkelmuskulatur, der Druck auf das Areal *yaoyan* bewirkt eine Entlastung der Wirbelsäule.

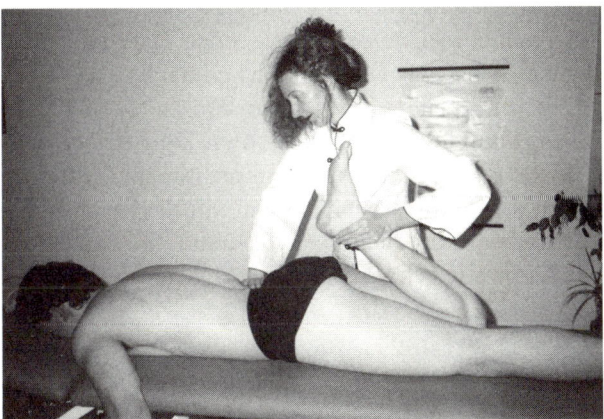

3 Tuina-Massage im Wettkampfbereich

Im Wettkampfbereich eingesetzt kann die *tuina*-Massage im physischen wie im psychischen Bereich Unterstützung bieten. Ihr Wirkungsspektrum umfasst:
Lockerung der Muskulatur vor Wettkampfbeginn als Prävention von Verletzungen im muskulären Bereich
Geistig-mentale Aktivierung, Steigerung der Konzentration
Abbau von Nervosität
Die Massagetherapie kann je nach Bedarf Tage vor dem Wettkampf beginnen oder am Wettkampftag selbst einsetzen.

3.1 Allgemeine Lockerungsmassage

Die allgemeine Lockerungsmassage eignet sich zur Vorbereitung auf den Wettkampf selbst. Sie wird durchgeführt im Sinne einer Vorwärmung und Vordehnung der im Wettkampf vorwiegend beanspruchten Muskulatur. Zweckmäßigerweise wird sie vor der eigentlichen Aufwärmgymnastik durchgeführt vor dem massiven Anstieg der Pulsfrequenz.

Schultergürtel und obere Extremitäten
Die allgemeine Lockerung des Schultergürtels beginnt mit dem sanften Kreisen. Der Therapeut steht hinter dem Sportler, greift mit den Händen rechts und links die angelegten Oberarme des Sportlers und führt mit diesen kreisende Bewegungen nach hinten und vorn durch. Der Radius der Kreisbewegungen wird allmählich vergrößert.
Es folgt die Lockerung des Trapezius durch:
Drücken und Kneifen von Gb 20 (fengchi) mit Ausstreichen entlang des absteigenden Teils des Trapezius. Leichte flächige Knet- und Kneifmassage des Trapezius mit punktuellem Kneifen der Punkte Dü 12 (bingfeng) und Dü 13 (quyuan) sowie Dü 9 (jianzhen).
Heben eines Armes zur Senkrechten und Auflegen auf der Schulter des Therapeuten. Mit der freien anderen Hand wird der obere (absteigende) Teil des Trapezius punktweise geknetet (s. o.).

Allgemeine Lockerungsmassage

Die Arme werden gelockert und gestreckt durch:
Führen eines seitlich abgespreizten Armes (oder beider Arme) nach hinten. Beim Führen eines Armes wird das Schulterblatt des Sportlers nach vorn in Gegenrichtung abgestützt, bei beidseitigem Rückführen werden die Hände hinter dem Rücken zusammengeführt (dehnt Oberarm- und Brustmuskulatur).
Der Oberarm wird zwischen beide Hände genommen und von oben nach unten bis zum Handgelenk gerieben, bis sich ein Wärmegefühl einstellt.
Greifen der Hand des Sportlers und Ausschütteln des Armes

Rücken- und Lendenbereich
Der Sportler liegt in Bauchlage, der Masseur vollführt eine Fingerdruckmassage segmentweise entlang der Wirbelsäule auf dem ersten und/oder dem zweiten Ast der Blasenleitbahn. Anschließend erfolgt eine Schiebemassage (Handballen, Handwurzel oder flache Hand) der Rückenstrecker entlang der Blasenleitbahn vom ersten Brustwirbel bis zum fünften Lendenwirbel so lange, bis sich ein angenehmes Wärmegefühl entwickelt. Anschließend folgt eine Druckmassage des Areals *yaoyan* (Lendenauge).
Der Vorbereitung und Lockerung der Gesäßmuskulatur dient die punktuelle Knet- und Druckmassage von BL 54 (zhibian) und Gb 30 (huantiao) sowie eine flächige Druckmassage im Bereich des *musculus gluteus medius*. Den Abschluss bildet eine leichte Klopfmassage (Faustrücken oder Faustballen) im gesamten Glutealbereich (s. Abb. nächste Seite).

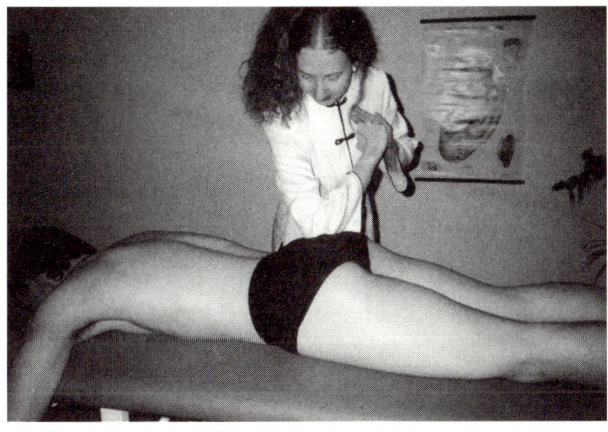

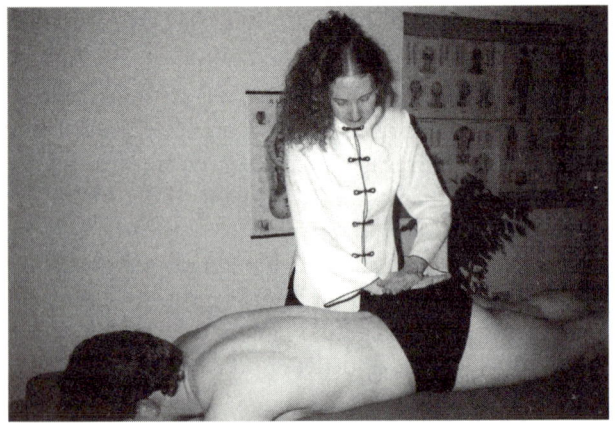

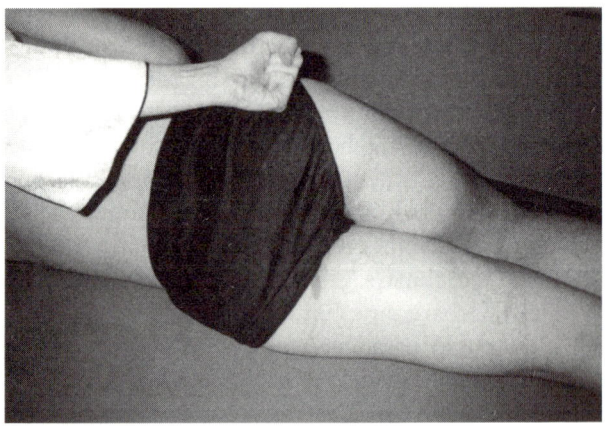

Hintere Oberschenkelmuskulatur
Von der Kniekehle an wird mit beiden Handwurzeln mehrfach durchgehend streichend nach oben massiert, gleiches erfolgt anschließend mit den Daumen mit Spiralbewegungen nach außen.

Anschließend wird mit dem kleinen Handballen eine Streichmassage entlang der medialen Linie (Blasenleitbahn) von der Kniegelenksfalte (Bl 40) bis zum Punkt BL 36 (in der Mitte der Glutealfalte) durchgeführt. Danach erfolgen wenige Streichungen in Gegenrichtung. Ist die Blutzirkulation in der Weise angeregt, wird am Ende der Punkt Bl 36 mittels Druckmassage stimuliert.

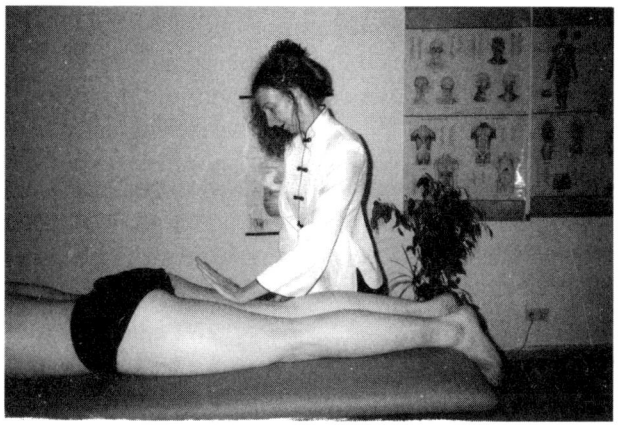

Abschließend erfolgt eine sanfte Klopfmassage mit dem Faustrücken entlang der Muskulatur. Der Unterschenkel wird dazu angebeugt.

Wadenmuskulatur
Nach außen kreisende Streichbewegungen mit den Daumen entlang der Wade durchführen, anschließend wird mit dem Handballen entlang der Mittellinie (Blasenleitbahn) streichend massiert. Es kann auch eine kneifende knetende Stimulation der Wadenmuskulatur erfolgen. Hierbei wird die Wade zwischen Daumen und die übrigen vier Finger einer Hand gepresst und mit leichten kreisenden Knetbewegungen von der Ferse bis zur Kniekehle massiert. Nach ausreichender Anregung der Blutzirkulation kann abschließend der Punkt Bl 57 (in der Mitte zwischen den beiden Gastrocnemiusköpfen) mittels Fingerdruck stimuliert werden.

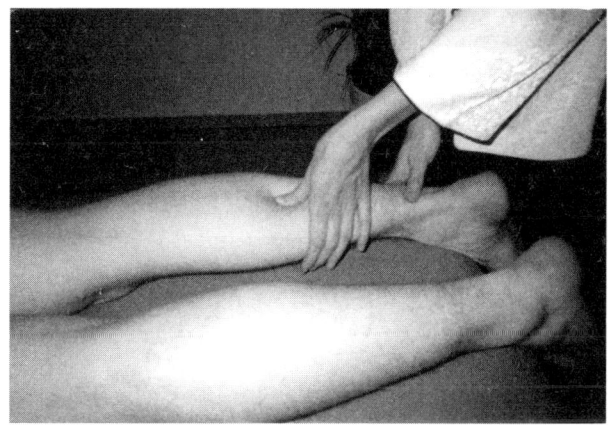

Vordere Oberschenkelmuskulatur

Die vordere Oberschenkelmuskulatur wird über die gesamte Spannbreite der Hand zwischen Daumen und den übrigen vier Fingern gepresst, dann wird von oben nach unten in Richtung Knie leicht kreisend stimuliert (2 bis 3 Mal), anschließend in umgekehrter Richtung. Bei der Abwärtsbewegung wird der Druck an der lateralen Seite stärker ausgeführt, bei der Aufwärtsbewegung erfolgt der Druck intensiver an der medialen Seite. So werden sowohl die Yin- als auch die Yangleitbahnen des Fußes zuführend stimuliert.

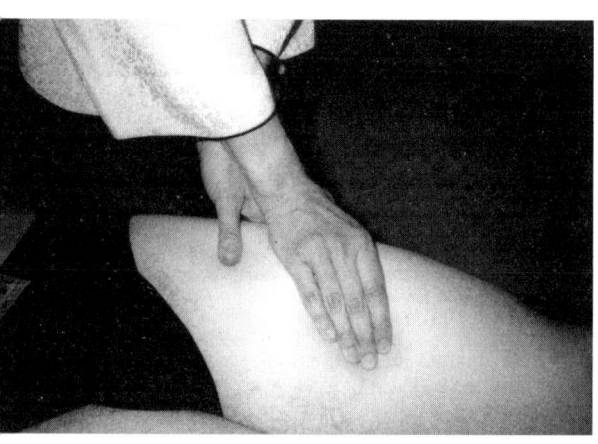

Abschließend wird zur Verstärkung des Qi-Kreislaufs in den unteren Extremitäten eine Yin-Yangstreichung mit den Handflächen durchgeführt: Eine Hand beginnt lateral am Beckenkamm, die andere medial am Innenknöchel. Beide Handflächen bewegen sich in gleicher Geschwindigkeit aufeinander zu, bis die Hand der lateralen Seite den Außenknöchel, die Hand der medialen Seite den Schritt erreicht. Die Streichung wird mehrfach wiederholt und mit kurzem (2 bis 3 Minuten) Auflegen der Handflächen auf die Fußsohlen beendet.

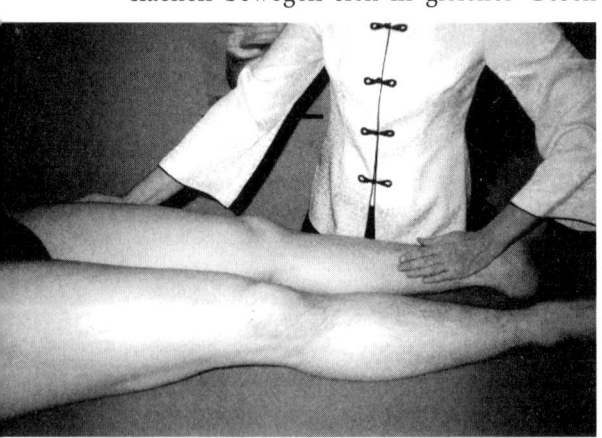

3.2 *Tuina*-Massage in der psychologischen Betreuung

Die *tuina*-Massage im Bereich der psychologischen Betreuung kann hervorragende Dienste leisten in Fällen, in denen die Gesprächstherapie allein keinen oder zu geringen Erfolg zeigt. Sie kann bei psychischen und psychosomatischen Störungen im Vorfeld eines Wettkampfes eingesetzt werden und so die physische Leistungsfähigkeit des Sportlers erhalten oder regenerieren. Die Therapie psychischer und psychosomatischer Störungen mit chinesischer Massage bedient sich den Erkenntnissen der chinesischen Medizin zu den Emotionen und deren Wirkungen auf das Soma.

3.2.1 Die emotionale Lage des Wettkämpfers aus der Sicht der chinesischen Medizin

Jedes Speicherorgan besitzt Zuständigkeit für eine bestimmte Art emotionaler Regung oder, in Umkehrung formuliert, jede emotionale Regung regiert ein bestimmtes Speicherorgan. Die traditionelle Zuordnung sieht direkte Zusammenhänge zwischen:

Lunge – Trauer
Herz – Freude
Leber – Ärger
Niere – Angst
Milz – Grübelei

Die Zuordnungen sind in der Praxis nicht so streng begrenzt und getrennt wie es das Schema zunächst vermittelt. Es besteht vielmehr eine Interaktion zwischen den emotionalen Regungen und den verschiedenen Speicherorganen. Die mentale Situation des Menschen hat in jedem Falle Wirkung auf die inneren Organe; damit kann umgekehrt eine Therapie der organischen Funktionskreise Wirkung auf die mentale Situation ausüben.

Von der klassischen Einteilung abgesehen ist die mentale Situation des Menschen, d. h. seine psychische Verfassung, zum einen eine Funktion des Herzens, zum anderen eine Funktion des Qi-Flusses im Körper.

Das Herz ist der Speicher des Bewusstseins, der geistigen Kraft und der Psyche des Menschen. Übernervosität, Herzklopfen und innere Unruhe sind in erster Linie eine Störung im Herzfunktionskreis, sie sind im Wesentlichen Ausdruck *lodernden Herz-Feuers* und werden über eine ableitende Therapie im Herzfunktionskreis behandelt, die eine Beruhigung des Geistes (*an shen*) bewirkt. Loderndes Herz-Feuer kann seinerseits entweder durch Störungen im Herzfunktionskreis selbst entstehen, durch Leber-Feuer (s. u.) entfacht werden oder das Resultat einer unzureichenden Kontrolle durch zu schwaches Nieren-Wasser, d. h. durch eine allgemeine Schwäche im Nierenfunktionskreis, sein. Schwäche im Nierenfunktionskreis, die im bildlichen Sinn zu loderndem Herz-Feuer führt, betrifft im Wesentlichen den Yin-Aspekt, z. B. den psychischen Aspekt der Niere, wie etwa Angstzustände. Zu diesen Angstzuständen, die entsprechend lange andauern oder stark ausgeprägt sein müssen, um einen ausreichenden Reiz darstellen zu können, zählen neben phobischen Ängsten Empfindungen wie Selbstzweifel, mangelndes Selbstvertrauen, Unsicherheit, Zukunftsangst etc. Es ist auch von westlichem Verständnis her jedermann einsichtig, dass Symptome wie Übernervosität, Herzklopfen, Herzrasen etc. durch Ängste (Adrenalinausschüttung!) hervorgerufen werden können. In einem solchen Falle ist nach chinesischer Medizintheorie langfristig gesehen eine Stärkung der Niere der beste Weg, um loderndes Herz-Feuer zu löschen.

Eine Störung im Herzfunktionskreis (Wandlungsphase Feuer) wirkt sich sekundär wieder auf die von der Wandlungsphase Feuer zu kontrollierende Wandlungsphase Metall (Lunge) aus. Vom psychischen Aspekt her betrachtet bedeutet dies, dass geistige Unruhe und Übernervosität eine Störung in der Atemtätigkeit nach sich zieht. Eine gleichmäßige Atmung ist nicht möglich, der durch die Luft aufgenommene Sauerstoff, das *kong-qi*, kann nicht voll für den Organismus genutzt werden. Häufig ergibt sich eine Hyperventilation. Im Wettkampfgeschehen wirkt sich diese Störung in einer ungenügenden Sauerstoffresorption aus, in Druckschmerzen im Throaxbereich mit Atemnot und schneller Erschöpfung. Kondition und Konditionsmangel ist daher auch nach chinesischem Verständnis mit eine Funktion der Psyche.

Ein direkter Zusammenhang besteht auch zwischen der psychisch-mentalen Verfassung des Menschen und dem Leberfunktionskreis; denn die Leber ist für den gesamten Qi-Mechanismus des Körpers verantwortlich. Wenn der Qi-Mechanismus ungestört funktioniert, stehen Qi und Blut des Menschen im Ausgleich miteinander, und die psychische Verfassung ist im Gleichgewicht. Versagt die Funktion des Leber-Qi, ist die Folge Unausgewogenheit des Qi-Mechanismus, Unausgewogenheit im Qi-Mechanismus ergibt verschiedene Veränderungen auf psychisch-mentaler Ebene.

Permanente Depression und Betrübtheit führen langfristig zu einer Blockade und Unterdrückung des Leber-Qi. Unterdrücktes Leber-Qi führt wiederum zu Reizbarkeit, Weinerlichkeit, Ungeduld, Jähzorn und Spannungsgefühl im Rippenbogen. Langfristig gestautes oder gedrücktes Leber-Qi wandelt sich nach chinesischer Vorstellung zu Hitze und in der Folge zu *Leber-Feuer*. Leber-Feuer steigt nach oben und entfacht seinerseits Herz-Feuer (s. o.). Die Folge sind häufig starke migräneartige Kopfschmerzen, Jähzorn, Bluthochdruck, Aggressivität und »Raserei«.

Ein Zuviel an emotionaler Erregung wie Zorn oder Ärger sowie psychischer Stress versetzen das Leber-Qi in Erregung. Es steigt nach oben, die Folge sind Zornesausbrüche, Schlaflosigkeit, daneben Schwindelgefühl, Kraftlosigkeit, Ohrensausen und gar Taubheitsgefühl.

Das ungehinderte und ungefilterte Einströmen von Umweltreizen auf die Psyche bewirkt langfristig in jedem Falle eine Störung in der Funktion des Leber-Qi und damit im Qi-Mechanismus des gesamten Körpers. Überlastungen im Leberfunktionskreis durch psychische Faktoren führen nicht nur zu einer Verstärkung emotionaler Störungen, sondern im organischen Bereich auch zu einem Übergriff auf die Funktionskreise von Milz und Magen. Man spricht in diesem Fall von einem

»Angriff der Wandlungsphase Holz auf die Wandlungsphase Erde«. Es ist dies ein in der klinischen Praxis recht häufig vorkommendes Phänomen. Klinische Symptome dieses Übergriffes der Wandlungsphase Holz auf die Wandlungsphase Erde sind etwa Magenverstimmungen, akute und chronische Gastritis, langfristig gesehen Magen-Darm-Geschwüre oder Diarrhöe.

Die hier kurz skizzierten Mechanismen sind diejenigen, die für den Wettkämpfer am bedeutungsvollsten sind. Es ergibt sich daraus folgendes Fazit:
Um sich eine größtmögliche physische Leistungsfähigkeit zu erhalten, ist ein emotionales Gleichgewicht unabdingbar. Faktoren wie Stress, Ärger Wut etc. sollten auf einem möglichst niedrigen Level gehalten werden. Angst und Selbstzweifel sind die Feinde des Erfolgs ebenso wie zu großer Ärger über Alltagsgeschehen, die eigene Leistung oder etwaige Misserfolge in einem Wettkampf. Selbstvertrauen und relative Gelassenheit hinsichtlich der eigenen Lebenssituation und Leistung und – im Wettkampf - der Leistung von Kampfrichtern führen zur geregelten Funktion des Qi-Mechanismus und damit der inneren Organe, den Wettkämpfer damit am ehesten zu weiteren Erfolgen.
Die Möglichkeiten, welche die chinesische Massage für die psychische Unterstützung des Wettkämpfers bereithält, sind Thema des folgenden Abschnitts.

3.2.2 Tuina-Massage bei Hypernervosität mehrere Tage vor dem Wettkampf

Symptome wie nervöse Unruhe, Schlaflosigkeit, Appetitlosigkeit, Tachykardie, Bluthochdruck und psychosomatische Störungen (z. B. Diarrhöe, Magenschmerzen, Übelkeit etc.), die sich bereits einige Tage vor dem Wettkampf einstellen, beeinträchtigen die Leistungsfähigkeit des Sportlers sowie seinen sportlichen Erfolg wesentlich. Sie stellen nach chinesischer Medizintheorie innere Störfaktoren dar. Um sie auszuschalten kann hier unterstützend zur Gesprächs- und Meditationstherapie eine Art der *tuina*-Massage eingreifen, die einen beruhigenden Einfluss auf Psyche und Soma ausübt.

Tuina-Massage in der psychologischen Betreuung

Die hypnotische Massage

Vorbereitung

Die hypnotische Massage dient der völligen Entspannung des Wettkampfsportlers einige Tage vor dem Wettkampf. Der Sportler wird dabei in einen schlafähnlichen Zustand versetzt, der ihn befähigt, von dem bevorstehenden Ereignis zu abstrahieren.

Die Massage findet in einem ruhigen warmen Raum statt. Der Sportler liegt gerade und völlig entspannt auf der Liege, so dass er ruhig und entspannt atmet. Seine Augen sind geschlossen, seine Konzentration richtet sich auf den Therapeuten. Die Gedanken des Sportlers sind ausschließlich auf die Handbewegungen des Therapeuten konzentriert, im Geiste verfolgt er diese mit. Die Massagebewegungen des Therapeuten sind gleichmäßig und langsam.

Durchführung

Die Durchführung der Massage teilt sich in drei Schritte:
1. Streichmassage im Kopfbereich mit Ableiten der Energie in die Haarspitzen
2. Punktuelle Stimulation zur mentalen Beruhigung und zur Harmonisierung des Qi im Bereich der drei Erwärmer. Ziel ist die Herstellung des energetischen Gleichgewichts im Verdauungstrakt.
3. Ableitende Stimulation im Bereich des Herzfunktionskreises als aktive Wirkung auf die Psyche.

• Beide Daumen liegen nebeneinander auf der Mitte der Stirn zwischen den Augenbrauen, die Handflächen und die übrigen Finger liegen seitlich auf den Wangen. Der linke Daumen streicht die Stirn entlang nach links, der rechte nach rechts (3 bis 5 Mal).

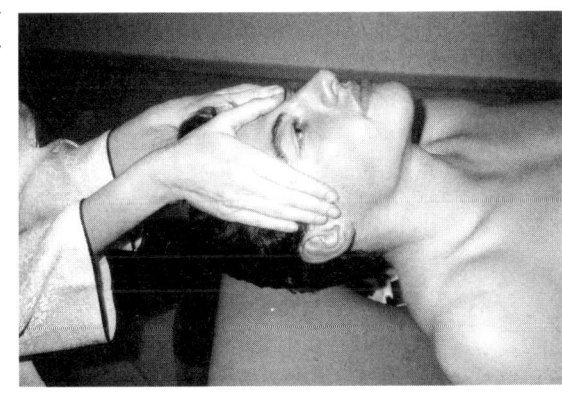

• Beide Handflächen streichen von den Augenbrauen zum Haaransatz 3 bis 5 Mal).

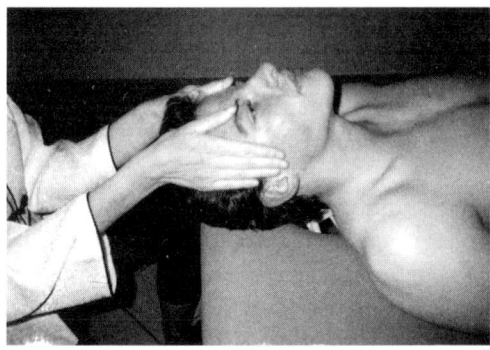

• Die mediale Linie (Lenkergefäß) wird mittels Druckmassage durch beide Daumen nachgezeichnet, vom Punkt *yintang* ausgehend nach hinten bis zum Punkt LG 20, anschließend streicht der Therapeut mit den Fingerspitzen von der Kopfhaut bis zu den Haarspitzen.
• Mit beiden Daumen wird der Punkt *yintang* langsam massiert (Reibemassage), 5 bis 6 Mal, dann ca. 10 sec. Pause. Der Vorgang wird mehrfach wiederholt.
• Mit den Daumen wird eine Punktdruckmassage der Punkte KG 12 (zhongwan), KG 14 (shangwan) und KG 10 (xiawan) durchgeführt, pro Punkt 3 bis 4 Mal. Der Druck steigert sich langsam, jedoch nicht über die Schmerzgrenze hinaus. Kurze Zeit verweilen, dann lösen.

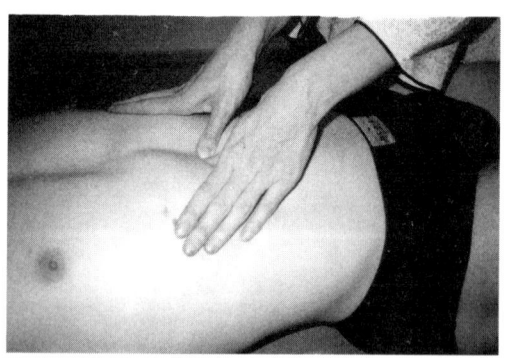

- die gleiche Massage erfolgt dann an den Punkten Ma 25 (tianshu), KG 4 (guanyuan), KG 6 (qihai).
- Pe 6 (neiguan), He 7 (shenmen), Lu 9 (taiyuan) (Meisterpunkt der Blutgefäße, auf gleicher Höhe wie He 7 am *processus styloideus radii*) je 5 bis 6 Mal kneifen und pressen.

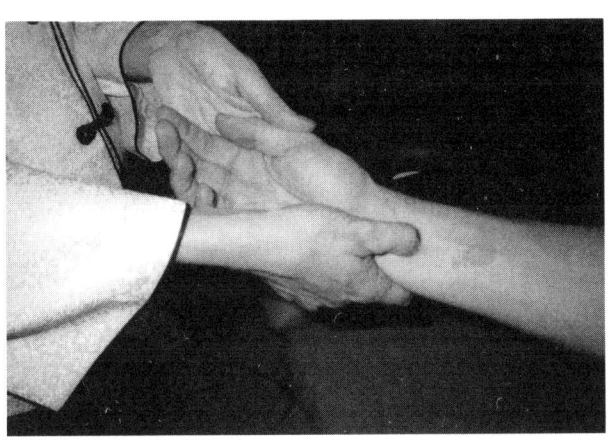

3.2.3 Tuina-Massage bei Hypernervosität unmittelbar vor dem Wettkampf

Die *tuina*-Massage bei Hypernervosität unmittelbar vor dem Wettkampf muss sich von der zuvor beschriebenen unterscheiden, da jetzt der Wettkampf unmittelbar bevorsteht, die zur Verfügung stehende Zeit kurz ist. Insofern ist eine die Aktivität hemmende Massage nicht angezeigt, um die Kampfbereitschaft des Aktiven nicht zu beeinträchtigen. Erfahrungsgemäß setzt die Massage am besten 5 bis 7 Minuten vor dem Wettkampf ein. Es genügt die Auswahl von 3 bis 5 Punkten, die mittels Knet-, Kneif- oder Punktdrucktechnik behandelt werden. Es eignen sich vor allem solche Punkte, die beruhigende Wirkung im Sinn einer Lockerung und Auffrischung des Geistes haben können. Diese Punkte sind im Wesentlichen im Kopfbereich und am Schultergürtel lokalisiert, z. B. LG 20 (baihui), GB 1 (toulinqi), Bl 2 (zangzhu), *yintang*, GB 20 (fengchi), Bl (43) (gaohuang), Dü 11 (tianzong).

Die Technik darf nicht zu kräftig sein, sie sollte mit mäßigem Kraftaufwand erfolgen und kurz sein, um eine Überreizung zu vermeiden.

3.2.4 Tuina-Massage bei mangelndem Selbstvertrauen und depressiver Stimmung vor dem Wettkampf

Mangelndes Selbstvertrauen, depressive Stimmung, der fehlende Glaube an das eigene Leistungsvermögen allgemein bewirken auf physischer Ebene eine eminente Schwächung, so dass die Niederlage in dem bevorstehenden Kampf kaum abgewendet werden kann. Im chinesischen Denken ist depressive gedrückte Stimmung wie gesehen im Wesentlichen eine Frage des Leber-Qi, daneben von Qi überhaupt. Für die Massage eignen sich daher:

a) Massagetechniken zur Stärkung von Qi allgemein

b) Massagetechniken zur Harmonisierung der Leitbahnen und Netzgefäße (s. o., 2.3)

c) Punktuelle Massage von Punkten, die eine Befreiung des Leber-Qi und eine Stärkung des Körper-Qi allgemein bewirken können.

Die Massagetechniken zur Stärkung von Qi allgemein nutzen hauptsächlich diejenigen Punkte, die direkt auf den Qi-Fluss des Körpers einwirken. Es sind dies KG 17 (danzhong), KG 4 (guanyuan) und KG 6 (qihai).

Durchführung
Der Behandelte befindet sich in Rückenlage.

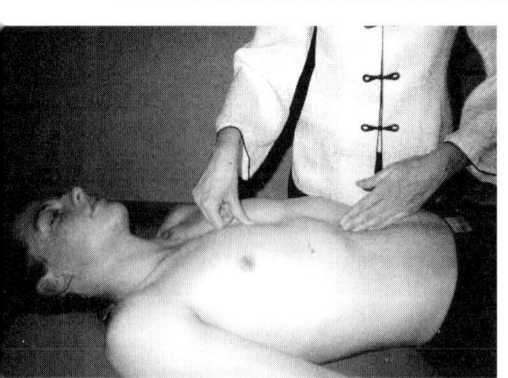

• Der Masseur führt mit dem Daumennagel eine leichte Kneif- oder Knetmassage des Punktes KG 17 (danzhong) durch, während die vier Finger der anderen Hand gemeinsam vom Punkt KG 6 (qihai) ausgehend streichend (in einer geraden Linie

oder vibrierend) nach oben bis zum Zwerchfell massieren. Die Massage erfolgt mit mäßigem Druck und in harmonischer Geschwindigkeit. Sie wird mehrfach wiederholt.
• Die Beine des Aktiven werden mit einer Hand zur Vertikalen angehoben, die vier Finger der freien Hand massieren kreisend auf dem Punkt KG 4 (guanyuan) (mind. 10 Mal).

Die punktuelle Massage sieht wie folgt aus:
• Kneifmassage an den Punkten LG 20 (baihui) und LG 14 (dazhui) 30 bis 40 Mal.
• Kneifmassage in Richtung der Dickdarmleitbahn nach oben (zuführende Technik) am Punkt Di 4 (hegu), Di 11 (quchi).
• Kneifmassage an den Punkten Bl 60 (kunlun) und Bl 62 (shenmai).

3.3 Tuina-Massage zwischen zwei Wettkämpfen

Die *tuina*-Massage zwischen zwei Wettkämpfen dient vor allem der kurzfristigen Regeneration physischer und psychischer Kräfte. Im Verhältnis zur vorbereitenden Massage steht jetzt weniger Zeit für die effektive Massage und die Einwirkzeit zur Verfügung, daneben ist die geistig-mentale Situation des Wettkämpfers zwischen zwei Wettkämpfen eine etwas andere als die vor dem Wettkampf. Herrschte vor dem Wettkampf vorwiegend Nervosität, treten nun verschiedene mentale Spannungszustände zusammen: Der Wettkämpfer hat bereits einen Wettkampf, d. h. ein Erfolgserlebnis hinter sich, er ist in seinem Selbstbewusstsein zu einem gewissen Grad gestärkt. Zum anderen treten jetzt zwei andere Arten psychischer Belastung auf, nämlich zum einen die Anspannung vor dem nächsten Wettkampf, zum anderen das Gefühl körperlicher Schwäche, somit eine gewisse Unsicherheit im Hinblick auf die eigene Leistungsfähigkeit. Für die Massage bedeutet dies, dass vom zeitlichen Aufwand her eine Ganzkörpermassage ausscheidet, die Punkte für die punktuelle Massage entsprechend der jetzigen physischen und mentalen Situation etwas variiert werden mussen. Vorrangiges Ziel ist neben der kurzfristigen physischen Regeneration, dem Aktiven das Gefühl zu vermitteln, im Vollbesitz seiner physischen Kräfte und für den Fortgang des Wettkampfs gut gerüstet zu sein.

Für eine starke Beanspruchung der Oberarme eignet sich die punktuelle Kneif- oder Knetmassage der Punkte 3E 5 (waiguan), Di 11 (quchi), Dü 9 (jianzhen), Di 14 (jianyu) (am Ansatzpunkt des Deltoidmukels). Starke Beanspruchung der Beine wird kompensiert durch die Stimulation von Bl 40 (weizhong), Gb 30 (huantiao), Bl 60 (kunlun), Bl 62 (shenmai), Mi 6 (sanyinjiao).

Zur mentalen Beruhigung dient der Punkt Bl 62 (shenmai); zusätzlich empfiehlt sich eine kurze Stimulation von Gb 20 (fengchi) und KG 17 (danzhong) und Pe 6 (neiguan). Der Punkt Pe 6 (neiguan) kann gleichzeitig mit 3E 5 (waiguan) stimuliert werden.

Hinweise zu Technik und Zeit: Die Massagetechnik erfolgt zunächst ableitend, dann zuführend (d. h. z. B. zuerst kräftiger in Gegenrichtung zum Verlauf der Leitbahn, dann sanfter in Verlaufsrichtung der Leitbahn), der Kraftaufwand ist nicht zu stark, die Stimulationsdauer nicht zu lang, d. h. sie ist kürzer als bei der Massage zur mentalen Beruhigung.

Erfahrungsgemäß ist die *tuina*-Massage zwischen den Wettkämpfen sehr effektiv. Bereits kurze Zeit nach der Massage stellt sich ein Gefühl psychischer und physischer Erleichterung ein. Der Regenerationseffekt ist ca. 3 bis 9 Minuten nach der Massage am größten. Der nächste Kampf oder Wettkampfeinsatz sollte also nicht länger als 10 Minuten nach der Massage erfolgen, da danach die Intensität des Regenerationseffekts nachlässt.

3.4 Regenerationsmassage

Das Ziel der Regenerationsmassage ist die Behebung des physischen Erschöpfungszustandes und die Wiederherstellung der körperlichen Kraft und Leistungsfähigkeit. Die Massage erfolgt nicht unmittelbar nach dem Wettkampf, sondern mehrere Stunden bis mehrere Tage danach. Es wird sowohl eine Punktmassage als auch eine Ganzkörpermassage durchgeführt. Die Punktmassage, die bereits wenige Stunden nach dem Wettkampf durchgeführt werden kann, bedient sich im Wesentlichen den gleichen Punkten wie die hypnotische Massage (s. o., 3.2.2). Sie dient vorwiegend dazu, restliche Nervosität und geistige Unruhe allgemein abzubauen. Die Ganzkörpermassage dient der Behebung körperlicher Erschöpfung und der Regeneration der physischen Kräfte. Zu diesem Zweck wird vorwiegend ableitend, d. h. mit relativ starkem Kraftaufwand, massiert, die Massage der Leitbahnen erfolgt entgegen der Verlaufsrichtung, und die Massagedauer beträgt mindestens ca. 30 Minuten. Es können die gleichen Techniken angewandt werden wie bei der allgemeinen Lockerungsmassage mit intensiverem Kraftaufwand. Zusätzlich eignet sich für die Extremitäten folgende Ergänzungsmassage:

Obere Extremitäten
- Kräftige Kneifmassage der Punkte Di 11 (quchi) und Di 14 (jianyu) (am Ansatzpunkt des Deltoidmuskels, als kleine Vertiefung am Oberarm spürbar)
- Kräftige Streichmassage der medialen Seite der Unterarme zuerst in Verlaufsrichtung der Yinleitbahnen, dann entgegen der Verlaufsrichtung.
- Pe 6 (neiguan) und 3E 5 (waiguan) zwischen Daumen und Zeigefinger nehmen. Anschließend die Muskulatur mit kräftigem Druck und mit kreisenden Bewegungen nach oben, von distal nach proximal, massieren (laterale und mediale Seite).
- Die Kneif- und Knetmassage entlang des Bizeps weiterführen, Ausgangspunkt bilden die beiden Punkte Di 11 (quchi) und Dü 8 (shaohai) (am Ende der medialen Ellbogenfalte).
- Die Kneif- und Knetmassage entlang des Trizeps weiterführen, Ausgangspunkt sind wieder Di 11 (quchi) und Dü 8 (shaohai).

Untere Extremitäten (lateral)
- Kräftige Klopfmassage (Faustrücken) am Punkt Gb 30 (huantiao), dann weitergehend nach unten entlang der Gallenblasenleitbahn.

Untere Extremitäten (dorsal)
- Greifmassage der hinteren Oberschenkelmuskulatur, medial des *musculus semitendinosus* und lateral des *biceps femoris*.

- Greifmassage der Wadenmuskulatur (lateral und medial der Gastrocnemiusköpfe)

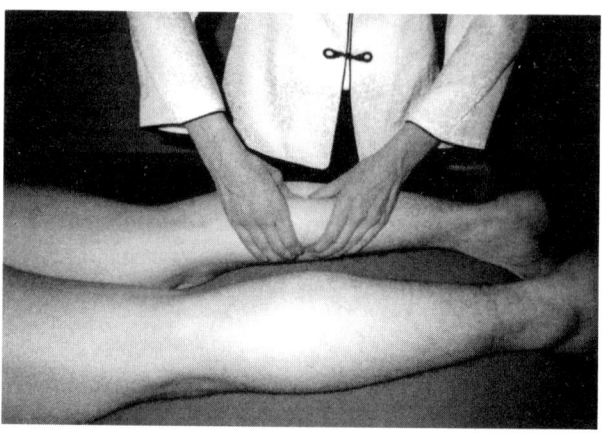

- Kräftige Streichmassage entlang der Blasenleitbahn erst mit der Verlaufsrichtung, dann entgegen der Verlaufsrichtung.

3.5 Selbstmassage

Die Selbstmassage ist dazu geeignet, physische und psychische Probleme durch verschiedene Massagetechniken am eigenen Körper zu lösen. Sie erfolgt im Sinn einer Ganzkörperregulation und kann vor und nach dem Wettkampf bzw. sportlicher Aktivität durchgeführt werden.

Vor dem Wettkampf spielen vor allem Angst, Nervosität und eventuelle Selbstzweifel eine herausragende Rolle. Bei der Massage muss es daher vor allem darum gehen, eine mentale Beruhigung herbeizuführen und die Konzentrationsfähigkeit positiv zu beeinflussen.

Manipulation zur mentalen Beruhigung und geistigen Erfrischung

1. Klopfmassage am Punkt LG 20 (baihui) (ca. 30 Mal) und Kneten von Bl 2 (zangzhu) (ca. 30 Mal). Anschließend mit den Fingerkuppen von der Mittellinie der Stirn aus nach rechts und

links und nach hinten streichen, die Punkte Ma 8 (touwei) und Gb 20 (fengchi) kneten und drücken (je 30 Mal), anschließend He 7 (shenmen) oder Pe 6 (neiguan) und Mi 6 (sanyinjiao). Mi 6 kann auf beiden Seiten zur gleichen Zeit massiert werden, indem die Massage im Schneidersitz durchgeführt wird, wobei der rechte Daumen Mi 6 der linken Seite und der linke Daumen Mi 6 auf der rechten Seite massiert.

Anm.: Statt der Klopfmassage an LG 20 kann auch entlang des Lenkergefäßes massiert werden ausgehend vom Punkt LG 20 nach vorn bis zum Haaransatz. Die Prozedur wird mehrmals wiederholt. Sie dient vor allem der Bekämpfung von Angstzuständen.

2. Drücken und Kneten von LG 20 (baihui) (ca. 50 Mal), mit den Fingerkuppen von der Mittellinie der Stirn aus nach rechts und links und nach hinten schiebend massieren. Anschließend den Punkt *taiyang* (in der Vertiefung zwischen unterem Augenrand und lateralem Rand der Augenbraue) kneten (30 Mal) und die Schläfen reiben. Als Zusatzpunkte werden Pe 6 (neiguan) oder He 7 (shenmen) und Mi 6 (sanyinjiao) durch Kneten und Ni 1 (yongquan) durch Reiben stimuliert.

Diese Art der Stimulation dient der Erhöhung der Aufmerksamkeit und der Aufnahmefähigkeit und Verarbeitung bezüglich äußerer Reize.

3. Knetmassage von LG 20 (baihui) und Gb 20 (fengchi) (je ca. 20 Mal), Drücken und Kneten von KG 17 (danzhong) und KG 4 (guanyuan) (= mittleres und unteres Zinnoberfeld) (30 Mal), anschließend Drücken und Kneten der Fernpunkte Ma 36 (zusanli), Mi 6 (sanyinjiao) und Ni 1 (yongquan).

Diese Stimulation dient der Beruhigung der Psyche durch Stärkung des Herzfunktionskreises.

Manipulation zur Entlastung bei Brustbeklemmungen und zur Regulierung des Qi- Flusses

1. Drücken und Kneten von KG 17 (danzhong) (ca. 20 Mal), anschließend erfolgt das »Öffnen der Brust«. Hierzu liegen die

Finger beider Hände einander gegenüber auf der mediosternalen Linie, wobei beide Mittelfingerspitzen einander an KG 17 berühren. Zum »Öffnen der Brust« streichen die Hände von der Mediosternallinie ausgehend nach rechts und links außen (gleichzeitig) (ca. 20 Wiederholungen). Anschließend wird der Brustkorb mit der hohlen Hand abgeklopft und Pe 6 (neiguan) geknetet.

Diese Stimulation dient vor allem dazu, dem Lungen-Qi freien Lauf zu verschaffen und damit Druckgefühl auf der Brust zu lösen und eine tiefere freiere Atmung zu gewährleisten.

Manipulation zur Vorbereitung auf körperliche Leistung

Reiben des Bereiches um das untere Zinnoberfeld (KG 4 und KG 6 s. u.) mit der ganzen Handfläche bis sich ein Wärmegefühl einstellt. Anschließend den Bereich der Taille mit der Handkante klopfen und seitlich dehnen. BL 23 und den mit KG 6 korrespondierenden Punkt auf der Wirbelsäule (LG 4) kräftig drücken und kneten, zuletzt die Fernpunkte Ma 36 (zusanli) und Mi 6 (sanyinjiao) (je 30 Mal).

Die Stimulation dient zum konstitutionellen Aufbau und dazu, die Beweglichkeit im Taillenbereich zu erhöhen.

Atem- und Konzentrationsübungen als Vorbereitung vor dem Wettkampf und Beruhigung nach dem Wettkampf

Atem- und Konzentrationsübungen spielten seit frühester Zeit eine wesentliche Rolle in der esoterischen Medizin Chinas. Sie sind taoistischen Ursprungs, ihr Grundgedanke ist die Herstellung eines energetischen Gleichgewichts im Körper und der Harmonie zwischen Körper und Geist. Die ursprüngliche Idee war die, über die so hergestellte energetische Harmonie im Körper Gesundheit und ein langes Leben, d. h. letztendlich die Unsterblichkeit, zu erlangen. Dass die chinesischen Atemübungen gesundheitsfördernde Wirkung besitzen, ist heute unbestritten. Meist werden die Atemübungen mit Bewegungen der Arme und Beine kombiniert, um so einen freien Qi-Fluss im Körper noch besser zu fördern. Diese Übungen sind im Allgemeinen unter dem Namen *Qigong* bekannt, was wörtlich übersetzt »Atem-Übung« heißt. *Qigong* definiert sich als ein nach innen gerichteter Verschmelzungsprozess von Körper und Psyche, der durch Lockerung, Bewegung und den dadurch folgenden Eintritt in einen Ruhezustand erreicht wird.

Die Atem- und Konzentrationsübungen für den Wettkämpfer dienen zum einen natürlich der mentalen Vorbereitung vor dem Wettkampf, d. h. der Beruhigung, dem Lösen von Blockaden, Ängsten und Selbstzweifeln. Sie erfüllen damit den Zweck, die psychischen Hindernisse auszuräumen und so eine optimale Nutzung der physischen Kräfte zu ermöglichen. Zum anderen sind sie, regelmäßig angewandt, geeignet, die psychische und physische Leistungskraft des Sportlers in nicht unerheblichem Maße zu fördern.

Allgemeine Grundsätze
Die Konzentrationsübungen können grundsätzlich im Sitzen, Liegen oder im Stehen ausgeführt werden (vgl. Abbildung S. 98: Schneidersitz, einfacher Lotussitz, Lotussitz, normales Sitzen, Rückenlage, Seitenlage, aufrechter Stand.)

Wichtig sind eine ruhige Umgebung, eine angenehme Raumtemperatur sowie lockere Kleidung, die nicht drückt oder einschneidet. Die Dauer der Übung beläuft sich auf etwa 10 Minuten.

Jede Übung beginnt mit geschlossenem Mund, wobei die Zähne der oberen und unteren Zahnreihe einander berühren. Die Zungenspitze wird an den Gaumen gepresst, um so die Verbindung zwischen Renmai und Dumai (Konzeptions- und Lenkergefäß) herzustellen. In Sitz- oder Liegeposition werden die Hände so zusammengelegt, dass der Mittelfinger der linken Hand die Mitte der rechten Handfläche berührt (= Punkt Pe 8) und umgekehrt. Eine andere Möglichkeit ist die, die Hände einfach ineinander greifen zu lassen sie in dieser Position auf dem Bauchnabel abzulegen. Im Stand werden die Hände auf der Brust aufgelegt, die Handhaltung ist so, als ob man einen Ball halten wollte. Diese Position eignet sich vor allem für Kampfsportler.

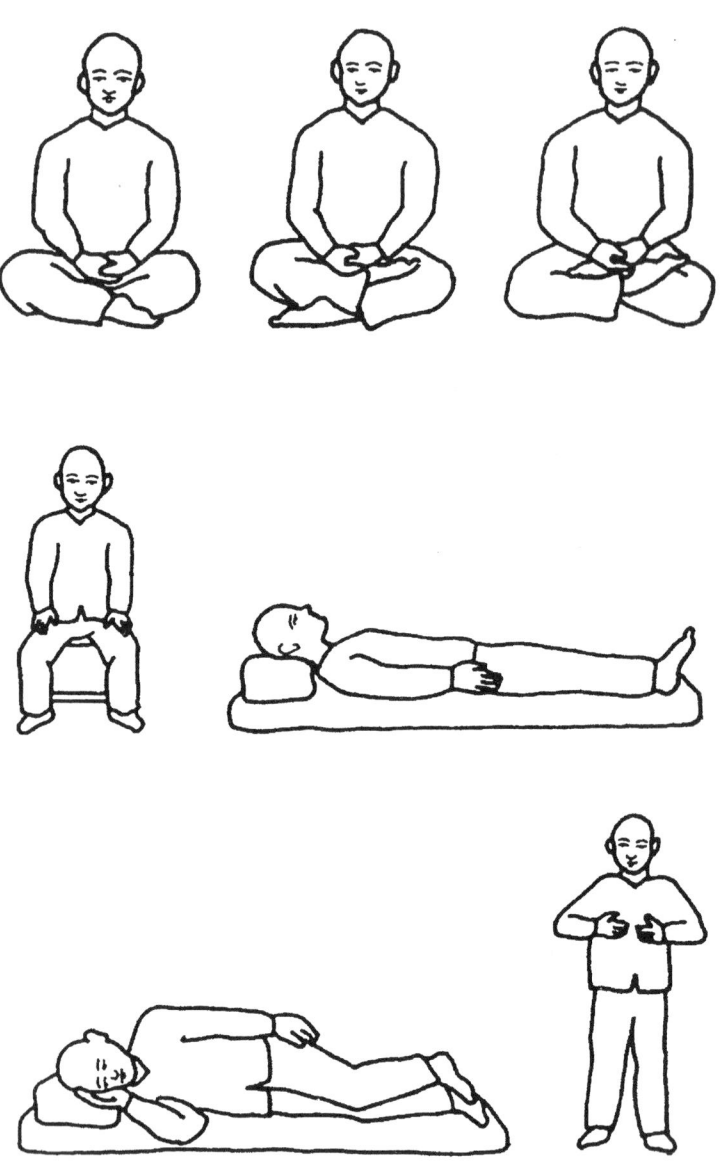

Die Augen bleiben während der Übung geschlossen oder leicht geöffnet, der Blick ist dann auf die eigene Nasenspitze gerichtet.

Ein wesentliches Kriterium dieser im Sportbereich angewandten Übungen ist die Kombination von Atmung mit Konzentration. Die Konzentration richtet sich stets auf eines der drei Zinnoberfelder.

Die drei Zinnoberfelder (dantian):
Die Zinnoberfelder sind nach taoistischer Vorstellung die Orte, an denen die Essenz, die wesentliche Grundsubstanz des menschlichen Körpers und seiner Fortpflanzungsfähigkeit, ebenso wie das grundlegende energetische Potenzial (*yangqi*) gespeichert sind. Die Zinnoberfelder unterteilen sich in das obere, das mittlere und das untere Zinnoberfeld.

Das obere Zinnoberfeld: Es liegt auf der Stirn in der Mitte zwischen den Augenbrauen. Es entspricht dem Punkt *yintang*.

Das mittlere Zinnoberfeld: Das mittlere Zinnoberfeld liegt im Bereich der Herzgrube, es entspricht dem Punkt KG 17 (danzhong).

Das untere Zinnoberfeld: Es liegt 3 *cun* unterhalb des Nabels und ist identisch mit dem Punkt KG 4 (guanyuan). Manche Autoren nehmen auch den Punkt KG 6 (qihai), 1,5 *cun* unterhalb des Nabels als Zinnoberfeld.

Während der Atmung konzentriert sich der Geist stets auf einen der drei Bereiche.

Die Atem- und Konzentrationsübungen erfordern eine gewisse Zeit, ehe sich der Ausführende ihrer mit dem erhoffen Erfolg (mentale Entspannung und Bereitstellung der physischen Kraft) bedienen kann.

Die erste Atemübung ist die der *Harmonisierung der Atmung*. Mit dieser Übung wird eventuell im Körper stagnierendes unreines Qi aus dem Körper abgeleitet, frisches Qi (sauerstoffreiche Atemluft) aufgenommen, Hyperventilation durch Übernervosität verhindert.

Harmonisierung der Atmung
Der Unterbauch wird zuerst angespannt, dann wird bei geschlossenem Mund langsam durch die Nase eingeatmet. In dieser Phase wird der Unterbauch aufgebläht und der After fest verschlossen. Nach dem Einatmen wird sofort wieder durch den Mund ausgeatmet. Während des Ausatmens wird der Unterbauch angespannt, der After geöffnet. Die erste Sequenz dient dem Abatmen des unreinen Qi. In der Folge wird ruhig weiter und ohne Unterbrechung nach dem beschriebenen Schema weitergeatmet. Das Bewusstsein konzentriert sich während des gesamten Vorgangs stets auf das untere Zinnoberfeld. In den einzelnen Atmungsphasen sollte man zunächst jeweils auf fünf, später bis zehn zählen.

Bei der Ausatmung bewegt sich das Zwerchfell nach oben, während sich der Unterbauch durch die Anspannung nach innen zieht. Beim Einatmen ergibt sich eine Abwärtsbewegung des Zwerchfells, wodurch die Eingeweide komprimiert werden. Dies vermittelt das Gefühl, als ob die Luft in den Bauchraum gelänge. Das permanente Denken an das *dantian* führt zur Realisierung eines sich nach unten bewegenden Gefühls. Die Übung wird zehn bis fünfzehn Mal wiederholt.

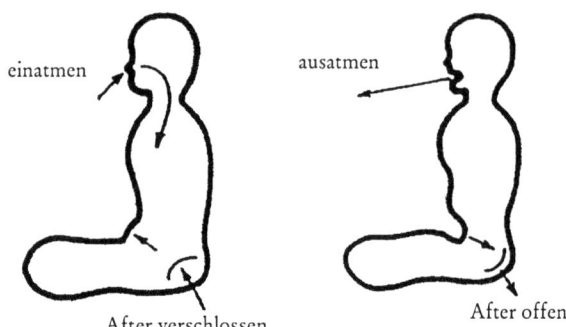

Stärkung der Atmung
Diese Übung verläuft ähnlich wie die vorherige, sie ist quasi deren Fortführung auf einem weitergehenden Niveau. Zuerst wird der Unterbauch angespannt und das in den Lungen stagnierende unreine Qi abgeatmet. Anschließend wird sofort wieder durch die Nase eingeatmet, beim Einatmen zählt man bis fünf. Danach

Selbstmassage

wird der Unterbauch aufgebläht und der After verschlossen. Die Luft wird jetzt angehalten (fünf Zählschritte), die Luft in der Vorstellung in das untere Zinnoberfeld abgeleitet. Während dieser Phase bleiben After und Augen geschlossen, die Konzentration auf das untere Zinnoberfeld gerichtet (chin. *neishifa*, »Beschauen des Inneren«). Anschließend wird in weiteren fünf Zählschritten ausgeatmet. Wenn man sich an die Übung gewöhnt hat, kann man die einzelnen Phasen auf zehn Zählschritte ausdehnen. Am besten wird regelmäßig ein bis zweimal täglich geübt, um einen allgemeinen physisch-psychischen Stärkungseffekt zu erzielen.

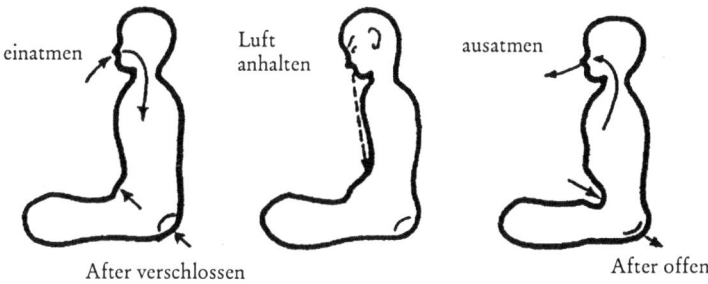

Stärken der Physis durch Atmung

Die Übung wird am besten im Stehen ausgeführt. Man steht aufrecht, die Beine schulterbreit gespreizt, die Knie sind leicht gebeugt. Der Kopf wird gerade gehalten, die Arme bleiben vor dem Körper und beschreiben einen Kreis oder ein Oval. Die Handhaltung ist die, als ob man einen Ball halten wollte (s. o.). Die Augen werden geschlossen, das Bewusstsein auf das untere Zinnoberfeld gerichtet. Anschließend wird tief eingeatmet, in der Einatmungsphase (fünf Zählschritte) hebt man die Hände an bis vor den Brustkorb (Höhe mittleres Zinnoberfeld KG 17). In der Vorstellung wird dabei das Qi aus dem unteren Zinnoberfeld in das mittlere geführt. Anschließend wird der gesamte Bauchraum angespannt, die Luft mit Kraft ausgeatmet. Die Hände werden dabei mit Kraft nach vorn geführt, so als ob man einen schweren Gegenstand wegschieben wollte. Damit ist ein Atemzyklus beendet. Im folgenden Atemzug wird die Ausgangsposition wieder eingenommen, der Vorgang beginnt dann von neuem (mindestens fünf Wiederholungen). Die Übung dient einem besseren Zugriff auf das Yang-Qi und einer Stärkung desselben. Dieser Effekt ergibt sich am ehesten, wenn die Übung zweimal täglich über einen längeren Zeitraum hinweg durchgeführt wird. Kurzfristig vor dem Wettkampf durchgeführt hat sie den Effekt einer mentalen Beruhigung und kurzzeitigen physischen Stärkung.

3.6 Tuina-Massage als erste Hilfe bei kleineren Sportverletzungen

Die meisten und am ehesten mittels *tuina*-Massage therapierbaren Sportverletzungen ergeben sich im Bereich der unteren Extremitäten. Die herausragende Rolle spielen Knieverletzungen, Zerrungen und Prellungen im Bereich der Oberschenkel- oder Wadenmuskulatur und Knöchelverletzungen. Die *tuina*-Massage kann im akuten Zustand oder bei älteren Verletzungen eingesetzt werden, ihre Indikation richtet sich jeweils nach der Art der Verletzung.

Knieschwäche

Die Knieschwäche manifestiert sich generell in einem Gefühl der Kraftlosigkeit im Knie beim Aufrichten aus der Hockstellung oder bei Übungen, die eine Belastung des Kniegelenks erfordern. Eine Überstreckung des Knies wird als unangenehm und schmerzhaft empfunden. Bei der Untersuchung ergibt sich meist eine Druckschmerzhaftigkeit im Bereich um die gesamte Kniescheibe, mitunter zeigen sich Symptome wie eine leichte Atrophie der vorderen Oberschenkelmuskulatur (Quadrizeps femoris), Reibegeräusche des Kniegelenks oder Wasseransammlungen im Knie.

Der Knieschwäche liegen meist ältere traumatische Verletzungen der Kniescheibe oder des umliegenden Gewebes zugrunde.

Die Knieschwäche beeinträchtigt jede Art des sportlichen Trainings und die physische Leistungsfähigkeit im Wettkampf.

Tuina-Massage als erste Hilfe

Therapie

Pressen: Der Patient liegt auf dem Rücken, die Beine sind locker ausgestreckt. Der Therapeut befindet sich seitlich vom Patienten, beide Daumen fest auf dem äußeren Unterrand der Patella angedrückt. Der Pressdruck wird entlang des gesamten Unterrandes der Patella ausgeführt. Die Technik dient dazu, die Blutzirkulation um die Kniescheibe herum anzuregen.

Anheben: Der Therapeut greift die Patella mit einer Hand und hebt sie kräftig an. Die Technik regt die Zirkulation in den Blutgefäßen auf und unterhalb der Patella an.

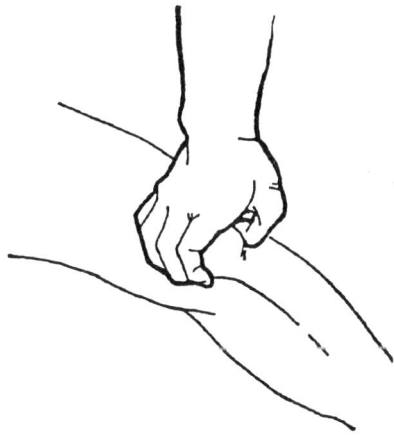

Schieben und Kneten: Der Therapeut hält mit einer Hand das Fußgelenk, während er mit Handwurzel und Daumen der anderen Hand die Patella nach oben schiebt und knetet.

Die Schiebe- und Knetbewegungen werden mehrfach wiederholt.

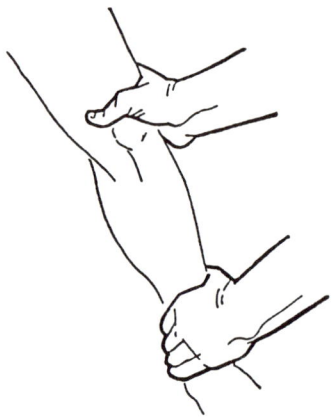

Verletzungen von Außen- und Innenband

Außen- und Innenband sind zusammen mit den Kreuzbändern für die Stabilität des Kniegelenks verantwortlich. Verletzungen (Riss oder Dehnung) von Innen- oder Außenband sind die am häufigsten auftretenden akuten Bandverletzungen am Knie. Innenbandverletzungen sind meist das Resultat einer Krafteinwirkung von der Außenseite auf das ausgestreckte Knie. In der Folge einer traumatischen Verletzung von Außen- oder Innenband ergeben sich lokale Schmerzen, Schwellung des Knies sowie evtl. ein Bluterguss. Durch eine reflektorische Verkrampfung der Muskulatur ist die Flexibilität des Kniegelenks eingeschränkt, das Knie verharrt vorwiegend in gebeugter Stellung, passive Bewegung des Knies verstärkt den Schmerz. Ein Komplettabriss des Außenbandes lässt sich vor Ort an einer Vergrößerung des Kniegelenkspalts und einer Hypermobilität des Kniegelenks diagnostizieren. In diesem Fall ist eine Behandlung mittels *tuina*-Massage **kontraindiziert**.

Therapie (Innenband)

Heben und Drücken: Der Therapeut steht vor dem sitzenden Patienten. Eine Hand umschließt den Knöchel, die andere beugt das Knie. Mit dem Daumen wird die verletzte Stelle leicht mittels Druckmassage behandelt. Anschließend wird der Fuß leicht in kranialer Richtung angehoben, während die Behandlung sanft weitergeführt wird.

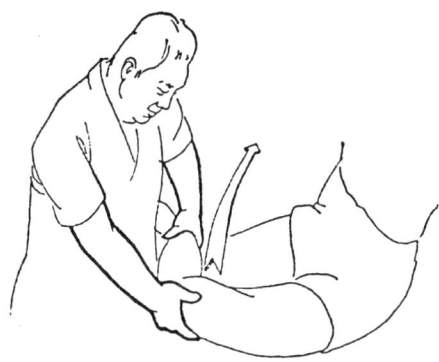

Heben und Schieben: Der Patient behält die sitzende Position bei und stützt den Oberkörper selbst mit den Händen ab. Der Therapeut hält mit einer Hand den Fuß des Patienten am Innenknöchel und hebt so das Bein des Patienten an. Mit der anderen Hand drückt er leicht gegen das Knie von außen nach innen, um so eine Lockerung der muskulären Verspannung zu erzielen.

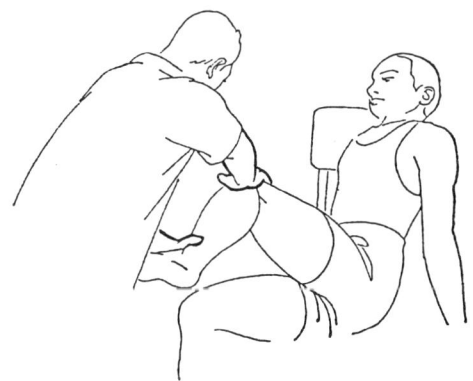

Strecken: Im Anschluss an die vorherigen Übungen wird das Bein des Patienten langsam ausgestreckt und das Knie zum Abschluss mit einer Hand mehrfach sanft geknetet.

(Außenband)

Schwenken: Die Behandlung einer Verletzung (Dehnung) des Außenbandes kann mit leichten Schwenkbewegungen des Unterschenkels beginnen. Der Therapeut geht dazu in die Hocke und greift mit einer Hand das Knie des sitzenden Patienten, mit der anderen den Knöchel. Anschließend wird der Unterschenkel mehrmals sanft hin und her geschwenkt, um so eine Schmerzlinderung zu erzielen.

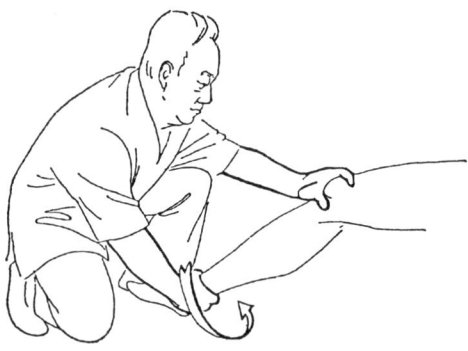

Das Knie wird gestreckt, wieder angewinkelt und seitlich gebeugt wie bei der Innenbandverletzung (s. o.). So wird eine Entkrampfung und eine Steigerung der lokalen Blutzirkulation erreicht.

Anmerkung: Die hier beschriebenen leichten Massagetechniken können bei Verletzungen sowohl des Innen- als auch des Außenbandes gewählt werden. In akuten Fällen wird vorzugsweise zunächst eine leichte lokale Druckmassage angewandt, geschwenkt und abschließend wieder leicht geknetet. Ausnahme bilden die Fälle, in denen sich eine offene Wunde, Blutgerinnsel oder eine starke Rötung zeigt. Hier ist wie im Falle des Abrisses die *tuina*-Massage **kontraindiziert**. Bei alten Blutgerinnseln kann jedoch ringsum eine sanfte Knet- und Schiebemassage angewandt werden, um über eine Steigerung der Blutzirkulation eine Auflösung des Gerinnsels zu erzielen.

Traumatische Bursitis

Das Kniegelenk ist das Gelenk mit den meisten Schleimbeuteln. Die Zellen der Synovialhaut sondern eine Schleimflüssigkeit (Synovia) ab, welche die Befeuchtung und Ernährung des Gelenkknorpels bewerkstelligen. Auch die Erwärmung der ansetzenden Sehnen während körperlicher Belastung ist wesentlich von der Blutzirkulation in der Synovialhaut abhängig. Traumen und Torsionen können zu Entzündungen der Synovialhaut und den Bursen führen, die mit Blutansammlungen oder Blutungen einher gehen können. Werden diese nicht ausgeheilt, kann es zu einer Verdickung der Synovialhaut kommen, zu einer Gelenkknorpelatrophie. Nach der Akutphase einer traumatischen Knorpelverletzung ist daher möglich schnell mit der *tuina*-Behandlung zu beginnen.

Therapie
Schwenken: der Patient sitzt gerade, der Therapeut greift mit einer Hand das Kniegelenk, mit der anderen den Knöchel und beginnt den Unterschenkel mehrmals leicht hin und her zu drehen, um das Kniegelenk zu lockern.
Punktdruckmassage: Anschließend wird eine leichte Druckmassage an den beiden »Knieaugen« (Vertiefungen rechts und links unterhalb der Patella) durchgeführt.

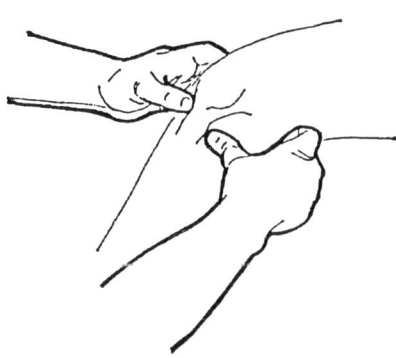

Kneten: Der Therapeut greift mit einer Hand den Unterschenkel, mit der anderen das Knie und knetet mit dem Daumen sanft den gesamten Kniebereich.

Anschließend wird das Knie mit der ganzen Hand leicht von unten nach oben geknetet. Der Therapeut geht dazu in die Hocke und legt den Fuß des Patienten auf seinen Oberschenkel. Die Hände umschließen das Knie von beiden Seiten und massieren leicht nach kranial.

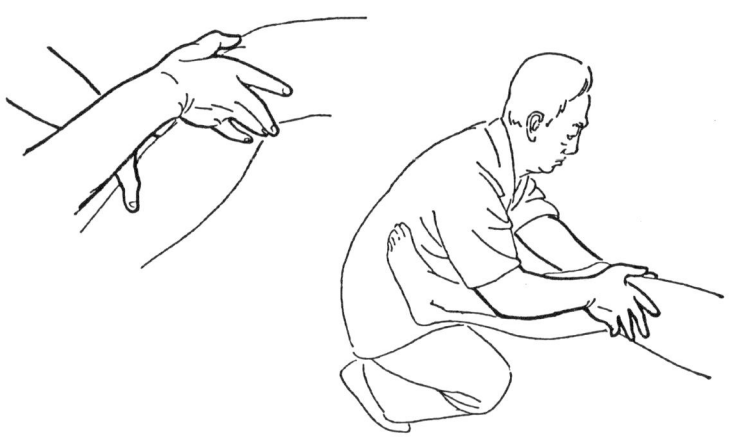

Zerrung der Wadenmuskulatur

Zerrungen der Wadenmuskulatur sind wie Knieverletzungen eine häufig auftretende Sportverletzung. Sie sind vielfach die Folge einer ungenügenden Aufwärmarbeit vor Training oder Wettkampf oder starker Krafteinwirkung von außen, wodurch die Muskulatur ruckartig kontrahiert wird. Weitere Ursachen können zu geringe Raumtemperatur, Übermüdung der Muskulatur oder falsche Bewegung sein. Hauptsymptome einer Zerrung sind lokale Schmerzen mit deutlicher Druckschmerzhaftigkeit an der verletzten Stelle, Schwellung sowie Verhärtung und Distensionsunfähigkeit. Eine Fortsetzung der sportlichen Aktivität ist unmöglich.

Bei der Therapie von Zerrungen ist zwischen akuten und alten Zerrungen zu unterscheiden. Die *tuina*-Massage kann ausschließlich bei akuten leichten und bei älteren Zerrungen angewandt werden, während bei Komplettabrissen eine Operation oder eine völlige Ruhigstellung über einen längeren Zeitraum hinweg notwendig ist, ehe mit der Massagebehandlung begonnen werden kann.

Therapie

Polardruck: Der Patient liegt in Bauchlage, der Therapeut befindet sich seitlich von ihm. Er führt mit beiden Daumen an beiden Enden der verletzten Stelle (an den druckempfindlichsten Stellen) eine leichte Druckmassage durch, mit allmählich sanft ansteigender Intensität.

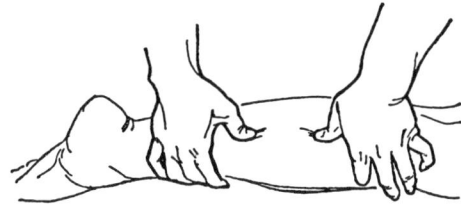

Aktivieren der Faszien: Diese Methode wird bei alten Verletzungen angewandt. Der Patient befindet sich in Bauchlage, der Therapeut greift mit beiden Händen die verletzte verhärtete Stelle und beginnt mit dem Daumen leichte Knetbewegungen durchzuführen, um so eine Lockerung der tendomuskulären Bahnen zu bewirken. Anschließend wird die Stelle leicht mit den Fingern durch Druck- und Knetmassage behandelt. Dieser Vorgang wird mehrfach wiederholt.

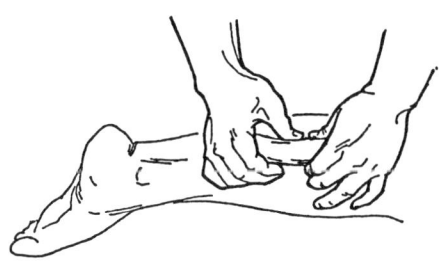

Knöcheldistorsionen

Verletzungen im Bereich der Knöchel durch Umknicken oder Verdrehen des Fußes treten häufig in Training und Wettkampf auf. Sie sind oft Folge von ungenügender Aufwärmarbeit, Übermüdung oder unkorrekter Ausführung von Techniken. Auf Grund der anatomischen Besonderheit führen Überdehnungen zur einen Seite (innen oder außen) zu Bandverletzungen auf der gegenüberliegenden Seite. Besonders häufig sind Außenbandverletzungen am Knöchel durch Pronation. Schlimmstenfalls kann es zu Komplettabrissen mit Abriss der Knochenhaut an der Ansatzstelle kommen. Ist dies der Fall, wird auch das umgebende Gewebe geschädigt, und es kommt zu Schwellung und Bluterguss mit erheblicher Bewegungseinschränkung des Gelenks. Ist das *ligamentum tibialis anterior* beschädigt, wird davon auch der Schleimbeutel betroffen. Die lokale Schwellung sowie die starke Schmerzhaftigkeit machen eine Belastung des Gelenks unmöglich.

Vor der Behandlung ist zunächst ein Bruch des Knöchels auszuschließen. Im akuten Fall ist lediglich eine leichte sanfte Massage möglich, um eine Verschlimmerung der Verletzung zu vermeiden.

Therapie (Verletzung des Außenknöchels)

Strecken und Ziehen der Leitbahnen: Der Patient sitzt gerade, der Therapeut ihm gegenüber auf einem kleinen Hocker. Er umfasst mit beiden Händen den verletzten Knöchel und beginnt mit leichten Streichbewegungen der Daumen unterhalb des Knöchels nach kranial entlang dem Verlauf der lokalen Leitbahnen (Blasen- und Gallenblasenleitbahn).

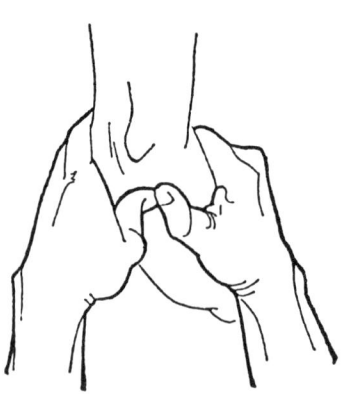

Die gleiche Streichbewegung erfolgt ausgehend vom Knöchel nach kaudal.

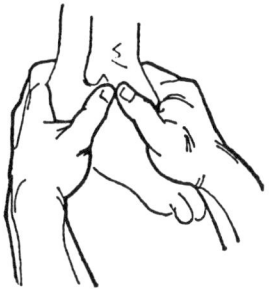

Die massierenden Streichbewegungen werden mehrmals wiederholt, um so einen freien Durchfluss von Qi und Blut zu gewährleisten und damit eine Anschwellung des Knöchels zu mildern. Außerdem sorgen sie für eine Linderung des Schmerzes.

Zusammenführen: Der Therapeut umfasst mit einer Hand die Ferse, mit der anderen den Rist des verletzten Fußes. Beide Daumen bewegen sich mit sanftem Druck unterhalb des Knöchels aufeinander zu. Dieses Vorgehen verfolgt den Zweck, eine Repostierung der Sehnen, eine Rückführung von Blut und Qi in ihre Bahnen sowie einen freien Durchfluss des Qi zu bewirken.

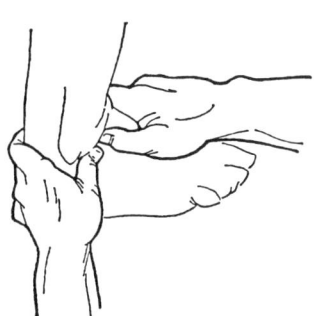

Ausstreichen: Der Therapeut legt den verletzten Fuß auf sein Knie oder eine weiche Unterlage und streicht mehrmals mit beiden Händen von der Fessel ausgehend in entgegengesetzte Richtung.

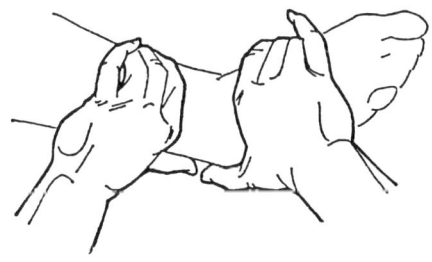

(Innenknöchel)
Ziehen des Knöchels: Der verletzte Fuß liegt auf einer weichen Unterlage. Der Therapeut umfasst mit beiden Händen die Fessel, legt beide Daumen unterhalb des Innenknöchels übereinander. Dann beginnt er mit leichten Zugbewegungen nach kaudal. Dieses Verfahren verfolgt das Ziel, lokale Verkrampfungen zu lösen.

Zurückschieben: Der Therapeut beginnt aus der gleichen Position der Hände wie oben. Vom unteren Rand des Innenbandes werden mit den Daumen leichte Schiebebewegungen nach kranial durchgeführt. Es soll damit eine Repostierung des Bandes bewirkt werden.

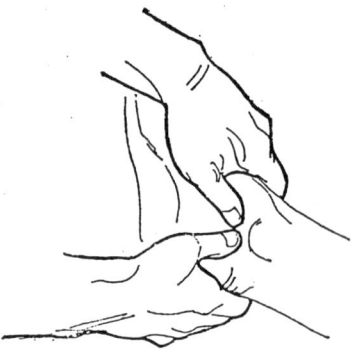

Öffnen der Sehnen: Der Therapeut umfasst die Fessel des verletzten Fußes wie zuvor. Beide Daumen streichen dann von der Mittellinie unterhalb des Innenknöchels ausgehend nach außen.

Kneten des Knöchels: Eine Hand des Therapeuten hält den verletzten Knöchel an der Innenseite. Anschließend werden mit dem Daumenballen mehrere leichte Streich- und Knetbewegungen durchgeführt.

Bewegen der Sehnen: Eine Hand des Therapeuten umfasst den Knöchel von oben und streicht entlang des Schienbeins, wobei mit dem Daumen entlang der Innenseite der Wade leichte Knetbewegungen durchgeführt werden.

Stauchung des Sprunggelenks

Sprunggelenksverletzungen ergeben sich meist durch plantare Flexion über einen physiologischen Rahmen hinaus (>140°).

Theraple

Schwenken: Der Patient befindet sich in Rückenlage, der Therapeut umfasst mit einer Hand die Ferse, mit der anderen

Hand die Fußzehen. Dann wird der Fuß mehrmals leicht nach links und rechts gedreht, um eine Lockerung zu erzielen.

Zusammenführen der Knöchel: Nach der Lockerung des Knöchelbereiches wird die Fußspitze langsam nach kranial geführt bis zum Erreichen des 90°-Winkels oder der Schmerzgrenze. Die Endposition wird mehrere Sekunden gehalten. Der Vorgang wird mehrfach wiederholt.

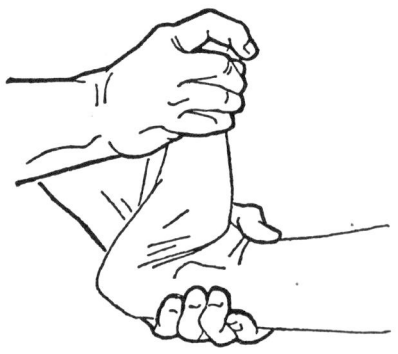

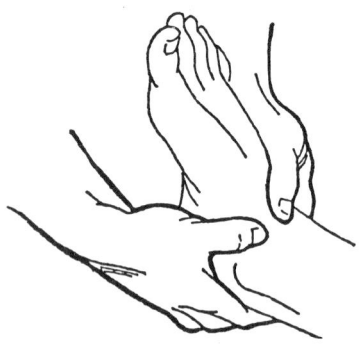

Richten der Leitbahnen: Die Ferse des verletzten Fußes wird mit einer Hand von unten gestützt, beide Daumen liegen auf dem oberen Sprunggelenk. Die Daumen führen Streichbewegungen in gerader Linie nach kranial und kaudal durch, um die lokal verlaufenden Teile der Leitbahnen (Magen, Leber, Gallenblase) wieder in ihrer Verlaufsrichtung auszurichten.

Kneten des Knöchels: Der Therapeut umfasst mit einer Hand die Fußspitze und knetet mit der anderen mehrmals entlang der Sehnen und lokal verlaufenden Leitbahnen des Sprunggelenks.

Schmerzen der Ferse

Schmerzhaftigkeit der Fersen ergeben sich bei Überanstrengung und Überlastung allgemein sowie speziell nach intensivem Sprungtraining. Auch falscher Bodenbelag oder falsche Ausführung von Fußtechniken speziell in den Kampfsportarten können zu Schmerzen in der Ferse führen. Auch Laufen und Springen mit falschem Schuhwerk können zu schmerzhaften Schädigungen im Gewebe der Ferse führen. Neben diesen äußeren Ursachen kommen als Schmerzursache natürlich pathologische Geschehen und Veränderungen von Knochen und Gewebe selbst in Betracht. Die Ferse kann betroffen sein von Achillobursitis, Periostitis des Calcaneus (Fersenknochen) sowie von knöchrigen Verwachsungen des Calcaneus (Fersensporn).

Achillobursitis: Die Achillobursitis ist das Ergebnis traumatischer Verletzung. Sie ergibt sich vorwiegend dann, wenn ein starker Zug auf eine bereits stark verkürzte Wadenmuskulatur eingewirkt und Teilabrisse und Entzündungen des Gewebes verursacht hat. Im chronischen Zustand ergibt sich ein Dauerschmerz, der durch Treppensteigen oder Belastung jedweder Art verschlimmert wird.

Therapie

Kneifen: Der Patient befindet sich in Bauchlage, der Therapeut seitlich von ihm. Der Therapeut greift mit beiden Händen die Achillessehne und knetet mehrfach entlang der Achillessehne von distal nach proximal, um die lokale Blut- und Qi-Zirkulation anzuregen.

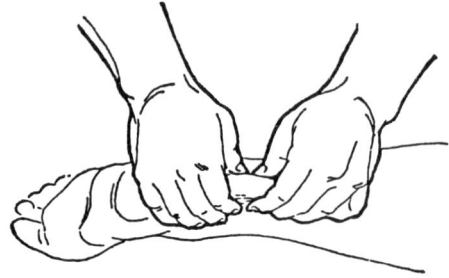

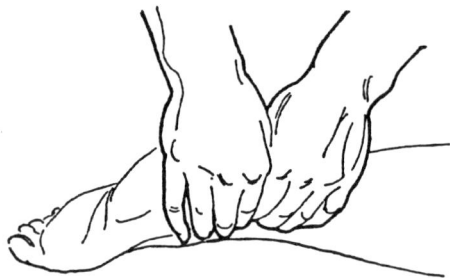

Heben: Der Therapeut fasst die Achillessehne mit beiden Händen und hebt sie an. Der Vorgang wird mehrfach wiederholt, um den Reiz zu verstärken.

Schieben: Der Therapeut umfasst mit einer Hand die Fessel des Patienten an der tibialen Seite. Mit dem Daumen der anderen Hand wird der Ursprung der Achillessehne von distal nach proximal mittels schiebender Technik stimuliert. Der Vorgang wird solange wiederholt, bis sich ein angenehmes Wärmegefühl einstellt.

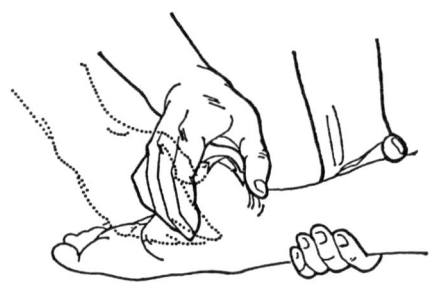

Kneten: Der Therapeut knetet mit dem Handrücken entlang der Achillessehne von distal nach proximal, um eine Schmerzlinderung und eine Lockerung des Gewebes zu erzielen.

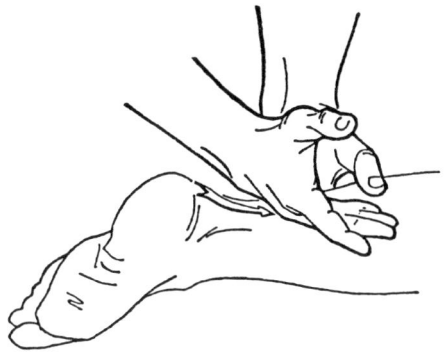

Periostitis des Calcaneus: Eine Knochenhautentzündung im Bereich der Ferse ergibt sich meist durch zu starke und/oder zu lange Krafteinwirkung auf die Ferse. Schwellungen, Schmerzen, Hitzeentwicklung und eventuelle Blutaustritte ins Gewebe sind deutliche Anzeichen der Periostitis.

Therapie

Schieben der Ferse: Der Patient liegt in Bauchlage, der Therapeut umfasst mit einer Hand den Fuß. Mit dem Daumen der anderen Hand wird vom Unterrand der Ferse aus in Richtung der Achillessehne mittels schiebender Technik stimuliert. Die Massagebewegung erfolgt im Halbkreis um die Ferse.

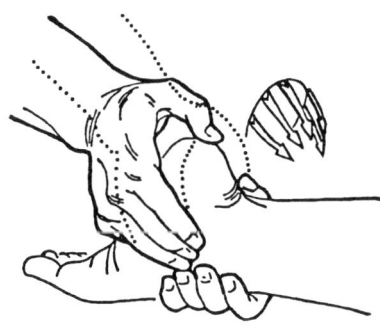

Kneten: Der Therapeut umfasst mit einer Hand die Fessel an der tibialen Seite. Mit der anderen wird die Ferse ringsum so lange geknetet, bis sich ein angenehmes Wärmegefühl entwickelt.

Fersensporn: Fersensporn entsteht durch Bildung einer knöchrigen Geschwulst nach erheblicher Zugbelastung der Sehne an ihrem Ansatzpunkt oder als degenerative Veränderung des Fersenknochens. Das, was die Schmerzen letztlich verursacht, ist eine chronische Entzündung der Achillessehnenscheide oder der Ursprungsstelle der Achillessehne. Die knöchrige Verwachsung ist zwar nicht zu beheben, die Schmerzsymptomatik ist hingegen einer *tuina*-Behandlung durchaus zugänglich und mit dieser wirksam zu bekämpfen.

Therapie

Schieben: Der Patient liegt in Bauchlage, der Therapeut umfasst mit einer Hand den Fuß von der tibialen Seite. Mit dem Daumen der anderen Hand wird die schmerzhafte Stelle mehrmals mittels schiebender Technik stimuliert.

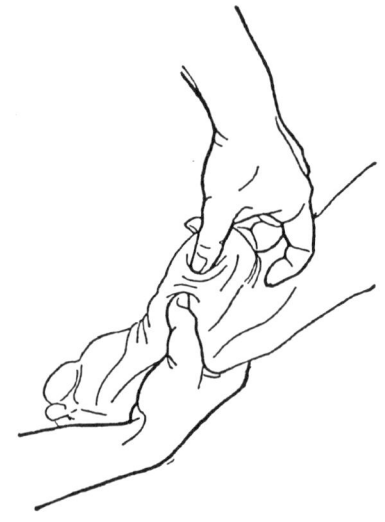

Punktuelles Kneten:
Der Therapeut umfasst mit einer Hand den Fuß und knetet mit dem Daumen der anderen Hand mehrfach die schmerzende Stelle.

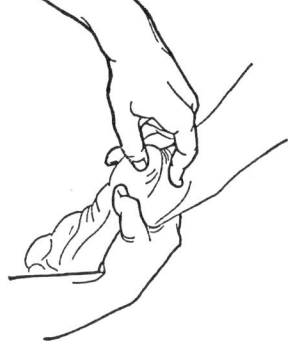

Erste Hilfe nach K.O.

Das Phänomen des K.O. tritt vorwiegend bei den Kampfsportarten auf. Durch Schlag oder Tritt auf Kinn, Schläfe oder Carotis kommt es zu kurzfristigem Bewusstseinsverlust. Als erste Hilfe für den Betroffenen kommen folgende Handgriffe in Betracht:

Festes Pressen mit dem Daumennagel auf den Punkt LG 26 (renzhong).

Festes Pressen des Punktes Lu 11 (am lateralen Ende des Daumennagels, 0,1 *cun* vom Nagelbett entfernt) mit dem Daumennagel.

4 Ernährungstipps aus der chinesischen Diätetik für Wettkampfsportler

Der Sportler ist für seinen Erfolg im Wettkampf von verschiedenen Faktoren abhängig, zunächst von seiner psychischen Bereitschaft und seiner physischen Leistungsfähigkeit. Die physische Leistungsfähigkeit ist ihrerseits eine Funktion der konditionellen Verfassung, der mentalen Stärke und der Ernährung.

Die Möglichkeiten der chinesischen Massage zur psychischen und physischen Stärkung wurden bereits vorgestellt, die chinesische Diätetik bietet ihrerseits wirksame Unterstützungsmöglichkeiten für Physis und Psyche.

Prinzipien der chinesischen Diätetik
In der chinesischen Diätetik werden die Nahrungsmittel nach verschiedenen Kriterien eingeteilt:

Temperaturverhalten
Geschmack
Wirkung auf die Leitbahnen
Wirkrichtung (aufsteigend, absteigend)
Qualität (Yin oder Yang)
fünf Wandlungsphasen
Wirkungsweise.

Das Temperaturverhalten beschreibt den energetischen Charakter, den das Nahrungsmittel im Körper entfaltet. Es kennt die Differenzierungen kalt, kühlend, wärmend, heiß und neutral. Die Geschmacksrichtungen sind den fünf Wandlungsphasen und den entsprechenden Innenorganen zugeordnet. Dabei müssen die Geschmacksrichtungen als solche nicht direkt auf der Zunge spürbar sein, es handelt sich vielmehr um die Festlegung von Erfahrungswerten von Ärzten früherer Zeiten:

süß – Milz/Magen
salzig – Niere/Blase
sauer – Leber/Galle

bitter – Herz/Dünndarm
scharf – Lunge/Dickdarm.

Die Wirkungsweise beschreibt die besondere Wirkung des entsprechenden Nahrungsmittels auf die inneren Strukturen des Körpers wie Qi und Blut und die Innenorgane sowie auf die Situation im Körper (Hitze oder Kälte). Bei bestehender Hitzesymptomatik werden bevorzugt kühlende Nahrungsmittel zur Neutralisation verabreicht, bei bestehender Kältesymptomatik werden umgekehrt wärmende Nahrungsmittel bevorzugt. Mit Vorsicht geht man mit stark in eine Richtung wirkenden Nahrungsmitteln um (heiß oder kalt), um ein Umkippen der Symptomatik in die entgegengesetzte Richtung zu vermeiden. Es ist stets das Ergebnis der Diagnose, welches beim Erstellen eines Diätplanes über die Auswahl der Nahrungsmittel und ihre Zubereitung entscheidet.

Im Folgenden werden Ernährungstipps gegeben, die sich als sinnvolle Anregung für den speziellen Diätplan des Sportlers verstehen.

Wirkungszusammenhänge und Diät
Besonders wichtig für Wettkampfsportler ist die energetische Situation im Bereich des mittleren Erwärmers. Priorität genießt daher die Gesundhaltung von Milz und Magen; denn nach chinesischer Medizintheorie werden wie erwähnt (s. o., 1.5, S. 32) die Nährstoffe, die der Körper für seine energetische Versorgung benötigt, durch die Funktionen der Milz, d. h. von Milz und Magen resorbiert. Mit der Funktion von Milz und Magen hängt die der übrigen Organsysteme auf verschiedene Arten zusammen. Die wichtigsten Zusammenhänge und die entsprechende Beeinflussung über die Ernährung werden im Folgenden beschrieben.

Milz und Magen

Syndrome, die mit Mangelzuständen von Milz/Magen zusammenhängen, können zu verschiedenen Verdauungs- und Resorptionsstörungen führen. Die wichtigsten Ursachen für Mangelsyndrome sind mangelndes Milz-Qi, Milz-Yang und Feuchtigkeit der Milz. Mangelndes Milz-Qi bedeutet, dass die normale Funktion des mittleren Erwärmers gestört ist. Dies kann die energetische Ursache für nervöse Verdauungsstörungen, chronischen Durchfall, Magen- und Zwölffingerdarmgeschwüre und Anämie sein. Begleitsymptome sind Blähungen, tendenziell weiche Stühle und Erschöpfungserscheinungen. Wird der Zustand nicht behoben, kommt es letztlich zu einem Mangel an Yang und nachfolgend zu einem immer weiter gesteigerten energetischen Ungleichgewichtszustand im Körper. Durch chronischen Yang-Mangel kommt es zur Kältesymptomatik mit Symptomen wie innerem Kältegefühl, Kältephobie, kalten klammen Extremitäten, Bewegungsträgheit etc. Bei bestehendem Milz-Qi- oder Milz-Yang-Mangel ist daher vor allem der Verzicht auf kühlende Nahrungsmittel und stark gekühlte und gefrorene Speisen und Getränken wichtig. Alle Nahrungsmittel sollten daher mindestens Zimmertemperatur haben oder in irgendeiner Form gegart sein, Rohkost und rohe Früchte sind zu meiden.

Bei gesunden Personen und Sportlern, die vor allem von der richtigen Milzfunktion abhängig sind, ist der Verzehr von Rohkost und Früchten in Maßen als Vitaminlieferanten vertretbar. Die Basis der Ernährung sollten jedoch *wärmende Nahrungsmittel* bilden, die *leicht verdaulich* sind und *tonisierend*, d. h. Energie aufbauend wirken. Die Nahrungsmittel sollten im Wesentlichen aufbauenden Effekt auf Yang und Qi besitzen und der Phase Erde (Milz/Magen) zugeordnet sein. Tonisierende Nahrungsmittel der Phase Erde sind fast ausnahmslos süß und häufig von gelber Färbung. Für die Ernährung des Sportlers, der die Energie des mittleren Erwärmers unterstützen möchte, gelten folgende Empfehlungen:

Empfehlenswert

Gekochtes Gemüse: Möhren, Süßkartoffeln, Kartoffeln, Steckrüben, Lauch, Kürbis (gedünstet oder püriert), Paprika (gekocht);

Hülsenfrüchte: Reis, Hafer;

Fleisch: Huhn, Truthahn, Rind (wenig), Hammel;

Suppen: Hühnerbrühe oder Rinderbouillon, Tomatensuppe, Kartoffelsuppe, Pilzsuppe;

Obst: Pfirsiche (gekocht), Erdbeeren, Trauben, Bananen (in Maßen), trockene oder frische Feigen, Datteln, Apfel (gedünstet, Backapfel);
Sonstiges: Tofu, Gewürze wie Pfeffer, Ingwer, Zimt, Muskatnuss, Honig, Ahornsirup, Zucker, Süßholz (Lakritz).
Nicht empfehlenswert
Zu viel Fruchtsaft, zu viel Salz, Milch (bedingt), Algen, zu viel Wasser während der Mahlzeit, zu viel Süßes (Konfekt, Schokolade etc.), Alkohol.

Wenn die Milz auf Grund von Schwäche nicht in der Lage ist Feuchtigkeit zu verarbeiten, sammelt sich die Feuchtigkeit im Körper an, und in der Folge wird die Milzfunktion noch weiter geschwächt. *Feuchtigkeitsretention* im Körper lässt sich leicht an der Zunge feststellen. Sie ist dann dick gedunsen und mit Zahneindrücken am Rand versehen. Physisch manifestiert sich die Feuchtigkeitsretention in Übelkeitsgefühl, Kopfschwere und -schmerzen, Druckgefühl in der Brust sowie in nässenden Ekzemen und Hautausschlägen. In schweren Fällen ruft bereits das Trinken von Flüssigkeit Übelkeit und Brechreiz hervor. In solchen Fällen mangelhafter Feuchtigkeitsverarbeitung sind Nahrungsmittel zu meiden, welche die Retention von Flüssigkeit im Körper noch steigern oder Flüssigkeit erzeugen.
Nicht empfehlenswert
Salz, Schalentiere, Milchprodukte, Hühnerei, Schweinefleisch, Sardinen, Bambussprossen, Kohl, Gurke, Ente, Gans, Oliven, Sojabohnen, Tofu, Spinat, Pinienkerne.
Empfehlenswert
Kürbis, Bohnen, Knoblauch, Nierenbohnen, Makrelen, Garnelen, Rettich, Schalotten, Steckrüben, Kohlrabi.

Milz und Niere

Die Milz ist wie erwähnt die Wurzel der zweiten Lebensquelle (s. o., 1.6), sie ernährt und stützt als solche die in der Niere gespeicherte Essenz. Die Niere ist ihrerseits die Wurzel der ersten Lebensquelle und Wurzel aller Organfunktionen. Ihre Aufgabe ist die Ernährung und über ihren Yang-Aspekt die Erwärmung der übrigen Organe, insbesondere der Milz. Die Milz ist für ihre Funktion von der Erwärmung durch die Niere abhängig. Störungen im Nierenfunktionskreis wirken sich direkt auf die Milz aus und umgekehrt. Ist das eine Organ geschwächt, wird das andere erschöpft. Ein wichtiges Beispiel für den tatsächlichen Zusammenhang der beiden Funktionskreise liefert das Krankheitsbild des Diabetes mellitus. Ein permanentes Zuviel an milzbelastenden und die Nieren schädigenden Speisen und Getränken (Süßigkeiten, Fett, scharfe Gewürze) führt zu einer Überlastung von Milz und Niere. Die Milz kann die in der Nahrung enthaltenen Nährstoffe nicht ausreichend assimilieren, der Magen entwickelt durch die übermäßige Verdauungsarbeit Hitze und benötigt ständig Wasser. Durch die hohen zugeführten Wassermengen wird die Niere überlastet, sie lässt das Zuviel an Flüssigkeit letztlich durchsickern, daraus entwickelt sich eine Art der inneren Austrocknung. Aus diesem Grund lautet der chinesische Name für Diabetes mellitus »Austrocknen und Dürsten« (*xiaoke*) als Beschreibung für dieses Phänomen. Oberstes Ernährungsprinzip zur Prävention muss daher sein, die Milz zu schonen und Milz und Niere zu tonisieren. Es empfehlen sich daher *kleine Mengen warmer Speisen* sowie solche, welche die *Niere tonisieren*.

Empfehlenswert

Reiscongee, Hühnermagen, Hühnerherz, Sojasauce, Suppe aus Huhn und Abalone, Sojasprossen (angebraten), Hühnersuppe mit Eierstich, Süßkartoffel, Rindfleisch, Huhn, Papaya.

Milz, Leber, Niere

Die drei Organe Milz, Leber und Niere sind der chinesischen Medizintheorie zufolge die drei Hauptorgane für die Blutbildung. Die Niere stellt die für die Bildung des Blutes notwendige Grundsubstanz Essenz zur Verfügung, die Aufgabe der Leber ist die der Speicherung von Blut, und die Milz filtert die für die Blutbildung notwendigen Nährstoffe aus der Nahrung und leitet sie an Lunge und Herz weiter (s. o., 1.4). Dysbalancen im Zusammenspiel der drei Organe oder Mangelzustände bzw. Funktionsstörungen in einem dieser Organe können sich daher in *Blutmangel* manifestieren. Blutmangel zeigt sich rein äußerlich in Symptomen wie Magerkeit, Blässe, trockenem Haar, physisch in Anämie, Müdigkeit, Antriebsmangel, Konzentrationsschwäche, verschiedenen Arten von Migränekopfschmerz und Palpitationen.

Für eine sinnvolle Ernährung empfiehlt sich daher die *Tonisierung von Milz/Magen, Leber und Niere.*
Empfehlenswert
(Siehe Milz/Magen.) Ochsenschwanzsuppe mit Tomate, Reiscongee mit Walnuss, Huhn, Garnelen, Wasserkastanien, Pilze, Püree oder Kuchen aus Süßkartoffel, Löwenzahnsalat oder -saft.

Leber und Niere können auch über ihre psychischen Aspekte beeinträchtigende Wirkung auf die Funktion der Milz ausüben. Durchfälle, Blähungen, Sodbrennen sind vielfach die Folge von Stress, Depression, Frustration und Ärger. Es sind dies die emotionalen Störungen, die den Leberfunktionskreis betreffen; daher spricht man in der chinesischen Medizin bei diesem – in der klinischen Praxis recht häufig auftretenden – Phänomen von einem »Angriff der Wandlungsphase Holz auf die Wandlungsphase Erde« (s. o., 3.2.1, S. 86). Es ist daher sinnvoll, die Leber zu beruhigen, den Qi-Fluss im Körper zu aktivieren und die Milz zu tonisieren. Wichtig ist die Ausschaltung der Noxe, d. h. die Beruhigung der Psyche, die Ernährung kann unterstützend eingreifen.

Empfehlenswert
Reiscongee, Hühnermagen und Hühnerherz, Sojasauce, Hühneressenz-Suppe, Abalone, Rindfleisch mit Ingwer, Steckrüben-Püree, Maisauflauf oder Maistorte, Datteln oder Dattel-Kuchen.

Die chinesische Kräuterapotheke bietet an: *Huangqi* (gelbe Wicke), *chenpi* (getrocknete Orangenschale), daneben auch die bei uns bekannten Sesam (*zhima*), Safran (*honghua*), Mandel (*taoren*) etc.

Eine andere Variante der pathogenen Wirkung von Störungen im Leberfunktionskreis (psychische Seite) auf den Funktionskreis Milz ist das Mitführen des Milz- und Lungen-Qi nach oben durch aufsteigendes Leber-Yang. Stress, Ärger, Frustration können das Leber-Qi in den oberen Teil des Körpers wandern und dort verharren lassen. Dadurch entsteht die Tendenz, Lungen- und Milz-Qi mit nach oben zu führen. Konsequenzen dieses »gegenläufigen Qis« können sein: migräneartiger Kopfschmerz, tränende Augen, Übelkeit, Aufstoßen, Husten, Atemnot etc.

Die Tendenz, Leber-Yang zu stärken und nach oben zu treiben, wird auch durch diejenigen Emotionen geschürt, die den Nierenfunktionskreis betreffen bzw. schwächen, nämlich durch Ängstlichkeit, Furcht, Unsicherheit, Besorgnis und Einsamkeitsgefühle. Treten die genannten emotionalen Störungen zu Fehlernährung hinzu, entsteht daraus nicht nur eine Störung im Verdauungstrakt selbst, sondern in einem weiteren Schritt eine erhöhte Anfälligkeit für Erkältungs- und Grippeerkrankungen und Allergien (Heuschnupfen, wirkstoffspezifische Allergien etc.). Es resultiert daraus eine erhebliche Beeinträchtigung der Gesundheit und damit der physischen Leistungsfähigkeit. Es empfiehlt sich in diesem Fall eine Stärkung von Milz/Magen und Niere, die Beruhigung der Leber und das Ableiten gestauten bzw. gegenläufigen Qis nach unten. Dies alles kann die Ernährung allein nicht leisten, denn vorrangig ist auch hier die Regulierung der Psyche. Als unterstützende Maßnahme (zu Akupunktur oder *tuina*-Massage s. o., 3.5) sind jedoch Nahrungsmittel zur Stärkung von Milz und Magen (s. o.) empfohlen sowie solche, welche kräftigend auf die Niere und entspannend auf die Leber wirken.

Empfehlenswert
Rinder- und Hühnerleber, Sellerie, Miesmuscheln, Pflaumen, Rosmarin (auch als Tee), Safran, Johanniskraut (Tee).

Zu vermeiden sind dagegen solche Nahrungsmittel, die einen schädigenden Einfluss auf Nieren-Yang haben oder die Leber belasten wie Alkohol, Kaffee, Zitrussäfte, Zucker, Süßigkeiten, Drogen, Mineral- Vitamin- und Proteinpräparate (!).

Blut und Qi

Die Blutzirkulation ist von der Antriebskraft des Körper-Qi abhängig. In erster Linie ist es wie erwähnt das Leber-Qi, welches den Qi-Mechanismus im Körper aufrechterhält. In zweiter Linie wirken Lungen-, Milz- und Herz-Qi auf die Qi-Zirkulation ein. Ist Qi zu schwach, kann es zu lokalen Blutstauungen kommen, die bei längerfristigem Bestehen zu Blutkoagulation und substantiell werden. Diese Blutstagnationen und Koagulationen ergeben sich – mit Ausnahme der durch Trauma verursachten – vorwiegend im Bereich des Abdomens. Sie manifestieren sich in Schmerzsymptomatik, Verstopfung, Durst, kalten Füßen, Myomen und Tumorbildungen im Abdominalbereich allgemein.

Es empfiehlt sich daher generell auf Lebensmittel zu verzichten, welche die Leber belasten und daneben solche zu bevorzugen, welche die Energie von Milz und Magen steigern. Für die Steigerung der Qi-Zirkulation sind

empfehlenswert:

Auberginen, Safran, brauner Zucker, Kastanie, Reiscongee, Sesamklöße, Reistopf mit Garnelen, Wasserkastanien, Pilzen und Huhn, Pinienkerne, Ginseng und Ingwer.

Beachte: Gingseng und Ingwer sind spezielle Mittel zur Stärkung von Qi. Bei Personen mit Füllesymptomatik sind sie nicht empfehlenswert. Für Sportler, die ständig Energie verbrauchen, sind sie gut geeignet.

LITERATUR

(Anonym). *Anmo jishu tushi* (Illustrierte Massagetechniken). Taipei 1987.
Flaws, Bob. *Das Yin und Yang der Ernährung.* München (Barth) 1995.
Guo Qianglu. *Zhenjiu xuexing fenxi* (Analyse der Charaktere von Akupunkturpunkten). Taipei 1987.
Hempen, Carl-Hermann. *dtv-Atlas zur Akupunktur.* Tafeln und Texte. München (dtv) 1995.
Jiang Hu. *Waishang anmo liaofa* (Die Massagetherapie traumatischer Verletzungen). Taipei 1981.
Kubny, Manfred. *Qi – Lebenskraftkonzepte in China.* Definition, Theorien und Grundlagen. Heidelberg (Haug) 1995.
Porkert, Manfred. *Die chinesische Medizin.* Düsseldorf (Econ) 1989.
Qi Hao. *Shiyong liujie xuewei cidian* (Praktisches Nachschlagewerk über Reizpunkte, aufgeschlüsselt dargelegt). Beijing 1992.
Riegel, Andrea-Mercedes. *Die acht Unsterblichen. Chinesische Geheimrezepte für ein langes, erfülltes Leben.* Düsseldorf (Econ) 1996.
Riegel, Andrea-Mercedes. *Häufige Verletzungen im Budosport. Prävention, Therapie, Rehabilitation.* Heidelberg (unveröffentlichtes Manuskript) 1995.
Schnorrenberger, Claus C. *Lehrbuch der chinesischen Medizin für westliche Ärzte. Die theoretischen Grundlagen der chinesischen Akupunktur und Arzneiverordnung.* Stuttgart (Hippokrates) 1985.
Tenk, Hermine. *Soforthilfe mit Akupressur.* Wien (Maudrich) 1995.
Yang Taomin. *Shiyong zhenjiu xuanxue shouce* (Praktisches Handbuch über die Auswahl von Akupunkturpunkten). Beijing 1998.
Zhang Enqin (Hrsg.). *Zhongguo tuina* (Chinesische Massage). Shanghai 1998.

Paulien Cornelisse

Die Verwirrungen des Meerschweinchens C.

Lieben, leben und leiden im Büro

*Aus dem Niederländischen
von Gerd Busse*

C.H.Beck

Titel der niederländischen Originalausgabe:
«De verwarde cavia. Kantooravonturen»
© 2016 Paulien Cornelisse
Published by special arrangement with 2 Seas Literary Agency

Die deutsche Ausgabe wurde durch finanzielle Unterstützung
der Niederländischen Stiftung für Literatur ermöglicht.

N ederlands
letterenfonds
dutch foundation
for literature

Für die deutsche Ausgabe:
© Verlag C.H.Beck oHG, München 2018
Gesetzt aus der TheSerif im Verlag
Druck und Bindung: Druckerei C.H.Beck, Nördlingen
Umschlaggestaltung: Geviert, Grafik & Typografie, Christian Otto,
unter Verwendung von Motiven von shutterstock
Zeichnung des Meerschweinchens auf dem
Umschlag und innen: Paulien Cornelisse
Autorenfoto auf der Umschlagrückseite: © Tessa Posthuma de Boer
Printed in Germany
ISBN 978 3 406 72662 0

www.chbeck.de

*«All of us are guinea pigs in the laboratory of God.
Humanity is just a work in progress.»*

Tennessee Williams

«Meerschweinchen waren noch vor den Menschen im All.»

Das Internet

Inhalt

Uff! 11 Aufpassen 12 Nierensteine 14 Ping! 15 Auffangbehälter 17 Eisbär 19 Open Source 21 Mottos 22 Eingriff 24 Obstipation 25 Gruppenumarmung 26 Horizonte 28 Total normal 29 Love it 31 Nonnengänse 32 Racker 33 Rudi 35 Seufzer 36 Etwas Schönes 38 Fell 39 Ideen 41 Barmherzigkeit 42 Vorbeikommen 44 Champignons 45 Bergschweinchen 46 Myome 48 Marja 49 Authentisch 50 Dehydrieren 52 Regenhose 53 Yoga 55 Das Lager 56 Sommerfest 58 Kater 60 Ei 61 Pünktchen 63 Erwachsen 64 Möhren 66 Rechnen 67 Mutterkonzern 68 Falsch 70 Pareo 71 Ferienmensch 73 Hut 74 Mja 76 Bouillon 77 Kommunikationsstrategie 79 Ha 80 Sehen 82 Namasté 84 Wrap 85 Enzo 87 Karos 89 Vermehren 90 Surprise 92 Genießen 94 Aufgreifen 96 Kollegen 97 Sick Building 99 Oxford 101 Pub 102 Hm 104 Burnout 106 Bauern 107 Ein leeres Haus 109 Auf der Decke 110 Unterwegs 112 Erbsen 114 Präsentation 115 Newsletter 117 Ruder 118 Gulasch 120 Los! 121 Josje 122 Umdenken 124 Wohnmobil 125 Steuergeld 126 Gelöst 127 Schweden 129 Kommunikationsumgebung 130 Knecht Ruprecht 132 Waldspaziergang 134 Prozentsatz 135 Organigramm 136 Groß 137 Initialisieren 139 Stützstrümpfe 141 Jó étvágyat 143 Panik 145 Mini-Cupcake 146 Puszta 149 Ja, nein 151 Handtuchtrocken 152

Hinter dem Ofen 154   Aber dann in Norwegen 155   Kotzi, kotzi 157
So ist das Leben 158   Heuli-heuli 159   Resturlaub 161   Hm 162
Community 163   Käsewürfel 165   Partycatering 167   Weihnachten ist Weihnachten 169

Uff!

Cavia, ein verwirrtes Meerschweinchen aus der Familie der *Caviidae*, war froh, dass die Feiertage vorbei waren. Das behaupteten sie in der Abteilung übrigens alle, doch Cavia vermutete, dass sie die Einzige war, die es auch wirklich meinte. Ihre Kollegen erzählten von Feiern mit viel Alkohol und dass sie das Auto hinterher nicht mehr hätten finden können. Cavia trank nicht (oder kaum), und das machte solcherart wilde Nächte zu einer Unmöglichkeit in ihrem Leben. Roy, der Kollege am Empfang, berichtete, dass er sich an Silvester dreimal – «aber so was von» – erbrochen habe.

Cavia selbst hatte Silvester bei einer Freundin gefeiert, die sie noch vom Studium der Kommunikationswissenschaften kannte. Diese Freundin hatte drei Kinder, nette Kinder, wirklich, die aber in der Schule unterfordert und daher etwas lebhaft waren. So jedenfalls die Freundin.

Cavia hatte sich tapfer mit «Mensch ärgere dich nicht» durch den Abend geschlagen, während die Kinder reihum Wutanfälle bekamen. Die Freundin drohte dann jedes Mal mit dem Bett, um gleich darauf erbittert mit ihnen zu schmusen.

Der Mann der Freundin tat derweil nichts und blieb auf der Couch sitzen. Statt zu blinzeln machte er immer wieder die Augen für ein paar Sekunden zu. «Wie läuft's auf deiner Arbeit?», hatte er gefragt. «Was machst du gleich wieder?» Er gähnte schon, bevor Cavia hatte antworten können. Im Gegenzug aß sie einen Krapfen nach dem anderen.

Die Kinder durften Feuerwerk abbrennen. Auf der Stelle hatte Cavia vorgeschützt, dass Feuerwerk zu riskant für ihr Fell sei, und erklärt, sie werde mal lieber im Haus bleiben. Dass mir das nicht schon früher eingefallen ist!, dachte sie triumphierend, als sie endlich gemütlich allein auf der Couch saß. Es war eine Lüge, die ihr derart gelegen kam, dass sie fast selbst daran zu glauben begann.

Um ein Uhr war sie nach Hause gegangen. Der Mann ihrer Freundin hatte sie hinausbegleitet. Als sich die Tür hinter ihr schloss, hatte sie ihn gerade noch «Uff!» sagen hören.

Und jetzt saß sie wieder ruhig an ihrem Schreibtisch. Der Gedanke, dass sie eine Schublade mit Büroklammern, ihrem Hefter und dem Klammeraffen, Hafties, Kugelschreibern und Stiften sowie einem Radiergummi hatte, hielt sie vorläufig auf den Beinen.

Aufpassen

Montagmorgen. Es regnete, doch Cavia beschloss, sich nicht unterzustellen. So kam sie nass, aber als Erste im Büro an und konnte noch einen Moment in aller Ruhe gruselige Krankheiten googeln, wobei es so schien, als würde sie arbeiten.

Ihr Fell war bereits wieder trocken, und sie wusste nun fast alles über nässenden Hautausschlag, als das Geräusch von Stöckelschuhen im Flur erklang.

«Guten Morgen», sagte Stella, Leiterin der Abteilung Human Resources. Sie riss die Tür auf. «Schon froh am Schaffen?»

«Ja, ich wollte mir mal echt in aller Ruhe das Mailing zur Brust nehmen», sagte Cavia. Sie starrte angestrengt auf ihren Bildschirm.

«Ja ja», sagte Stella.

Kim kam herein, ihre Kollegin aus dem Bereich Kommunikation. «Hi hi!», rief sie. «Wow, was für ein Regen, ich meine: Hallo!», wobei sich ihre Stimme beim o von «Hallo» hob. Sie knetete ihr nasses Haar. «Jemand Kaffee?»

Alle Kaffee.

Kim fing an, von ihrem Freund Stanley zu erzählen, den Kindern ihres Freundes Stanley, den Eltern ihres Freundes Stanley und den Nachbarn ihres Freundes Stanley. Bei jeder anderen Person hätte Cavia diese Menge an Informationen unausstehlich gefunden, doch bei Kim konnte sie es ertragen. Es liegt kein Übel darin beschlossen, dachte Cavia manchmal, ohne genau zu wissen, von wem sie diesen Satz hatte.

«Und Stanley ist echt so dieser Typ: Vater sein ist für mich alles, und das versteh ich ja auch, aber irgendwie denke ich dann auch: Ja hallo, und was ist mit mir? Aber na ja, das muss man akzeptieren, wenn man sich für einen geschiedenen Mann mit Kindern entscheidet. Oder na ja, entscheidet ...

«So faszinierend ich das alles auch finde», sagte Stella, «ich habe drei Worte für euch: Mailing, Mailing und Mailing.»

Kims Gesicht verdüsterte sich. «O ja», sagte sie.

Cavia brachte die Kaffeetassen in die Küchenecke und mailte Kim: «Beachte sie einfach gar nicht.»

Kurz darauf meldete ihr der Klingelton eine neue E-Mail. Stella. «Wen soll ich nicht beachten?», stand dort.

Cavia brach der Schweiß aus. Sie hatte die Mail über Stella aus Versehen *an* Stella geschickt.

«Sorry», mailte Cavia zurück, «das war eine alte Mail, die noch im Entwurfsordner stand.»

Eine Erklärung, die gar nichts erklärte, doch Cavia hatte die Erfahrung gemacht, dass man nie versuchen sollte, die Dinge allzu logisch darzustellen.

Nierensteine

Das Telefon klingelte, und Cavia nahm den Hörer ab. Der Anruf kam von außerhalb.

«Anne-Bet hier», ertönte es. Anne-Bet war eine Kollegin mit langen, grauen Haaren, die die Buchhaltung machte.

«Hi, Anne-Bet», sagte Cavia, «was kann ich für dich tun?»

«Ich bleibe heute wieder mal zu Hause», sagte Anne-Bet, «denn was hat sich herausgestellt?»

Cavia wartete, merkte aber nach einigen Sekunden, dass eine Reaktion von ihr erwartet wurde. «Äh, ja, was hat sich denn herausgestellt?»

«Es sind doch die Nierensteine», antwortete Anne-Bet.

«Ach, wie schlimm für dich», sagte Cavia.

«Nicht für mich», verbesserte sie Anne-Bet, «sondern für meinen Hund.» Sie sagte es in einem Ton, als hätte sie schon öfter darüber gesprochen, und vielleicht war das auch so.

«Oh, so rum, sorry», sagte Cavia.

«Ja, na ja, du verstehst: Das ist dann höhere Gewalt», seufzte Anne-Bet. «Sagst du Stella Bescheid?»

«Das mache ich. Gute Besserung.» Cavia legte auf.

Sie drehte sich zu Stella um, die gerade dabei war, mit ihrem Smartphone ein Foto von ihrem Kopf zu machen, um den Stand ihres Haarausfalls zu kontrollieren.

«Lass mich raten», sagte Stella. «Anne-Bet macht sich rar.»

«Ihr Hund hat Nierensteine.»

«Ja, immer wenn es regnet, ist was mit dem Hund. Ist euch das auch schon aufgefallen?»

Kim und Cavia schwiegen.

«Na ja, ich trage es mal eben ein.» Stella sah auf das Display ihres Handys, legte es weg und begann mit ihren langen Fingernägeln eifrig auf die Tasten zu hämmern.

Nach dem Mittagessen fragte Kim: «Sollen wir Anne-Bet vielleicht etwas schicken?»

«Sicher wieder aus der Freud-und-Leid-Kasse?», sagte Stella.

«Nichts Teures», beeilte sich Kim zu sagen.

«Die Freud-und-Leid-Kasse ist für Hochzeiten und *wirklich* schwere Krankheiten», sagte Stella. «Was ihr allerdings machen dürft, ist, ihr alle Quittungen und Bons vom letzten Monat zu schicken. Dann hat Anne-Bet wenigstens was zu tun, während sie den Hund pflegt.»

Das Beste an ihrer Arbeit, dachte Cavia, war die Tatsache, dass ihr Schreibtisch am Fenster stand. Ihr gegenüber saß Kim, und alle beide konnten sie auf die Straße sehen. Eine ruhige Straße, die aufgrund der Platanen, die dort standen, etwas von einem Park hatte. Ab und zu sah man einen Fußgänger, oder es flog ein Halsbandsittich vorbei. Ihnen konnte Cavia dann in aller Ruhe hinter ihrem Schreibtisch folgen, in der Gewissheit, dass sie damit zugleich etwas für ihre Achtsamkeit tat.

Stella befand sich zwar ein paar Gehaltsstufen über ihr, aber sie hatte von ihrem Arbeitsplatz aus keinen «Blick». Nicht dass Stella ihn gebraucht hätte, denn sie war fortwährend mit ihren

Ordnern, ihrem Computer und ansonsten ihrem Smartphone beschäftigt.

Cavia hörte ein «Ping!» und checkte ihren E-Mail-Account. Doch es war keine neue Mail eingegangen. «Ping!» ertönte es ein weiteres Mal, und wieder war keine E-Mail zu sehen. Sie rief Harm-Jan von der IT-Abteilung an, der jedoch nicht ranging. Sie erinnerte sich, dass er Telefonangst hatte. Da sie selbst manchmal auch darunter litt, kam es ihr eigentlich ganz gelegen. Sie mailte ihm, dass sie ein Mail-Problem habe. Er mailte sofort zurück: «Du darfst nach dem Mittagessen kurz vorbeikommen.»

«Schön, dass ich das darf», murmelte sie. Sie schrieb «Nach dem Mittagessen HJ» auf einen Haftie und klebte ihn an ihren Bildschirm. Das wirkte schon mal produktiv.

Sie rief Anne-Bet an, um ihr mitzuteilen, dass sie ihr die gesammelten Quittungen und Bons des laufenden Monats schicken würde, was von Anne-Bet seufzend akzeptiert wurde. Im Hintergrund bellte der Hund mit den Nierensteinen.

Cavia sammelte die Belege aller Mitarbeiter ein, steckte sie in einen Umschlag, schrieb Anne-Bets Adresse darauf und fühlte sich sofort unheimlich nützlich. «Ping!» kam es wieder aus dem Computer. Pong! fügte sie in Gedanken hinzu.

Nach dem Mittagessen lief Cavia beherzt zum Treppenhaus. Harm-Jan hatte vor einem Jahr alles Mögliche am Mail-Programm verändert – sie erinnerte sich an einen langen Vortrag über *Alerts*, die unglaublich praktisch wären. Dass das System jetzt ins Stottern geriet, verschaffte ihr Genugtuung. Es war, als sollte sie, als Anti-Technikgläubige, doch noch recht bekommen.

Harm-Jan gehörte zur technisch begabten Minderheit im Büro. Er besaß ein Tamagotchi aus dem Jahr 1999, das immer noch lebte.

Bei Harm-Jan angekommen, versuchte sie das Gespräch mit einem jovialen «Und? Lebt das Tamagotchi noch?» zu eröffnen.

Harm-Jan blinzelte betreten und sagte: «Äh, nein.»

«Oh, tut mir leid», sagte Cavia. Sollte sie ihm nun kondolieren? Er machte einen angeschlagenen Eindruck. «Vielleicht kannst du dir ein neues zulegen?», regte sie an.

Harm-Jan seufzte und sah aus dem Fenster. «Weswegen kommst du? Ich habe ziemlich viel zu tun.»

Auffangbehälter

«Am nächsten Wochenende ist bei mir ein Familienwochenende angesetzt, und ich habe so was von keine Lust darauf», sagte Roy in verschwörerischem Ton. Cavia hing über seinem Tresen am Empfang, einer Marmorhalle mit einem Bleiglasfenster. An sich ganz schön, aber ohne direktes Licht. Vielleicht war das der Grund, weshalb Roy immer so froh war, wenn jemand vorbeikam, um sich mit ihm zu unterhalten.

«Ich muss da hin. Letztes Jahr war ich auch schon nicht dabei, und das gab monatelanges Gemecker.»

«Wo leben deine Eltern eigentlich?», fragte Cavia.

«In Wantsveld», antwortete Roy angeekelt, als wäre Wantsveld ein Gulag.

«O Gott», sagte Cavia, «ich glaube nicht, dass ich davon jemals gehört habe.»

«Und zu Recht», fand Roy. «Es liegt im Osten. Ich bin da achtzehn Jahre lang schikaniert worden, weil ich schwul bin. Danach bin ich ganz schnell abgehauen.»

«Man hört es bei dir überhaupt nicht, dass du aus dem Osten kommst», sagte Cavia und fragte sich sofort, ob man jemandem so etwas eigentlich sagen durfte. «Nicht, dass das schlimm wäre oder so», fügte sie rasch hinzu. «Ich finde es gerade schön, wenn jemand einen Akzent hat!» Jetzt aber aufhören, ermahnte sie sich.

Roy starrte düster vor sich hin. «Ich habe sehr lange geübt, um den Akzent loszuwerden.»

Cavia kannte Roy nicht in diesem Zustand. «Na, soll ich uns mal einen leckeren doppeltstarken Cappuccino aus dem Automaten zaubern?», fragte sie aufgeräumt.

«Hey! Ja, Schatz, herrlich», sagte Roy. Sein Gesicht hellte sich schon wieder auf.

Cavia ging in die Küchenecke, zapfte zwei Cappuccinos und schüttete aus beiden Bechern ein bisschen Kaffee in den Auffangbehälter. Anschließend drückte sie auf «Espresso» und hielt erst den einen Becher und dann den anderen unter den Strahl. Es war eine milde Form der Verschwendung, und der Auffangbehälter war eher voll, als es strikt notwendig gewesen wäre, doch der Cappuccino wurde dadurch besser. Sie ging zu Roy. «*Einen* Cappuccino doppio für den Herrn aus Wantsveld!», rief sie.

«Oh, Caaf! Du bist unsere persönliche Büro-Barista!», jubelte Roy.

Zufrieden, jemandem eine kleine Freude gemacht zu haben, ging Cavia an ihren Arbeitsplatz. Anne-Bet war nicht da, Stella hatte einen Zahnarzttermin. Es war ein herrlicher Morgen.

Kim kam und brachte Honigwaffeln, und sie bekam ebenfalls von Cavia einen Cappuccino doppio. Um elf Uhr gab es dann noch eine Runde, inklusive Roys. Nach all dem Coffein («Cavi-in!» witzelte Cavia) und dem Zucker jagten sie anschließend in einem Rekordtempo das Mailing zur Tür hinaus.

Stella kam vom Zahnarzt zurück. «Ich weiß nicht, ob es jemand bemerkt hat, aber in der Küche steht eine Kaffeelache», sagte sie. «Ist der Automat etwa kaputt?»

«Vielleicht ist der Auffangbehälter ein bisschen übergelaufen?», vermutete Kim.

Cavia schluckte. «Ich werde mal nachsehen», sagte sie.

Richtig. Der Kaffeeautomat war übergelaufen, und nicht nur ein bisschen. Cavia hockte sich auf den Boden und begann, mit Küchenpapier einen See aus Kaffee und Milch aufzutupfen. Das Küchenpapier wurde zu einer Art Pappmaché, allerdings mit Kaffeegeruch.

Stella schaute noch kurz vorbei, um zu fragen: «Schaffst du das so?» Der Kaffee saß bereits in Cavias Fell.

Am Abend ging Cavia früh zu Bett – es war alles in allem ein langer Tag gewesen. Doch sie konnte nicht einschlafen. Erst nach zwei Stunden wurde ihr klar, warum: Ihr Fell roch noch immer nach Kaffee.

Eisbär

Cavia saß am Schreibtisch und dachte über verschiedene Sorten Nüsse nach und was ihre persönliche Idealmischung wäre. Cashewnüsse ja, dachte sie, aber keine Pistazien. Wohl aber Erdnüsse, obwohl es sich bei ihnen streng genommen nicht um Nüsse handelte.

Roy kam herein. Als Rezeptionist hatte er natürlich eigentlich als Erster da zu sein, doch das gelang ihm eher selten. Roy glaubte nicht an Wecker.

«Hi, Roy», sagte Cavia. «Und, ein nettes Familienwochenende gehabt?»

Roy setzte sich gleich zu ihr auf den Rand ihres Schreibtisches. «Wo soll ich anfangen?», seufzte er. Cavia erinnerte sich an frühere Berichte über die Wochenenden von Roy und sagte: «Na, gib mir mal die Kurzfassung.»

Roy lachte. «Lass es mich so sagen: Das Familienwochenende hat ein unerwartetes Nachspiel gehabt, denn ich bin noch mit dem Inhaber des Partysaals losgezogen! Und das war ein Eisbär!»

«Ein Eisbär?»

«Ja, er ist ein untersetzter Mann mit grauem oder besser: weißem Haar. Ich wollte das gern mal ausprobieren.»

«O Gott», sagte Cavia. «Wie speziell! Und, bist du verliebt?»

«Jetzt komm mal runter! Nein! Aber ich kann dir sagen, dass ich vorläufig nicht auf einem Barhocker sitzen kann, denn sonst sinke ich ein.»

Roy war ein Schatz, fand Cavia, doch man durfte ihn auf keinen Fall zur Offenherzigkeit einladen, denn dann bildeten solche Äußerungen nur die Spitze des Eisbergs. Sie beschloss, das Thema auf eine allgemeinere Ebene zu heben.

«Sag mal, gibt es in der Schwulenszene eigentlich auch Meerschweinchen?»

Roy zog ein angewidertes Gesicht und sagte: «Na ja, wenn es sie gibt, möchte ich sie nicht kennen. Dieses Gefummel.»

Er sah Cavias Miene sich verdüstern und erschrak. «Sorry, Liebes, so war es nicht gemeint. Du bist etwas ganz Tolles.»

«Ja, nein, gut», sagte Cavia.

Roy nahm sie in den Arm und drückte sie ganz fest. «Du bist ein Spitzenmeerschweinchen.»

Cavia sah zur Decke mit den eingehängten Platten. Eine der Leuchtstoffröhren flackerte.

Open Source

Cavia war mit einem heiteren Gefühl erwacht und nahm sich vor, diesen Donnerstag einmal googelnd zu verbringen. Manchmal wurde in der Abteilung Kommunikation hart gearbeitet, aber wenn sie ehrlich war, kam das nur sehr, sehr selten vor. Sie trödelte auf dem Weg zur Arbeit, weil sie es nicht lassen konnte, noch kurz in das Schreibwarengeschäft zu gehen, das sie mit zehn Briefumschlägen und einem schönen Filzstift verließ, der silbern schrieb.

Als sie schließlich das Großraumbüro betrat, merkte sie sofort, dass etwas im Gange war. Stella lief auf High Heels und im Kostüm herum und strahlte Autorität aus. «Kommt, Leute, jetzt aber mal all die dreckigen Tassen in die Küche, das geht so wirklich nicht.»

«Warum ist sie so in Panik», fragte Cavia Kim.

«Wir haben heute den Workshop», antwortete Kim gehetzt.

Ach ja, der Workshop. Den hatte Stella organisiert.

Um halb zehn betrat ein nicht unattraktiver Mann die Abteilung. Stella ging auf ihn zu. «Wie schön, dass du da bist, Adam.» Sie rieb sich fast an ihm. «Die Stühle in einen Kreis!», raunzte sie im nächsten Atemzug Cavia an.

«Man kann es ihnen hundertmal sagen», sagte Stella lächelnd zu dem Mann, der Adam hieß, «aber es nützt nichts.»

Cavia schob ein paar Stühle zusammen, und so saßen sie kurze Zeit später allesamt in einem Kreis. Cavia blickte sehnsüchtig zu ihrem Schreibtisch hinüber. Der Silberfilzstift, der dort lag, glänzte sie an.

«Erst mal hallo», sagte Adam. «Mein Name ist Adam van den Berg, und ich habe in der Vergangenheit alles, aber auch wirklich alles falsch gemacht, was Zeitmanagement betrifft. Ich bin buchstäblich auf dem Zahnfleisch gekrochen und habe – ich kann es besser gleich zugeben – ein Burnout gehabt.»

Aber daraus ist er natürlich gestärkt hervorgegangen, dachte Cavia.

«Aber ich bin gestärkt daraus hervorgegangen und habe beschlossen, mein Wissen – denn das ist es: Wissen – mit anderen zu teilen. Ich bin total *open source* geworden, und daran glaube ich absolut.»

Cavia versuchte, Augenkontakt zu Roy aufzunehmen, doch der sah über ihren Kopf hinweg aus dem Fenster.

«Ich will eure Finger sehen», sagte Adam. «Wer von euch surft schon mal länger als eine Stunde am Stück im Internet herum?»

Cavia wollte schon ihre Pfote heben, bemerkte aber, dass Stella spähend in die Runde blickte. In Anwesenheit von Human Resources konnte man besser nicht allzu ehrlich sein.

Mottos

Der Workshop «Zeitmanagement» ging dem Ende zu. Alles in allem hatte er vier Stunden gedauert, doch jetzt hatte Cavia wenigstens ein Poster mit ihrem Motto darauf. Erst hatte sie sich gesträubt und Adam erklärt: «Ich glaube, dass ich nicht so an Mottos glaube.»

«Das macht nichts», hatte Adam geantwortet, «wenn du nur was aufschreibst. Denn irgendwo steckt dann doch eine Wahrheit darin. Deine Wahrheit.»

Stella hatte «Gemeinsam packen wir es an!» geschrieben, bei Kim stand: «Leben heißt wagen.» Cavia hatte eine halbe Stunde lang dagesessen und geseufzt und schließlich geschrieben: «Jeder hat ein Talent.» Das fand Adam toll. «Siehst du?», sagte er. «Das ist also deine Wahrheit!»

Als alle ihr Motto vorgelesen hatten, ergriff Adam wieder das Wort. «Ich finde, ihr seid eine ganz besondere, eine schöne Gruppe. Wirklich sehr schön. Ganz viele starke Mottos. Und jetzt werden wir diese Mottos», er klatschte in die Hände, «miteinander verlinken. Nehmt also einen Zettel und schreibt eine Nachricht an jemanden in der Gruppe. Denn nur, wenn man füreinander Mitgefühl aufbringt, kommt man gemeinsam weiter!»

Cavia entschied sich diesmal für ein einfaches Vorgehen und schrieb schnell einen Zettel für Roy, auf dem stand: «Du strahlst irgendwie so positive Energie aus.» Sie hoffte, er würde die Ironie verstehen. Sie selbst bekam einen Zettel von Stella. «Stell dir vor, dass es nur halb volle Gläser gäbe!!!» stand darauf. Cavia deutete es als einen Angriff.

Danach machte Adam sich davon, und Cavia konnte es sich wieder an ihrem Schreibtisch mit dem neuen Silberfilzstift gemütlich machen. Sie fragte sich, ob im Workshop überhaupt etwas zur Sprache gekommen war, das mit Zeitmanagement zu tun hatte. Sie glaubte es eigentlich nicht.

Roy kam auf sie zu und sagte, mit Tränen in den Augen: «Danke, Caaf.»

«Gern geschehen», antwortete Cavia.

Eingriff

Cavia erzählte, dass sie sich Freitag einen Tag frei nehmen würde, um ins Krankenhaus zu gehen und dort einen kleinen Eingriff vornehmen zu lassen. «Nichts Schlimmes!», rief sie noch hinterher.

Eine Darmspiegelung war nichts, für das man sich schämen musste, außer dass man sich in Grund und Boden schämte.

«Geht es denn?», mailte Kim, und Cavia mailte ein «Ja, klar» zurück.

Am Nachmittag, nach dem Mittagessen, stockte das Gespräch plötzlich, als Cavia hereinkam. Kim schaute schuldbewusst drein, und alle schienen zu dem Schluss gekommen zu sein, dass Cavia schwer krank war.

So etwas konnte man ärgerlich finden, doch Cavia beschloss zur Abwechslung, das Glas halb voll sein zu lassen und die Sympathien, die ihr zuteilwurden, bis zur Neige auszukosten. Man holte Pralinés und *wirklich* leckeren Kaffee aus der Kaffeebar um die Ecke.

So wurde daraus mit einem Mal ein gemütlicher Nachmittag – bis Stella anfing, von ihrer Tante zu erzählen, die sich ein Krankenhausbakterium eingefangen hatte und «innerhalb von fünfundsechzig Stunden» gestorben war. «Man geht gesund ins Krankenhaus rein und wird mit den Füßen voran wieder rausgetragen», schloss Stella. «Wegen einer einzigen Streptokokke.» Sie merkte nicht, dass die anderen sie mit stechenden Blicken ansahen.

Am Freitag ging Cavia von der Bushaltestelle zum Krankenhaus. Es war kalt, und es begann leicht zu schneien. Was wäre, wenn sie sich auch Streptokokken einfangen würde? Das konnte gut passieren. Mücken hatten es ja auch immer auf sie abgesehen. Cavia versuchte, das Leben nun, da sie es noch hatte, etwas mehr zu schätzen. Doch das gelang nur mäßig.

Obstipation

Cavia saß in einem kleinen Raum bei der Arzthelferin, die für die Darmspiegelung zuständig war. An der Wand hingen Zeichnungen des Magen-Darm-Trakts. Cavia sah aus dem Fenster. «Immer wieder schön, so eine weiße Welt», sagte sie, um entspannt zu wirken. Sie zeigte auf den vorsichtigen, kleinen Schneeschauer, der eingesetzt hatte.

«Na ja!», sagte die Arzthelferin und nahm einen Fragebogen.

«Sprechen Sie Deutsch?», fragte sie und antwortete selbst: «Ja, denn Sie haben gerade was gesagt.» Sie trug ein «Ja» in den Fragebogen ein.

«Haben Sie sonst noch irgendwelche Beschwerden?»

«Na ja, Beschwerden», antwortete Cavia. «Also ich habe manchmal ein bisschen Probleme mit Verstopfung, also Konstipation.»

«Konstipation oder Obstipation?», fragte die Arzthelferin.

«Was ist denn der Unterschied?»

«Obstipation ist harter Stuhl.»

«Oh. Dann habe ich Obstipation», sagte Cavia.

«Ob ... sti ...pa ... ti ... on ...» Die Arzthelferin sprach mit, während sie schrieb.

«Aber was ist dann Konstipation?», fragte Cavia. «Nur rein aus Interesse.»

«Oh», sagte die Arzthelferin aufgeräumt, «von Konstipation sprechen wir gar nicht mehr.»

Als der Fragebogen ausgefüllt war, musste sich Cavia auf die Waage stellen. Es zeigte sich, dass sie sehr viel schwerer war, als sie in den zurückliegenden fünf Jahren angenommen hatte.

«Sind Sie nervös, wenn Sie daran denken, was gleich passieren wird?», fragte die Arzthelferin.

Cavia musste an Stellas Tante denken. «Ich habe ein bisschen Angst vor Streptokokken», gestand sie. «oder ist das Unfug?»

Die Arzthelferin seufzte. «Davor haben fast alle Angst, obwohl: Es geht, um es einmal so zu sagen, neunundneunzig Male gut und ein Mal nicht.»

Cavia fand eine einprozentige Chance auf Streptokokken nicht so beruhigend, doch sie beschloss, besser keine Diskussion anzufangen.

Gruppenumarmung

Nach dem Eingriff durfte Cavia den ganzen Tag zu Hause bleiben und sich Serien anschauen, und auch am Wochenende tat sie so wenig wie möglich. Keine Streptokokke hatte ihren Weg gekreuzt, und diese Tatsache allein war schon Grund genug für eine festliche Stimmung. Deshalb ging sie Sonntagmorgen nach draußen, um gesellig mit sich selbst einen Kaffee zu trinken. Doch die Kaffeebar war geschlossen. Die Kneipe neben dem Schreibwarengeschäft war zwar geöffnet, aber dort saßen zwei alte Männer über ihrem Genever und starrten mit leerem Blick auf die Straße, wie bei einer Anti-Alkohol-Reklame – oder einer gegen das Altern oder das Leben an sich. Cavia sah es als ein Zeichen, dass sie sich zu Hause auf der Couch eine neue Serie anschauen sollte.

Am Montag ging sie wieder normal zur Arbeit. Dort schien sich niemand daran zu erinnern, dass sie im Krankenhaus gewesen war, und Cavia ertappte sich dabei, dass sie jedes Mal absichtlich stöhnte, wenn sie aufstand. Keiner fragte sie, was ihr fehle, nur Stella bemerkte, angeblich aus heiterem Himmel: «Du weißt, dass der Verfall einsetzt, wenn man anfängt zu seufzen und zu stöhnen?»

Cavia beschloss, damit dann halt wieder aufzuhören. Es gab nun einmal vieles im Leben, das man in Stille zu erdulden hatte.

Zum Mittagessen aß sie eine Frikadelle. «Dabei hatte ich beschlossen, Vegetarierin zu werden», gestand sie Roy.

«Ach, Gottchen, dann werde doch Flexitarierin», sagte Roy großmütig.

Am späten Nachmittag rief die Freundin an, die sie noch von ihrem Studium der Kommunikationswissenschaften kannte. Sie fragte, ob Cavia an diesem Abend auf ihre drei Kinder aufpassen könne, damit sie und ihr Mann mal ein bisschen gemeinsame Zeit verbringen könnten. «Es ist ganz dringend mal nötig», sagte die Freundin leicht panisch, als stünde ihr Mann schon mit den Koffern in der Hand bereit, sie zu verlassen.

«Na, ich würde ja supergern wollen», log Cavia und erinnerte sich an den Silvesterabend, «aber ich schlage mich noch mit diesem Eingriff herum, leider …»

Das verstand ihre Freundin natürlich voll und ganz. Ihr würde schon etwas anderes einfallen. Nein, wirklich, kein Problem.

Als Cavia den Hörer auflegte, kam Roy und gab ihr ein High five. «Da hast du dich ja schön herausgewunden!», sagte er.

«Aber ich hatte wirklich einen Eingriff», murrte Cavia.

Roy drückte sie an sich und sagte: «Weiß ich doch, Schatz.» Dann rief er ganz laut «Gruppenumarmung!», aber niemand stellte sich dazu.

Horizonte

Als Cavia von der Arbeit nach Hause kam, lag dort ein Brief auf der Matte. Von Roger, ihrem Ex. Seufzend setzte Cavia Wasser für den Tee auf – dann kann man besser einen besonderen Moment daraus machen. Sie erlaubte sich selbst, dazu eine Honigwaffel zu essen.

Es war schon zwei Jahre aus zwischen ihnen, trotzdem suchte Roger regelmäßig Kontakt zu Cavia. Manchmal rief er an. Er begann dann mit «Wie geht es dir?», um anschließend von sich zu erzählen. Jetzt war es offenbar Zeit für einen Brief gewesen. Immer, wenn er ihr etwas mitzuteilen hatte, ging es mehr oder weniger um das Folgende: Er sei es zwar gewesen, der Schluss gemacht habe – und dazu stehe er auch «noch immer voll und ganz» –, aber: Er fühle sich dennoch mies dabei, wie das Ganze abgelaufen sei. «Denn irgendwie bin ich einfach ein unglaublicher Blödmann gewesen», schrieb er dieses Mal mannhaft. «Ich hätte erst auf anständige Weise mit dir Schluss machen sollen und erst danach wieder neue Horizonte erkunden.»

«Horizonte», verbesserte Cavia laut.

Es war nicht so, dass sie seine guten Absichten in Zweifel zog, aber sie konnte einfach nicht verstehen, warum sie jedes Mal aufs Neue darüber informiert werden musste, was Roger so alles dachte und fühlte.

In dem Brief kam auch seine neueste Freundin, Juliette, zum Zuge. «Es macht dir doch nichts aus, wenn ich von ihr erzähle, Caaf?»

Für dich immer noch «Cavia», dachte Cavia.

Juliette finde, dass Roger versuchen solle, eine Freundschaftsbeziehung zu Cavia aufzubauen, da es doch unbeschreiblich pubertär sei, keinen Kontakt mehr zu seiner Ex zu haben.

Dann eben pubertär, dachte Cavia, steckte den Brief in den Umschlag zurück, verschloss diesen mit einem Klebestreifen und schrieb, deutlich ihre Handschrift betonend: *Verzogen, zurück an Absender.*

Pubertär, das war ihr klar. Aber hübsch pubertär.

Total normal

Cavia wusste durchaus, dass sie den Brief ihres Ex nicht «zurück an Absender» hätte schicken sollen. So etwas konnte nur zu Problemen führen. Es war ein ruhiger Abteilungsdienstagnachmittag, als sie Roy rufen hörte: «Ich werde mal schauen, ob sie da ist.» Ihr Telefon klingelte. «Cavia, ich habe hier Besuch für dich. Juliette Everdingen.»

Cavia hielt einen Moment den Atem an und versuchte, für

den Fall, dass Roy sein Telefon auf laut gestellt hatte, leise auszuatmen. «Ich komme», sagte sie.

Vor dem Tresen stand eine dürre Frau mit rotem Haar. Sie hatte grüne Augen, aus denen sie Cavia durchdringend ansah. «Ich bin Juliette», sagte sie. «Die Freundin von Roger.»

«Oh, äh, hallo», antwortete Cavia. Dann war es still. Roy beobachtete das Ganze gespannt. Als sie die Uhr ticken hörte, verstand Cavia, dass sie vielleicht noch etwas sagen sollte. «Was kann ich für dich tun?», fragte sie.

«Ich wollte dich einfach mal kurz kennenlernen», sagte Juliette – sie hatte eine ziemlich laute Stimme für eine so dürre Frau. «Denn ich finde es, wenn ich das mal sagen darf, bemerkenswert, dass du und Roger keinen normalen Kontakt miteinander habt. Ich habe zu all meinen Ex-en einen total normalen Kontakt.»

Cavia fragte sich, was «total normal» eigentlich bedeutete. «Ich finde ein wenig Distanz eigentlich ganz angenehm», sagte sie, zögerlicher, als sie es beabsichtigt hatte.

«Oh», sagte Juliette. Sie rührte sich nicht.

Die Uhr tickte wieder.

«Cavia, du kommst zu spät zu deiner Sitzung», sagte Roy.

«Welche Sitzung?», fragte Cavia.

«*Die* Sitzung.» Er sah sie vieldeutig an.

Cavia begriff, dass sie gerade gerettet werden sollte, und Juliette begriff es ebenfalls. «Na, dann gehe ich mal wieder», sagte sie. «Aber schön, dich jetzt mal auf normalem Wege getroffen zu haben.»

«Ja, schön», erwiderte Cavia. «Ich muss jetzt leider zu einer Sitzung.»

«Ja, nein», sagte Juliette. «Ich bin schon weg.» Sie lächelte schmallippig und ging zur Tür.

«Nett, dich getroffen zu haben», rief Cavia ihr hinterher.

Love it

Nach dem Vorfall mit Juliette hatte Cavia beschlossen, ihr Leben fortan zu ihren eigenen Bedingungen zu leben – angefangen mit der Ertrotzung des Frühlings. Zwar steckte der Frost noch im Boden, doch das machte nichts. «Ich habe mir überlegt, am Wochenende mal einen Tag wandern zu gehen», sagte sie während des Mittagessens.

«Oh, wandern! Love it!», rief Roy. «Ich komme mit, okay? Schön frische Luft schnappen! Wer kommt noch mit?»

Er fand mit seiner Frage keinen Anklang. Kim sagte: «Stanleys Eltern aus Curaçao sind hier. Also ...»

Harm-Jan von der IT kam rein. Er versuchte, unbemerkt eine Mappe auf Stellas Schreibtisch zu legen. Alle sahen ihn an, worauf er rot wurde.

«Willst du auch mit?», hörte sich Cavia fragen.

«Wohin?», erkundigte sich Harm-Jan.

«Wandern», sagte Cavia. «Roy und ich werden am Wochenende mal schön an die frische Luft gehen, und wer Lust hat ...»

Harm-Jan schluckte. «Na gut, in Ordnung», sagte er und schob wieder ab.

«Wollte er das auch wirklich?», fragte Kim. «Er sah so unglücklich aus.»

«Aber ich konnte ihn doch auch schlecht *nicht* fragen», sagte Cavia.

«Na, das wäre doch ganz einfach gewesen», warf Stella ein, «denn er hatte gar nicht mitgekriegt, worüber du gesprochen hattest. Aber gut, er ist im Prinzip erwachsen, also könnte man, wenn man wollte, erwarten, dass er etwas ablehnt, wenn er keine Lust darauf hat.»

«Ach Gottchen», sagte Roy relativierend, «auch wenn er es nicht wirklich will, ist es trotzdem gut für ihn. Mal den Wind durch die Härchen streichen lassen!»

Nonnengänse

Es war eine merkwürdige Gesellschaft: Cavia, Roy und Harm-Jan. Sie liefen durch einen Polder – es konnte sich auch um Deichvorland handeln, Cavia hatte sich die Informationstafel zwar angesehen, ihren Inhalt aber nicht wirklich in sich aufgenommen.

Die Wanderung hatte die drei zunächst durch ein postapokalyptisches Naherholungsgebiet voll kleiner, künstlich angelegter Moorseen mit gruselig einsamen Stränden geführt. Cavia zählte unterwegs mindestens drei Vergewaltigertunnel. Roy war anderweitig beschäftigt, er wurde ständig von Freunden angerufen, denen er immer wieder sagte: «Nein, am *Wandern*! ich bin am *Wandern*! Can you believe it? Ich auch nicht!»

Als die Umgebung endlich so wie auf den Schautafeln für den Schulunterricht auszusehen begann, lauschte Cavia bereits einem selbstausgedachten Mantra in ihrem Kopf: «Jeder Schritt ist ein Schritt näher zum Bahnhof hin.» Harm-Jan sagte gar nichts. Vielleicht lauschte er auch einem Mantra.

Sie kamen an einem kleinen Feld vorbei, in dem Gänse mit schwarzen Hälsen im Boden herumstocherten. Es sah hübsch aus. «Sieh mal, Gänse!», sagte sie zu Harm-Jan.

«Nonnengänse, um genau zu sein», korrigierte er sie. «Die kommen aus Spitzbergen und überwintern hier.» Es war das Erste, was er auf ihrer Wanderung bisher gesagt hatte.

«Wow», sagte Cavia. «Du kennst dich ja echt aus.»

«Nein, nicht wirklich. Mein Opa hat versucht, mir das ein oder andere beizubringen. Der hat bei der Staatlichen Forstverwaltung gearbeitet.»

Cavia hatte es nicht erwartet, aber der Rest der Wanderung verlief durchaus gesellig. Roy telefonierte fröhlich in einem fort, und Harm-Jan erzählte von seinen Lieblingsvögeln.

Racker

Es regnete wieder einmal, und wie üblich hatte Cavia ihren Regenschirm vergessen. Mit nassem Fell betrat sie die Abteilung. Stella saß ein Stück von ihr entfernt und zog ihre Wimperntusche nach. Sie sah Cavia von der Seite an, mit einem Blick, als würde sie gerade etwas Unappetitliches kosten. «Demnächst vielleicht einen Poncho mit in die Tasche?», schlug sie vor.

«Ja», antwortete Cavia so lässig wie möglich und setzte sich an die Heizung, um erst einmal schön trocken zu werden. Die Heizung war heiß und roch nach Bürostaub, der langsam geröstet wurde.

Kim kam mit einem gefälligen Pünktchen-Regenschirm herein und rief gleich: «Okay, hier was Komisches! Wisst ihr, was ich gerade gesehen habe? Ich glaube, Rudi ist aus der Straßenbahn gestiegen!»

Rudi? Der Controller, der vor drei Jahren hier weg und zu einer amerikanischen Firma gegangen war? «Sorry, Leute, aber es muss sein, allein schon wegen meines Portemonnaies», hatte er zum Abschied gesagt. Er war eine Stimmungskanone gewesen, wenn auch eine, die dafür sorgte, auf Bürofeiern immer mit einer der Kolleginnen in der Küche zu landen – gleichgültig, ob diese darauf nun wartete oder nicht. Cavia sah zum Fenster hinüber, gegen das noch immer der Regen schlug. Rudi hatte eine Krawattennadel getragen und die Mitarbeiter der Abteilung immer mit «Tag, ihr Racker» begrüßt. Das war so in etwa das Bild, das bei Cavia haften geblieben war.

«Oder vielleicht war es auch nur einer, der Rudi ähnlich sah», schlug Kim vor. «Ein Doppelgänger oder so.»

«Na, das glaube ich nicht», sagte Stella. «Denn Rudi wird Leiter der Finanzen. Kurzfristig, sprich: ab heute.»

«Warum?», fragte Cavia. «Was ist denn verkehrt an Anne-Bet?» Aber dann erinnerte sie sich an den Hund mit den Nierensteinen.

«Was an Anne-Bet verkehrt ist? Anne-Bet ist verkehrt an Anne-Bet», antwortete Stella. «Ich glaube, dass Rudi auf jeden Fall mit einem ganz frischen Blick auf die Effizienz bestimmter Abteilungen und Mitarbeiter in der Firma schauen wird.»

Bei «bestimmter» sah sie Cavia an.

Da ging die Tür auf. «Tag, ihr Racker!», ertönte es.

Rudi

Jeder hatte seine Unterschrift auf eine Karte für Anne-Bet gesetzt, und man hatte, bezahlt aus der Freud-und-Leid-Kasse, einen gigantischen Blumenstrauß besorgt. «Haken dran. Es lässt sich ja doch nicht mehr ändern», hatte Stella aufgeräumt gesagt, und somit war Rudi Leiter der Finanzen.

Seither arbeitete Cavia härter. Nicht, dass Rudi darum gebeten hätte, aber er schien alles im Blick zu haben. Als er erst drei Tage da war, hatte er während des Mittagessens ziemlich laut gesagt: «Na, ich sehe es so: Wer für sechsunddreißig Stunden bezahlt wird, muss auch sechsunddreißig Stunden arbeiten. Ja, darin bin ich vielleicht ziemlich schlicht gestrickt!» Er war auf eine joviale Art drohend.

Am Dienstag kam Harm-Jan von oben aus der IT-Abteilung, um einen USB-Stick mit fünftausend Vogelgeräuschen bei Cavia auf den Schreibtisch zu legen. Noch bevor er wieder ganz zur Tür hinaus war, fragte Rudi: «Wer war das?»

«Harm-Jan», sagte Cavia so leise wie möglich.

«Harm-Jan? Der Typ mit dem Tamagotchi? Mensch, dass der hier noch arbeitet.»

Cavia hatte Angst, dass Harm-Jan es gehört haben könnte. «Sein Tamagotchi ist übrigens nicht mehr», sagte Cavia und hasste sich sofort dafür, dass es schelmischer geklungen hatte, als es gemeint gewesen war.

«Na, dann ist Harm-Jan dem Erwachsenwerden einen Schritt näher gekommen», entgegnete Rudi.

Am Ende des Tages stand Rudi plötzlich hinter ihr. Cavia war froh, dass sie nicht gerade in dem Moment damit beschäftigt war, Krankheitssymptome zu googeln.

«Kennst du Juliette Everdingen?», fragte er ohne irgendeine Einleitung.

«Na ja, kennen ...», sagte Cavia, während sie rasch versuchte, zu erraten, welche Richtung das Gespräch nehmen würde, «sie ist die neue Freundin von meinem Ex.»

«Genau!», sagte Rudi, als hätte sie eine Quizfrage richtig beantwortet. «Und diese Juliette ist nun wiederum zufällig *meine* Nachbarin.» Er sah sie mit einem «Und jetzt kommst du»-Blick an.

«Ach Gott», sagte Cavia, «da sieht man's mal wieder.»

«Nette Frau, diese Juliette», sagte Rudi sinnierend. «Sie ist buchstäblich und im übertragenen Sinn das Mädchen von nebenan, aber sie hat auch etwas Mysteriöses.» Er sah Cavia an. «Oder findest du es nicht schön, das zu hören?»

Seufzer

Das Telefon klingelte. Nachdem es viermal geläutet hatte, beschloss Cavia, den Hörer abzunehmen. «Kommunikation», sagte sie so sachlich wie möglich.

Am anderen Ende der Leitung hörte man einen Seufzer.

«Hallo?», fragte Cavia.

«Ja, hallo», sagte eine flache Stimme, «Anne-Bet hier.»

«Hey, Anne-Bet!», rief Cavia, mit mehr Begeisterung, als sie sie jemals hätte aufbringen können, solange Anne-Bet noch bei ihnen gearbeitet hatte.

«Ich dachte, ich ruf mal an. Um zu erzählen, wie es so geht», fuhr Anne-Bet fort.

«Ja, schön!», sagte Cavia.

Nun ja, schön sei es nicht, berichtete Anne-Bet, denn mit dem kranken Hund zu Hause sei es ihr unmöglich, eine neue Stelle zu suchen. «Ich hätte gern auf dem Kinderbauernhof angefangen», erzählte Anne-Bet, «aber da nehmen sie nur Leute mit einer geistigen Behinderung, und es ist im Übrigen unbezahlt.»

«Ja, das hilft dir nicht weiter», pflichtete ihr Cavia bei. Sie sah Rudi hereinkommen.

«Und ich habe versucht, Arbeitslosengeld zu beantragen, aber dann wollen sie, dass ich Bewerbungen schreibe ... Aber wie alt bin ich denn inzwischen? Fünfundfünfzig.»

«Hm, hm», sagte Cavia und machte zum Schein ein paar Notizen, damit Rudi denken sollte, dass sie ein geschäftliches Telefonat führe.

«Zum Glück habe ich noch meinen Chor», sagte Anne-Bet.

Rudi sah Cavia kritisch an, zeigte auf seine Armbanduhr und sagte laut: «Sitzung!»

«Äh», unterbrach Cavia Anne-Bet, «ich muss jetzt leider kurz in eine Sitzung ...»

«Oh, okay, ja», sagte Anne-Bet, «du hast natürlich Wichtigeres zu tun. Geh ruhig. Dann werde ich eben ...» Rudi beobachtete Cavia immer noch.

«Ich muss jetzt wirklich aufhören. Wir reden bald weiter», sagte Cavia und legte auf.

Nun würde sie Anne-Bet zu einem späteren Zeitpunkt zurückrufen müssen.

Etwas Schönes

Als Cavia aufwachte, wusste sie für einen Moment nicht, welcher Wochentag gerade war. Samstag? Nach langem Nachdenken fiel ihr ein, dass es Donnerstag sein musste. Woher kam bloß dieses Wochenendgefühl? Sie fühlte sich leicht und unbeschwert.

«Heute wird etwas Schönes passieren», sagte sie laut und streckte sich.

Ihre Kollegin Kim hatte ihr beigebracht, Sachen laut zu sagen, dann würden sie tatsächlich passieren. «Du musst das Universum darum bitten», hatte sie gesagt. Kim selbst stand beispielsweise jeden Morgen vor dem Spiegel und sagte sich mit lauter Stimme: «Ich will eine berühmte Sängerin werden. Ich will eine berühmte Sängerin werden. Ich will eine berühmte Sängerin werden.» Danach arbeitete sie den ganzen Tag in der Abteilung Kommunikation.

Im Vorgriff auf das Schöne, das geschehen würde, stand Cavia schnell auf und beschloss, unterwegs in der Kaffeebar um die Ecke einen teuren Kaffee zu trinken – und dazu ein Zimtcroissant zu essen!

Mit Schwung betrat Cavia die Abteilung und warf ihren Mantel über einen Stuhl.

«Ein Trenchcoat?», fragte Stella von Human Resources.

«Ja», sagte Cavia, «auch wenn ich keine Taille habe.» Dieses eine Mal war sie Stella zuvorgekommen. Danach machte sie sich in aller Ruhe an eine Mailingaktion, für die sie noch jede Menge Zeit hatte.

Um fünf Uhr war noch immer nichts Schönes passiert. Kurz

bevor Cavia ihren Computer herunterfahren wollte, traf eine E-Mail ein. Von Roger, ihrem Ex.

Nicht schon wieder, dachte Cavia. Sie klickte zweimal, und die Mail öffnete sich.

Diesmal keine Lawine aus Selbstvorwürfen. Juliette Everdingen und Roger Groen hatten das Vergnügen, sie zu ihrer Hochzeit einzuladen. Die definitive Einladung werde noch folgen, doch dies sei schon mal ein *Save the date*.

Es war deutlich: Roger hielt sich nicht länger für einen Blödmann.

Cavia trottete in ihrem Trenchcoat wieder nach Hause. Es dauerte eine Weile, bis ihr bewusst wurde, dass heute tatsächlich etwas Schönes passiert war. Nur nicht für sie.

Fell

Cavia hatte schlecht geschlafen, da sie unbedingt von Juliette hatte träumen müssen. In diesem Traum hatte Juliette sie herzhaft umarmt und gesagt: «Ich bin ja so froh, dass du auch so herrlich körperlich bist!»

Aber ich bin überhaupt nicht herrlich körperlich, hatte Cavia gedacht. Nicht einmal in ihrem Traum hatte sie Juliette enttäuschen wollen und versucht, sich behutsam aus ihrer Umarmung zu lösen. «Ich muss kurz zur Toilette», hatte sie gesagt und war von ihrer eigenen Stimme wach geworden.

Es war schon viel zu spät. So schnell sie konnte, stand sie auf und verließ mit einem Erdnussbuttersandwich das Haus.

Im Büro angekommen, ging sie erst einmal in die Toilette, um zu überprüfen, ob sie Krümel im Fell hatte. Es war halb so schlimm. Allerdings sah sie, dass ihr Haar derart zerzaust war, dass es schon nicht mehr die Bezeichnung *Out of Bed*-Look verdiente – vor allem, weil dieser Look sich über den gesamten Rücken zog. Sie versuchte, das Durcheinander an Haaren so anzuordnen, dass es symmetrisch zerzaust aussah, um den Anschein zu erwecken, es sei Absicht. Es war nicht immer einfach, ein Meerschweinchen zu sein.

Als sie endlich ihr Entree gab, rief Rudi sogleich in anklagendem Ton: «Mahlzeit!»

«Sorry», murmelte Cavia.

Sie fing den Tag damit an, alte Mails aus dem Eingangsordner zu löschen. Derzeit enthielt er neunhundert Nachrichten – was zu viel war. Es gab ein System, das sie befolgen musste, um stets einen leeren Eingangsordner zu haben, aber wie dieses System funktionierte, wusste Cavia nicht mehr. Als sie ihren Posteingang auf siebenhundertfünfzig Mails reduziert hatte, überlegte sie, dass sie sich in ihrem Traum viel zu sozialkonform verhalten hatte, auch gerade wieder Rudi gegenüber. Das sollte sich jetzt ändern.

«Rudi?», flötete sie.

«Jaha?», antwortete er, ihre Stimme imitierend.

«Ich bin heute etwas später gekommen, weil ich zu Hause ein paar neue Ideen für die Kommunikationsabteilung ausgearbeitet habe.»

Rudi sah nicht auf.

«Einsparideen», fügte sie hinzu. Und richtig: Er schaute sie an.

«Na, Cavia, was du für eine Initiative entwickelst! Ich würde sagen: Kurz vor Feierabend mal darüber reden!»

Ui.

Ideen

Cavia mailte ihrer Kollegin Kim: «Es gibt ein Problem. Ich habe angeblich Einsparideen für unsere Abteilung, die ich aber nicht habe. Hast du vielleicht welche? Etwas mit Sparen an Briefmarken?»

Kim mailte ihr fast gleichzeitig zurück: «Ich fürchte, wenn wir über Einsparungen reden, wird Rudi als Erstes sagen, dass er mich entlassen möchte. Also: nein.»

Cavia antwortete: «Oh, tut mir leid! So hatte ich es noch gar nicht betrachtet. Aber ich bin mir fast sicher, dass er dann eher mich als dich entlassen möchte.»

Jetzt wurde Cavia selbst auch nervös. Sie googelte «Einsparungen UND Kommunikation» und stieß auf Tipps wie: «Binden Sie alle Gliederungen Ihrer Organisation in den Prozess ein und bitten Sie jeden um Ideen und Input für einen intelligenteren und kostengünstigeren Kommunikations-Flow.»

Den Rest des Tages verbrachte Cavia damit, zu hoffen, dass Rudi sie vergessen möge. Doch um halb fünf sagte er: «Cavia! Jetzt mal kurz in den Sitzungsraum?»

Als sie sich auf den lederbezogenen Sitzungsstuhl setzte, spürte Cavia sofort, wie sie durch ihr Fell hindurch schwitzte. Sie hoffte, dass man es nicht riechen konnte. Rudi setzte sich ihr gegenüber und sagte: «Ich höre.»

Im Fernsehen würde man jetzt das Zirpen einer Grille daruntermontieren, dachte Cavia.

Rudi tickte mit seinem Stift auf die Tischplatte.

Cavia räusperte sich und sagte: «Ich glaube, dass es praktisch wäre, wenn wir jeden Einzelnen hier um Input für einen intelligenteren und kostengünstigeren Kommunikations-Flow bitten würden. Damit der Kommunikations-Flow, sagen wir mal, intelligenter und kostengünstiger wird.»

«Sozusagen eine Ideenbörse?»

Cavia nickte. «Ja, aber eine Ideenbörse zwei Punkt null, gewissermaßen.»

«Hm», sagte Rudi. «Okay, why not. Und was noch?»

«An Briefmarken sparen?», versuchte es Cavia. «Durch, äh, den Einsatz sozialer Medien?»

«Richtig», sagte Rudi, «soziale Medien. So rum wird ein Schuh daraus.»

Cavia atmete leise aus.

Barmherzigkeit

Nachdem Cavia sich mit ihrer Bemerkung über die sozialen Medien bei Rudi selbst ins Fadenkreuz manövriert hatte, fürchtete sie, dass sie nun im Namen der Abteilung Kommunikation anfangen müsste zu twittern. Das war aber nicht der Fall: Kim musste ran.

Kim fand es auch eigentlich ganz interessant und rief jetzt den ganzen Tag über Dinge wie «Hashtag trau dich zu fragen». Ihre Mails waren übrigens plötzlich auch voll mit Hashtags. Cavia sagte nichts dazu, froh darüber, dass sie nun in aller Ruhe ihre Schublade mit den Büroklammern und den Heftzwecken aufräumen konnte, ohne alle Welt darüber informieren zu müssen.

Da die Sonne schien, beschloss Cavia in einem Anfall von Barmherzigkeit, Anne-Bet anzurufen. Oder eigentlich war es eher aus Schuldgefühl, wenn sie ehrlich war.

Als Rudi in der Mittagspause war, griff Cavia zum Telefon und tippte Anne-Bets Nummer ein.

Es klingelte nur ein Mal: «Anne-Bet Roeselman hier.»

«Hi, Anne-Bet, ich bin's, Cavia. Als wenn du darauf gewartet hättest.»

«Ja, ich sitze neben dem Telefon», sagte Anne-Bet, «falls mal jemand anruft.» Anne-Bet war nicht der Typ, der den Schein wahrte.

«Hey, wie geht es dir jetzt?», versuchte Cavia heiter zu beginnen.

«Wie es mir geht?», wiederholte Anne-Bet. «Ich weiß nicht, wie es dir gehen würde, wenn du zu Hause sitzen müsstest und dein Hund Nierensteine hätte.»

«Ach, noch immer?», fragte Cavia so mitfühlend wie möglich. «Kann man dagegen etwas tun? Cranberrysaft geben oder so?»

Anne-Bet lachte verächtlich. «Wenn man einem Hund Cranberrysaft gibt, stirbt er. Zumindest auf längere Sicht.» Dann war es eine Weile still.

«Soll ich vielleicht mal vorbeikommen?», fragte Cavia. «Nur so zum Vergnügen?»

«Ja, ist gut», sagte Anne-Bet.

Vorbeikommen

Es war Samstag, und Cavia lief durch das Viertel, in dem Anne-Bet wohnte. «Ich wusste gar nicht, dass du so dicke mit ihr bist», hatte Kim am Freitag noch gesagt. «Das bin ich auch nicht», hatte Cavia geantwortet, «aber ich finde es traurig, dass sie allein zu Hause sitzt.»

Cavia hatte sich an diesem Morgen über ihre Abneigung gegen Tierhandlungen hinweggesetzt und einen Beißknochen für Anne-Bets Hund gekauft, den Hund mit den Nierensteinen.

Anne-Bets Haus stand in einem Innenhof, in dem nur Frauen wohnen durften. Das hatte etwas Fatalistisches, doch andererseits herrschte hier eine ungeheure Ruhe, und die Rabatte in der Mitte des Hofs hatte durch ihre Gepflegtheit fast etwas Britisches.

Cavia schellte, und sofort begann der Hund mit den Nierensteinen zu bellen. Es war ein tiefes Bellen. Sie hörte Anne-Bet «Still jetzt!» rufen, dann ging die Tür auf.

«Hi», sagte Anne-Bet. «Na, du bist die Erste, die sich die Mühe macht vorbeizukommen.»

Cavia hielt den Beißknochen feierlich in die Höhe. Der Hund begann sofort zu zittern, und Anne-Bet packte ihn am Halsband. «Steck ihn lieber ein», sagte sie, «sonst muss ich den Hund gleich von dir herunterziehen.»

Erschrocken steckte Cavia den Beißknochen wieder in die Tasche. Danach durfte sie eintreten, wobei sie sich an dem Hund, der sich zitternd an ihrer Tasche rieb, vorbeizwängen musste.

«Na, musst du mal eben schnüffeln?», fragte Cavia in der Hoffnung, dass sie nach einer Hundeliebhaberin klang.

«Kaffee?», fragte Anne-Bet.

Kurze Zeit später saßen sie auf der winzigen Rattancouch im Wohnzimmer.

Cavia hielt mit Seitenblicken den Hund in Schach – der seinerseits wiederum sie in Schach hielt. An der Wand hing eine riesige, dunkelbraune Pendeluhr, die den Raum klein machte.

«Eine schöne Uhr. Friesisch?» fragte Cavia.

«Ja, ich bin damit sogar mal im Fernsehen gewesen, bei *Zwischen Kunst und Kitsch*.»

«Wow», sagte Cavia.

«Aber sie war nichts wert», seufzte Anne-Bet.

Champignons

Das Grün der Platane vor dem Fenster machte Cavia ein wenig traurig. Ein neuer Frühling, aber noch immer hatte sich in ihrem Leben nichts geändert. Um auf andere Gedanken zu kommen, holte sie Kaffee.

«Hast du es schwer?», fragte Roy.

«Ja», sagte Cavia zerstreut.

«Du musst mal ein bisschen daten gehen.»

«Na, wer weiß», sagte Cavia sarkastisch.

«Ja?», rief Roy hoffnungsvoll. «Soll ich dir helfen? Mal auf einer Datingsite ein Profil für dich anlegen?»

«Nein, vielen Dank», sagte Cavia.

Sie erinnerte sich an einen Test, den sie einmal ausgefüllt hatte und in dem es um ihre Interessen gegangen war. Der Test hatte ergeben, dass sie «etwas mit Menschen» machen müsste. Sie wusste nicht, wie um alles in der Welt das dabei hatte herauskommen können – wahrscheinlich, weil der gesamte Test aus Fragen bestanden hatte, die nur zwei Antworten zuließen. «Was willst du lieber werden: Champignonzüchterin oder Pfarrerin?» Cavia begann zu vermuten, dass sie heute in der Kommunikationsbranche arbeitete, weil sie seinerzeit eine Aversion gegen die Champignonzucht gehabt hatte.

Bergschweinchen

Der Frühling war kaum angebrochen, als es im Büro auch schon um die Sommerferien ging. Cavia hatte darüber noch gar nicht nachgedacht. «Und du? Was machst du?», fragte sie Kim.

«Wir müssen nach Curaçao, zu Stanleys Eltern», antwortete diese.

«Na! *Müssen*!», rief Rudi durch das gesamte Großraumbüro. «Madam *muss* nach Curaçao! Wie schlimm! Manche Leute müssen zum Campen ins Sauerland!»

Kim errötete und sagte: «Ja, nein. Aber es ist eher so, dass wir dann vierundzwanzig Stunden am Tag mit Familienangelegenheiten beschäftigt sind.»

«Ha ha!», rief Rudi so laut wie möglich.

Kim ignorierte ihn und fragte: «Und was machst du, Caaf?»

«Ich weiß noch nicht. Vielleicht eine Gruppenwandertour oder so? In die Berge?»

«Vielleicht triffst du da ja noch auf ein nettes Bergschweinchen!», rief Rudi.

«Rudi! Das ist nicht schön, was du da sagst», reagierte Kim, sehr viel heftiger, als sie es normalerweise tat.

«Oh, Entschuldigung», rief Rudi wieder, «ich wusste nicht, dass ihr gerade eure Tage habt.»

Cavia mailte Kim: «Danke.»

Sie bekam umgehend eine Antwort: «Rudi ist ein Idiot, aber letztlich ist er auch nur ein Opfer.» Kim hatte einen Kurs besucht.

Gegen Abend, als Cavia gerade als Letzte ihren Computer herunterfuhr, kam Stella zu ihr. «Da du keine Kinder hast, wollte ich dich eigentlich bitten, erst im September Urlaub zu nehmen.»

«Oh» sagte Cavia, «aber ...»

Tja, was konnte sie eigentlich dagegen haben? Es würden dadurch bestimmt keine großen Pläne ins Wanken geraten. «Aber Kim hat doch auch keine Kinder?», versuchte sie es noch.

«Ja, aber ihr Freund schon, sie *muss* also in den Schulferien los.»

«Oh», sagte Cavia erneut. Sie sah sich bereits einen langen, trägen Sommer über im Büro sitzen, dabei einer tickenden Uhr lauschend.

Stella hatte offenbar ihre Gedanken erraten und sagte aufgeräumt: «Ach komm schon, im September ist doch auch alles viel billiger! Da bist du allein mit einem Haufen Senioren in einem All-inclusive-Hotel! In der Türkei! Ist doch toll, oder?»

Myome

Cavia glaubte, sie wäre die Erste, als sie morgens die Abteilung betreten wollte, doch hinter der Tür hörte sie bereits jemanden telefonieren.

«Ja, nein, Mensch!», hörte sie die Person in resolutem Ton sagen. «Nein, bist du denn verrückt? Natürlich nicht! Alle haben sie ein Uterusmyom … Na ja, vielleicht nicht alle, aber fast alle. Die meisten wissen nicht mal, dass sie eins haben … Ja, klar! Bist du verrückt? Ich habe auch ein Uterusmyom, das darf man ruhig wissen!»

Cavia zweifelte, ob sie weiter lauschen sollte. Aber nun ja, nicht zu lauschen war fast nicht möglich. Die telefonierende Person hatte eine ziemlich durchdringende Stimme. Vorsichtig lugte Cavia in den Raum. Eine rotgelockte Frau saß mit einer Gesäßhälfte auf Kims Schreibtisch.

«Ja, der Doktor hat gesagt: ‹Man kann es von außen fühlen!› Und ich dachte die ganze Zeit, dass das von der Verstopfung kommen würde! *So* einen Huckel!» Die Frau lachte herzhaft. «Henk sagte auch schon: ‹Ich kann vor lauter Myom die Frau nicht mehr fühlen.› Ja, ha ha … Na, genug geklagt! Ich muss was tun! Ja, sicher! Tschüss, Liebling, Kopf hoch!» Sie legte lachend den Hörer auf.

Cavia beschloss, dass dies der richtige Moment war, hereinzukommen. So laut wie möglich machte sie die Tür auf.

«Hallo!», rief die Frau mit dem Uterusmyom sofort. «Du musst Cavia sein!»

«Ja», antwortete Cavia.

«Ich heiße Marja!», rief die Frau. «Ich war im Lager, aber jetzt habe ich Rücken, darum werde ich eine Weile hier arbeiten!»

«Ach Gott, o je», entfuhr es Cavia.

«Nur solange es nötig ist!», rief Marja beruhigend. «Kaffee? Tee?»

Marja

Marja war eine Frau, an die man sich gewöhnen musste, denn sie hatte eine ziemlich laute Stimme. Dadurch hörte sich alles sehr dringend an, auch wenn es das nicht war.

Man hatte für Marja einen vorübergehenden Arbeitsplatz am Druckertisch geschaffen, der in einer Ecke des Großraumbüros stand – aber leider in der Ecke, in der auch Cavia saß.

«Hat einer die Nummer des Mutterkonzerns?», rief Marja ein paarmal am Tag, um jedes Mal hinzuzufügen: «Ach Gott! Ich Dummerchen! Die habe ich hier auf dem Zettel stehen!»

Es half auch nichts, dass Cavia zufällig aufgeschnappt hatte, dass Marja ein Uterusmyom hatte. Das konnte man niemandem ankreiden, doch jedes Mal, wenn Marja anbot, mal eben «Fleischbrötchen» zu holen, musste Cavia schlucken.

Nach der Mittagspause war sie einen Moment allein mit Marja – die sogleich die Gelegenheit ergriff, sich laut flüsternd Cavia zuzuwenden. «Ich habe gehört, dass Rudi stutzen will!»

«Rudi will stutzen? Was will er denn stutzen?», fragte Cavia.

«Uns!» fuhr Marja flüsternd fort. «Den ganzen Rotz verschlanken! Alles mit Freelancern besetzen!»

«Ach, dazu hat er doch gar nicht die Entscheidungsgewalt», sagte Cavia verärgert. Sie wusste nicht, ob es wirklich so war, aber es klang zumindest gut.

Als die anderen wieder aus der Mittagspause zurückgekehrt waren, machte Marja mit ihren Augenbrauen verschwörerische Bewegungen in Richtung Cavia. Diese beschloss, sich mit voller Konzentration auf einen Newsletter zu stürzen. Nach einer Weile war sie aus Versehen tatsächlich so konzentriert an der Arbeit, dass die Zeit verflog.

Deshalb bemerkte sie auch nicht, dass Rudi an ihren Schreibtisch kam. «Cavia», sagte er leise.

Sie erschrak.

«Kommst du kurz in den Sitzungsraum?»

Authentisch

Rudi ging vor ihr her, und als sie den Sitzungsraum betraten, sagte er: «Mach mal die Tür zu.»

Er setzte sich und legte eine Mappe auf den Tisch. «So!»

«Ja, so», erwiderte Cavia unbehaglich. Würde sie jetzt gestutzt werden?

Rudi sah sie mit neutraler Miene an. «Marja», sagte er.

«Meine Name ist, äh, Cavia», korrigierte ihn Cavia zögernd. Oder machte Rudi einen Scherz?

«Ich weiß, dass du Cavia heißt», sagte Rudi, «aber wir sind hier, um mal über Marja zu sprechen.»

«Okay», sagte Cavia, nun auch so neutral wie möglich.

«Also: Marja. Wie finden wir sie?»

Soweit Cavia wusste, war sie bei Rudi noch nie zusammen mit ihm ein «Wir» gewesen. «Äh», sagte sie, «Marja ist …» Was sollte sie nun sagen? Marja hat ein Myom? Marja redet zu laut? Vielleicht würde Marja dann ja entlassen, und es wäre ihre Schuld. Cavia dachte an ein abstruses Kompliment, das sie selbst einmal bekommen hatte, und sagte: «Marja ist sehr authentisch.»

«Hm», sagte Rudi. Er schien tatsächlich darüber nachzudenken. «Ja, authentisch ist sie schon», gab er zu, «aber wenn wir mal ehrlich sind: Sie gehört in die Verpackungsabteilung.»

«Sie kommt doch aus dem Lager?», fragte Cavia.

«Verpackung, Lager, was auch immer. Die Sache ist die: Wir haben sie jetzt am Hals. Wegen ihres Rückens.»

«Rückenleiden können langwierig sein.»

«Ja, aber», fuhr Rudi fort, «hat sie dieses Rückenleiden eigentlich überhaupt?»

«Doch, ich glaube schon», sagte Cavia. Sie erinnerte sich an das erste Mal, als sie Marja gesehen hatte, schief auf dem Rand von Kims Schreibtisch sitzend.

«Du sitzt ihr am nächsten, Caaf.» Es war das erste Mal, dass Rudi sie Caaf genannt hatte. «Wenn du mal siehst, dass sie Sachen macht, die du nicht mit einem Rückenleiden in Einklang bringen kannst, dann melde das kurz.» Er tippte mit seinem Stift auf die Mappe. «Für die Personalakte.»

«Aber ich kann doch nicht, ich meine, ich bin doch nicht hier, um …», stammelte Cavia.

«Das ist völlig außerhalb deines Verantwortungsbereichs», sagte Rudi salbungsvoll. «Ich bitte dich nur um ein bisschen Aufmerksamkeit. Das ist alles.»

Dehydrieren

Kim war krank, und das bedeutete, dass Marja solange auf ihrem Platz sitzen konnte. «Schön am Fenster!» Die Sonne schien grell, so dass sich das Großraumbüro rasch erwärmte. «Herrlich!», rief Marja immer, wenn es sie überkam, und das war oft.

Während der Kaffeepause spürte Cavia leichte Kopfschmerzen aufziehen. Als sie darüber eine Bemerkung machte, rief Marja: «Kommt vom Kaffee. Coffein dehydriert!»

«Das ist nicht bewiesen», setzte Cavia dagegen, doch ihr war sofort klar, dass es sinnlos war.

«Coffein zieht die Flüssigkeit aus den Zellen!»

«Und wo bleibt sie dann?», fragte Rudi, der gerade vorbeikam.

«Im Urin natürlich! Darum riecht der Urin dann auch nach Kaffee!»

«Okay, es reicht!», rief Stella. «Das ist ja hier wie in einer Behindertenwerkstatt.»

Cavias Kopfschmerzen nahmen im Lauf des Tages nicht ab. Später am Nachmittag beschloss sie, sich mit einem Ordner, einem Satz neuer Registerblätter und ihrem persönlichen, treuen Locher in die Kühle des Empfangsraums zu setzen. Roy war kurz rausgegangen, so dass sie seinen Stuhl benutzen konnte. Sie sah zum Bleiglasfenster hinüber, nahm ein DIN-A4-Blatt und ließ die Eisenstäbe ihres Lochers so langsam wie möglich ins Papier eindringen. Danach ließ sie den Locher los, so dass man ein Klacken hörte, das hübsch widerhallte. Sie ließ ihren Kopf sanft an die Marmorwand sinken. Kurz die Augen zumachen.

Nach ein paar Minuten wurde die Tür aufgerissen. «Na, hör mal!», ertönte es. Rudi. «Madam sitzt hier gemütlich und pennt! Das machen wir mal schön zu Hause!»

Cavia richtete sich auf. «Entschuldige», sagte sie, «ich brauchte kurz Ruhe.»

Rudi stellte sich zur ihr. «Wegen Marja?», fragte er begierig.

«Nein, mehr wegen meiner Kopfschmerzen.» Plötzlich hatte sie Angst, dass Rudi sie von nun an auch auf dem Kieker haben würde. «Meiner *zeitweiligen* Kopfschmerzen», verdeutlichte sie.

Etwas früher als üblich ging sie nach Hause. Dort lag ein Brief auf der Haustürmatte, es ging um die Heirat ihres Ex Roger mit Juliette, der dürren Frau. Der Ausrichter der Feier schrieb, dass sich die Hochzeit «nun doch schon mit raschen Schritten nähere» und Roger und Juliette ganz wild auf kurze Textbeiträge seien, «also bitte anmelden!» Auch sähen Roger und Juliette es gern, wenn jeder einen Stein mit einer persönlichen Botschaft mitbringen würde («womöglich gereimt?», hieß es in zwingendem Ton), damit sie in ihrem neuen Zuhause ein «Steingärtchen ihrer Liebsten» anlegen könnten.

Cavia wurde sich bewusst, dass sie die ganze Hochzeit wirksam verdrängt hatte. Zumindest bis jetzt.

Regenhose

Cavia sah, dass Kim wieder da war. Das brachte Erleichterung, denn jetzt saß Marja wieder wie gewohnt in ihrer Druckerecke. Das hielt sie jedoch, als sie sah, dass Cavia durchnässt war, nicht davon ab zu rufen: «Soll ich mal einen Putzlappen zum Unterlegen holen? Oder ein Trockentuch oder so was? Oder ein Handtuch?» Sie rannte zur Küchenecke und kam mit einem Riesenstapel Textilien zurück. Cavia wollte es nicht denken, aber sie dachte es doch: Kann jemand mit einem Rückenleiden so etwas?

«Vorsicht mit deinem Rücken, Marja!», sagte sie und versuchte ihr gedanklich zu signalisieren: Denn Rudi will dich ins Lager zurückschicken!

Marja warf Cavia ein Handtuch zu, ließ sich auf einen Stuhl plumpsen und rief: «Ich bin ja so froh, dass ich jetzt nicht im Lager bin! Da wird kaum geheizt! Und wenn das Ladetor offen steht, regnet es rein!»

Nach dem Mittagessen machten Cavia und Kim einen kleinen Spaziergang. Da sie nun unter sich waren, beschloss Cavia, Kim ins Vertrauen zu ziehen. «Rudi will, dass ich Marja ausspioniere und ihm melde, wenn ich sie Sachen machen sehe, die man nicht machen kann, wenn man es am Rücken hat.»

«Bah!», sagte Kim verärgert. «Ich meine, Marja ist ja auch nicht so mein Typ, aber um jetzt hinter ihrem Rücken ...»

«Hinter ihrem kaputten Rücken», korrigierte Cavia sie.

Kim musste lachen.

Sie waren fast wieder beim Büro angelangt. «Du solltest Rudi einfach ignorieren», riet Kim. «Wenn du nichts siehst, kannst du auch nichts melden.»

Um vier Uhr nachmittags ging Marja. «Ich muss zur Physiotherapie! Der Typ da zieht ständig an meinem Kopf! Das geht dann immer: knack knack!»

Kaum war sie zur Tür hinaus, kam Rudi und blieb neben Cavia stehen.

«Und?», fragte er.

«Rudi, ich weiß nicht, ob ich dafür eigentlich so geeignet ...»

Marja kam wieder herein: «Regenhose vergessen!» Sie sah

Cavias erschrockenen Blick und fragte: «Worüber habt ihr gerade gesprochen?»

«Über Dinge», antwortete Cavia.

«Über dich!», sagte Rudi und lachte, um es so aussehen zu lassen, als hätte er einen Scherz gemacht.

##

Es war Mittwochnachmittag, und Cavia dachte darüber nach, dass es eigentlich komisch war, dass sich der Mittwochnachmittag noch immer wie zu ihrer Schulzeit «frei» anfühlte, obwohl dies schon seit Jahren nicht mehr der Fall war. Ein Mailing musste verschickt werden, doch Kim kam nicht ins System, so dass der gesamte Vormittag und der Beginn des Nachmittags dafür draufging, nach einer Lösung zu suchen.

«Ich werde Harm-Jan mal anrufen», sagte Cavia schließlich und wählte die Nummer der IT-Abteilung. Niemand nahm ab, worauf Cavia eine Mail schrieb, die postwendend beantwortet wurde. Ach, richtig, Harm-Jan hatte ja Telefonangst.

Danach gingen Dutzende Mails hin und her, mit unverständlichen Ratschlägen («Wenn ihr alles richtig gemacht habt, seht ihr die Option ‹erweiterte Optionen›, und die müsst ihr anklicken, ansonsten zurück zu ‹Favoriten›») und verzweifelten Rückfragen, bis Kim endlich sagte: «Ich gehe mal zu ihm. Das bringt so nichts.»

Cavia blieb allein mit Marja zurück, die ihr eine komplizierte Yogaübung zeigte. «Und dann muss ich so machen! Mit der

Hand! Hinten ans Fußgelenk fassen! Sieht nicht schön aus, oder?» Cavia versuchte sie so wenig wie möglich zu ermuntern. Wenn es ihr gelang, dass Marja ruhig auf ihrem Stuhl sitzen blieb, gab es auch nichts an Rudi zu berichten.

Cavia konzentrierte sich deshalb auf den grauen Stein, den sie im Gartencenter gekauft hatte. Das Ding lag schon seit Tagen auf ihrem Schreibtisch. Irgendwann würde sie zur Hochzeit von Roger und Juliette etwas darauf schreiben müssen. Aber was schrieb man in Gottes Namen auf einen Stein? «Ein Stein ist ebenso hart, wie die Liebe zart ist» oder «Auf dieses Fundament kann man bauen»? Cavia seufzte. Der Stein hatte noch Zeit.

«Und neulich musste ich so machen! Mich breitbeinig hinstellen und dann mit den Händen ganz nach unten ans Schienbein! So!» Marja machte wieder eine unmögliche Stellung vor.

In dem Augenblick kam Rudi herein. «Pass ein bisschen mit deinem Rücken auf, Marja!»

Das Lager

Es war ein Morgen, der nach New York gehörte, fand Cavia. Frisch und gleißend hell, jedoch mit dem Versprechen, dass es später am Tag warm werden würde. Sie war einmal mit Roger in New York gewesen. Er hatte in einem Reiseführer alles abgehakt, was sie sich angeschaut hatten. Sie hatte viel machen müssen in diesem Urlaub, aber das Licht war schön gewesen.

Auf dem Weg zur Arbeit lud Cavia sich selbst zu einem teuren Coffee to go ein. Vorsichtig, um sich nicht wieder das Fell vollzukleckern, ging sie zur Firma. Sie war etwas spät dran.

Als sie das Großraumbüro betrat, wurde sie von einer ungeheuren Stille überrascht. Was war los? Warum hörte sie nichts? Kim saß mucksmäuschenstill da und tippte leise. Stella war mit einer Excel-Tabelle beschäftigt.

«Hallo?», versuchte es Cavia vorsichtig.

«Hallo», sagte Kim verschüchtert.

«Hm», seufzte Stella.

Cavia setzte sich mit ihrem Kaffee hin.

Die Tür flog auf, Rudi kam herein. «So, meine kleinen Racker! Letztendlich ist das natürlich für alle besser.»

Laut vor sich hin summend setzte er sich an seinen Schreibtisch.

Cavia holte tief Luft und fragte: «Habe ich irgendwas verpasst?»

«Ja, das kann man wohl sagen!», antwortete Rudi. «Ich habe gerade ein hysterisches Frauenzimmer zurück ins Lager begleitet.»

«Musste Marja gehen?»

«Ja, Cavia», sagte er ungeduldig. «Jemand mit eingebildeten Rückenschmerzen gehört nicht in unsere Abteilung. Weder kompetenztechnisch noch was das Zwischenmenschliche betrifft.»

«Wir können es uns nicht erlauben, jemanden full-time zu bezahlen, der keine Qualifikationen hat», setzte Stella hinzu. «So jemand gehört schlicht ins Lager oder sogar in die Verpackung, Rücken hin oder her.» Sie sprach das Wort «Verpackung» mit Abscheu in der Stimme aus.

«Sorry, dass ich in dieser Sache kein Pardon kenne», fuhr Rudi fort, «aber ich hatte nun auch wieder nicht das Gefühl, dass sie deine beste Freundin war.» Er sah Cavia an. «Oder doch?»

«Nein, aber ...», sagte Cavia.

«Nun, das meine ich», beendete Rudi die Diskussion.

Cavia machte sich betreten an die Aktualisierung der Mailingliste. Sollte sie Marja anrufen? Oder besser nicht?

Nachmittags ging Rudi zu einem Seminar, und die Atmosphäre in der Abteilung entspannte sich allmählich. Cavia wählte die Nummer des Lagers, aber es nahm jemand ab, der – so verstand sie es – «Ruk» hieß und der im Übrigen aus der Verpackung und nicht aus dem Lager war. Er kannte keine Marja.

Sommerfest

Nun, da der Sommer allmählich in Sicht kam, wurde es Zeit für das jährliche Sommerfest. «Warum machen wir das eigentlich nicht, wenn es wirklich Sommer ist?», fragte Cavia.

«Weil dann alle weg sind», sagte Stella. «Außer dir natürlich.»

Die Feier hätte normalerweise im Garten stattfinden sollen, aber da Regen vorhergesagt worden war, standen sie nun alle zwischen den Schreibtischen. Nicht besonders festlich, aber: Es gab Prosecco.

Es waren allerhand Kollegen aus anderen Abteilungen da und auch Leute, die Cavia noch nie gesehen hatte. Arbeiteten die hier überhaupt, oder waren es professionelle Partygänger? Cavia sah sich um, ob sie Marja entdecken konnte. Nein. Sie ertappte sich dabei, dass sie sich erleichtert fühlte.

Kim stand da und kippte ein Glas nach dem anderen hinunter, und obwohl Cavia eigentlich Alkohol nicht gut vertrug, machte sie der Form halber doch mit. Kleine, halbe Gläser.

Als der Abend schon ein wenig fortgeschritten war, stand sie in leichter Kicherlaune in der Küchenecke und legte große Stücke eines noch nicht ganz reifen Bries auf kleine Toastscheiben, als plötzlich ein Schatten über sie fiel. Ein Mann. Hochgewachsen, mit Locken und einem fröhlichen Ausdruck in den Augen. «Hallo, hallo», sagte er, «wen haben wir denn hier?»

«Cavia», sagte Cavia und dachte: Warum kann ich bei netten Männern nie mal ein bisschen schlagfertig sein?

«Hi, Cavia! Hübscher Name», stellte der nette Mann fest.

«Hm, ja», entgegnete Cavia und stürzte sich wieder auf das Brieprojekt.

«Lass mich das mal machen», sagte der nette Mann, «ich kann diese Tollpatschigkeit nicht mit ansehen.» Er nahm ihr das Messer ab.

«Hey!», protestierte Cavia noch, aber da war der nette Mann schon dabei, die Toastscheiben zu belegen und hübsch auf der Schale zu arrangieren.

«Wow», sagte Cavia, schon wieder weniger originell, als es ihre Absicht war.

«Ich bin Koch», sagte der nette Mann.

Es sollte besser nicht noch netter werden, dachte Cavia.

«Ein anregendes Gespräch haben wir, oder?», stellte der nette Mann fest.

Cavia spürte, wie ihr das Blut in die Wangen schoss und war wie so oft dankbar für ihr Fell.

«Aber wie heißt du eigentlich?», fragte sie schließlich.

«Steven. Meine Schwester arbeitet hier. Sie hat mich mitgeschleppt.»

«Oh? Wer ist denn deine Schwester?»

«Stella.»

«Von Human Resources?», fragte Cavia erschrocken. Wie hatten Eltern wie die von Stella bloß einen solchen netten Mann hervorbringen können?

«Yep», sagte Steven und hielt ihr eine Toastbrotscheibe mit Brie vor den Mund.

Kater

Der erste Gedanke, der sich in Cavias Kopf formte, war: Warum ist mein Bett so klein? Der zweite Gedanke war: Jemand liegt neben mir.

Das Sommerfest war ein wenig aus dem Ruder gelaufen. Viel Toast mit Brie und schließlich auch ziemlich viele halbe Gläser Prosecco. Und danach hatte sie Steven mit zu sich nach Hause genommen. Es war eine ungelenke Nacht gewesen, in deren Verlauf Steven irgendwann ausgerufen hatte: «Ich weiß nicht, Cavia, ob das was werden wird!» Nur gut, dass Cavia so betrunken gewesen war.

Sie richtete sich vorsichtig auf und sah an dem Schopf mit Locken vorbei auf das schlafende Gesicht von Steven. Der öffnete plötzlich die Augen und sagte: «Hey.»

«Hey», erwiderte Cavia.

«Dein Haar ist zerzaust», sagte Steven.

«Das ist deine Schuld.»

«Sorry.» Er schnüffelte kurz an ihrem Hals. «Riecht gut», sagte er.

Cavia lachte. Dieser Morgen hätte sehr viel peinlicher sein können. «Hast du auch solche Kopfschmerzen?», fragte sie.

«Nein, es geht. Aber du warst ganz schön angeschickert.» Er sah sie plötzlich erschrocken an. «Du fühlst dich doch nicht missbraucht oder so? Dass wir das nicht auch noch kriegen?»

«Doch, schon», sagte Cavia, «aber auf angenehme Weise.»

«Dann ist es in Ordnung. So, aber jetzt gehe ich kacken», sagte Steven und verschwand im Flur.

Zufrieden mit sich stieg Cavia langsam aus dem Bett und schlenderte in die Küche. Gleich mal Kaffee aufsetzen und danach vielleicht noch ein Spiegelei braten.

Mehr als eine Sache gleichzeitig zu machen gelang vorläufig noch nicht. Eigentlich tat es schon weh, wenn sie nur den Kopf drehte. «Ruhig, ruhig», sagte sie sich laut. Die Sonne schien unnötig grell in den Raum.

Der Kaffee war fertig, aber Steven war noch nicht zurück.

Cavia nahm schon mal einen Schluck. Sie sah sich eine alte Zeitung an, die noch auf dem Tisch lag.

Es blieb aber wirklich sehr lange still.

Ei

Cavias positive Gedanken – jemand hatte bei ihr bleiben und mit ihr schlafen wollen – begannen allmählich eher sorgenvollen zu weichen: Dieser Jemand hatte sich heimlich davongeschlichen.

«Ach was», sagte Cavia laut. Natürlich hat er sich nicht davongeschlichen, dachte sie. Wir sind doch erwachsene Menschen. Wir schleichen uns nicht davon. Wenn wir uns aus dem Staub machen wollen, sagen wir, dass wir einen Termin haben und deshalb jetzt leider wegmüssen.

Um sich zu beweisen, dass sie sich wirklich keine Sorgen machte, las Cavia in der alten Zeitung, die auf dem Küchentisch lag, und nahm kleine Schlucke von ihrem Kaffee.

Nach einer Viertelstunde hatte ihr Zen-Ansatz seine Wirkung verloren, und sie trat in den Flur.

Vorsichtig horchte sie an der Toilettentür. Durfte man jemanden rufen, der schon so lange auf dem Klo saß? Was, wenn Steven eine schwere Verstopfung hatte und sie ihn aus seiner Konzentration riss? Und es dann überhaupt nicht mehr klappen wollte? Verstopfungen, so wusste sie, wurden oft nicht ernst genug genommen.

Nach einer vollen Minute beschloss Cavia, zur Aktion zu schreiten. In einem Ton, von dem sie hoffte, dass er sich entschlossen und nicht panisch anhörte, sagte sie: «Steven?»

Es blieb still.

Cavia versuchte zu überlegen, wie er das Haus hatte verlassen können, ohne dass sie es bemerkt hatte.

«Jaaa?», ertönte es plötzlich. «Bin ich hier zu lange drin?»

«Nein, überhaupt nicht», antwortete Cavia. «Ich dachte bloß: Möchtest du ein Ei?»

«Ja, lecker», sagte Steven.

Ein merkwürdiges Gespräch, an so einem ersten Morgen danach.

«Was machst du da eigentlich?», fragte Cavia.

«Ich lese deinen historischen Abreißkalender durch.»

«Okay», sagte Cavia. «Rührei?»

«Super.» Es wurde etwas abgerissen.

Klopapier, dachte Cavia.

«Ich bin gleich da», sagte Steven.

Pünktchen

Cavia checkte ihre E-Mails. Keine Mail von Steven. Und übrigens auch keine SMS.

Sie hatten den weiteren Morgen noch sehr angenehm miteinander verbracht. Er hatte sie geküsst. Doch das war nun auch schon wieder eine Woche her. Sie hatte ihm noch eine SMS mit dem Text «War nett, x C» geschickt und einen Smiley darauf zurückbekommen. Das war alles gewesen. Cavia hatte ein paar Tage lang zwanghaft ihr Telefon bewacht, ohne Ergebnis. Aber dann selbst noch einmal etwas schicken – es gab Grenzen.

Stella kam herein. «Mensch, ist es hier warm! Warum fahren Leute auf eine griechische Insel, wenn man auch in einer verstaubten Abteilung sitzen kann?»

Cavia lächelte. Stella war etwas besser zu ertragen, wenn sonst niemand dabei war, und außerdem war sie Stevens Schwester.

Um die Mittagspause herum hörte Cavia das «Ping» einer eingehenden E-Mail. Erfreut sah sie auf, doch es stellte sich heraus, dass es ein «Ping» für Stellas Computer gewesen war. Kurz darauf hörte sie Stella kichern.

«Das ist ja lustig», sagte sie leise. Und dann lauter, zu Cavia: «Mein Bruder. Er mailt. Er kommt heute Abend zum Essen und bringt seine Ex mit. Beziehungsweise seine Ex-Ex, denn jetzt ist sie wieder seine Freundin. Durch die beiden kriegt der Begriff ‹On-Off-Beziehung› eine völlig neue Dimension.»

«Meinst du Steven?», fragte Cavia, wider besseres Wissen hoffend, dass es nicht so wäre.

«Ja, kennst du ihn? O ja, natürlich, er war vorige Woche auf der Feier. Ja, Steven.»

Nachdem sich der Boden unter Cavias Füßen geöffnet hatte, schickte sie eine bissige SMS an Steven: «Glückwunsch damit, dass es wieder läuft mit deiner Ex.» Die holprige Formulierung war ihr egal.

Schnell kam eine SMS zurück. «Sorry … Ich bin ziemlich vage in diesen Dingen, aber das sollten andere nicht ausbaden müssen … Nochmals sorry …»

Und dann kam noch eine SMS, in der stand: «Wirklich sorry …»

Nur gut, dass ich keine Leute mag, die zu viele Pünktchen machen, dachte Cavia.

Erwachsen

Obwohl Cavia beschlossen hatte, die Episode «Steven» rasch zu vergessen, gelang es natürlich nur zur Hälfte. In der verlassenen Abteilung war sie lustlos damit beschäftigt, ihren Computer aufzuräumen. Eine undankbare Arbeit, weil man das Ergebnis nun mal nicht sehen konnte.

Ihr Telefon klingelte. Steven. Sie zögerte kurz und nahm dann doch ab. «Tag, Steven.»

«Heeey», sagte er in einem opfervoll-schuldbewussten Ton. «Ich dachte, ich ruf doch noch mal an.»

«Ja, ich höre es», sagte Cavia ein wenig schnippischer, als sie es beabsichtigt hatte.

«Ich wollte nur sagen, dass ich mich für einen Blödmann halte», sagte Steven.

«Komisch, das hat mein Ex auch immer gesagt.»

«Sorry», sagte Steven.

«Macht nichts.»

«Macht wohl was, ich muss einfach mal erwachsen werden!» Er klang wütend.

Cavia beschloss, keine therapeutische Sitzung daraus werden zu lassen, und sagte: «Erwachsensein ist eine komplizierte Angelegenheit.»

«Ja», sagte Steven.

«Nun», seufzte Cavia, «sollen wir das Gespräch dann mal beenden?»

«Wenn du das willst», sagte Steven.

«Es scheint mir das Beste zu sein», antwortete Cavia. «Tschüss, Steven!»

«Tschüss, Cavia, und nochmals sorry.»

«Lass es dir gut gehen!», sagte Cavia und legte den Hörer auf. Eigentlich unvorstellbar, dass es einen Zeitpunkt im Leben gab, an dem man anfing, ernsthaft «Lass es dir gut gehen» zu jemandem zu sagen.

Anschließend ging sie in die Toilette, um zu weinen.

Als sie zurückkam, war Stella eingetroffen. Mit dem Instinkt eines Raubtiers fragte sie sofort: «Hast du geweint?» Es schien, als wüsste sie genau, was los war. Und vielleicht war das auch so. Steven war ihr Bruder, und Cavia hielt es plötzlich für möglich, dass er ihr in einem Anfall von emotionaler Inkontinenz alles über ihren One-Night-Stand erzählt hatte.

«Vielleicht ja», antwortete Cavia, «vielleicht nein.»

Damit ließ sie Stella in Verwirrung zurück, so dass sich der Tag dann doch noch halbwegs gelungen anfühlte.

Möhren

Ein warmer Samstag. Cavia versuchte so langsam wie möglich aufzustehen. Etwas, das an normalen Wochentagen immer ganz einfach funktionierte, erwies sich jetzt als komplizierter. Um neun Uhr war sie schon fertig mit duschen und frühstücken, und Cavia überkam eine «Was nun?»-Stimmung.

Sie überlegte, zum Bio-Wochenmarkt zu gehen, doch ihr fiel rechtzeitig ein, dass es da nur so von Frauen Ende dreißig wimmelte, die versuchten, sich einen käseverkaufenden Naturburschen zu angeln.

Dann eben einen Haushaltstag. Sie saugte Staub, machte die Toilette sauber und wischte den Herd. Sie rückte ihre Couch an eine andere Wand. Als ihr Blick auf den Staub fiel, der sich an den Fußleisten abgesetzt hatte, beschloss sie, diese dann auch mal zu putzen. Während dieses unerwarteten Ausbruchs von Aktivität fand sie, dass es Zeit wäre, einkaufen zu gehen.

Sie stand im Supermarkt und studierte gerade eine Familienpackung Erdnüsse, als neben ihr eine Stimme ertönte: «Sooo ... Da will jemand heute wohl eine Party feiern!»

Cavia sah erschrocken hoch. Stella. Human Resources, damit wollte man nichts zu tun haben und schon gar nicht an einem Samstag und in Gesellschaft einer Kilotüte gesättigter Fettsäuren. «Hey, Stella!», überkompensierte sie. «Weißt du, ich laufe hier nur so rum und schaue mich um! Wohnst du hier in der Gegend?»

«Nein, zum Glück nicht», antwortete Stella aus der Tiefe ihres Herzens. In ihrem Korb lagen eine Tüte mit zwei Croissants und eine Zahnbürste. «Ich bin hier zu Besuch», sagte sie vage.

Ein alter Mann auf einem Elektromobil kam vorbei, dem sie schweigend hinterhersahen.

Cavia legte die Tüte mit den Erdnüssen zurück.

«Lass dich von mir nicht abhalten, hörst du?», sagte Stella. «Ich sehe dich dann Montag wieder. Schönes Wochenende.» Sie stöckelte auf hohen Hacken davon.

«Dir auch!», rief Cavia.

Sie begegneten sich noch fünfmal zwischen den verschiedenen Regalen, wobei sie sich jedes Mal wieder zunicken mussten. Cavia hatte absichtlich Möhren in ihren Korb gelegt und hoffte, dass Stella sie noch sehen würde.

Rechnen

Im Juli leerte sich das Büro zusehends. Stella flog nach Thailand, woraufhin ein paar Tage lang ungeniert über sie getratscht werden konnte. Roy glaubte, dass sie einen Sex-Urlaub machen würde, Kim meinte, dass sie sich dort vielleicht einmal zum Meditieren zurückziehen wolle, es aber nicht zugeben könne.

Anschließend fuhr Rudi ins Sauerland, zum Campen, damit er nichts mit seinen Kindern zu unternehmen brauchte. Eine Woche danach flog Kim nach Curaçao, und schließlich machte sich auch Roy davon. Nach Griechenland. «Mal ein bisschen ihre Wirtschaft ankurbeln», sagte er zum Abschied.

Schließlich saß Cavia ganz allein da. Nichts war so schwer, wie vollkommen aus sich selbst heraus die Motivation zu entwickeln, eine Anschriftendatei auf veraltete Adressen hin zu überprüfen. Oder ein Mailing über Wachstumschancen zu versenden. Was ihr allerdings sehr gut gelang: ihre Schachtel Büroklammern als Rumbakugel zu benutzen und den Rhythmus von «Stand By Me» mitzurasseln.

Nach einer Woche entdeckte Cavia, dass sie in all den Tagen nur einen kurzen, aus sechzig Wörtern bestehenden Artikel fürs Intranet geschrieben hatte. Sie versuchte auszurechnen, wie viele Stunden sie durchschnittlich für ein Wort gebraucht hatte, und anschließend, wie viel sie dabei pro Wort verdient haben könnte.

Als sie dann auch noch ausrechnen wollte, wie viel sie beim Ausrechnen dieser Summen verdient hatte, zwang sie sich aufzuhören. Es war vier Uhr, Zeit für einen doppeltstarken Cappuccino.

Mutterkonzern

Cavia starrte auf den Stein, den sie noch immer für Roger und Juliette beschriften musste. *Gemeinsam steinalt werden*, überlegte sie, verwarf die Idee aber gleich wieder.

Plötzlich erinnerte sie sich, dass der Mutterkonzern ein Seminar veranstalten wollte. War das nicht jetzt? Komisch, so mitten im Sommer. Sie suchte die Benachrichtigung in ihren Mails. Tatsächlich, heute. Der Titel des Seminars lautete: «Blick in die Zukunft – Future in Sight». Normalerweise nichts, was Cavia besuchen würde, doch jetzt bot es ein wenig Abwechslung. Außerdem hatte Rudi gesagt, dass man sich stärker vernetzen müsste – und dieses Seminar konnte sie dann beim Mitarbeitergespräch anführen. Das war doch einmal vorausschauend gedacht.

Cavia ließ den Stein Stein sein, fuhr den Computer herunter, machte das Licht aus und verließ das Büro.

Das Seminar fand in einem Saal in der Nähe des Zoos statt. Cavia war umgeben von ausgestopften Tieren und alten Männern, die offenbar vom Mutterkonzern waren. Überall hingen Transparente mit der Aufschrift *Future in Sight*.

Ein grauhaariger Mann beugte sich über sie und fragte: «Und wer sind Sie?»

«Cavia», sagte Cavia. «Ich bin von der Abteilung Kommunikation der ...»

Aber der Mann sah eine Schale mit Toastscheiben vorbeikommen und drehte sich von ihr weg.

Cavia versuchte sich unter die Leute zu mischen, doch sie begegnete ausschließlich Männern mit Krawattennadeln, die sich gegenseitig mit Sprüchen unterhielten wie: «Die meisten Leute haben nicht die leiseste Ahnung, was eine Fünfjahresprojektion ist. Ernsthaft!»

Das Treffen endete in einer Ansprache des obersten Direktors. Ein hochgewachsener Mann, der redete wie der Nikolaus. Doch weil seine Stimme im Saal widerhallte, konnte Cavia nur Fetzen seiner Botschaft verstehen: «Gemeinsam ... eine sich wandelnde Landschaft ... wir alle zusammen ... Benchmark.»

Zum Glück gab es Fleischbällchen. Cavia aß ein paar und versprach sich selbst, sie später am Tag vegetarisch zu kompensieren und Falafel zu holen. In Verbindung mit vier Gläsern Orangensaft wurde es ein wenig unruhig in ihrem Magen. Sie stellte sich in die sichere Nähe einer Zimmerpflanze und studierte die Menge aus einiger Entfernung.

«Versuch es jetzt noch ein einziges Mal», sagte sie sich, «sonst hat das Ganze überhaupt keinen Sinn gehabt.»

Also begab sich Cavia lächelnd unter die Leute. Niemand bemerkte sie. Und so kam es, dass Cavia sich inmitten feiernder Menschen mit der philosophischen Frage beschäftigte, ob man eigentlich von «sich unter die Leute mischen» sprechen kann, wenn man sich unter die Leute mischt, aber keiner es merkt.

Falsch

Der Sommer war fast vorbei. Cavia liebte es, allein zu sein, doch inzwischen lechzte sie dem Moment entgegen, an dem sie sich wieder über ihre Kollegen statt nur über sich selbst ärgern konnte.

Sie versandte rasch das Mailing, das ihr all die Wochen über zu schaffen gemacht hatte, räumte ihren Schreibtisch auf und klebte hier und da ein paar Hafties an ihren Monitor. Es sah aus, als hätte sie in diesem Sommer ordentlich zu tun gehabt.

«Uff», sagte sie, griff zum Kaffee und sah, dass sie gerade eine Mail bekommen hatte. Sie war von Steven, Stellas Bruder. Sie spürte, dass ihr Herz wie wild schlug. Mit einem vorsichtigen Doppelklick öffnete sie die Nachricht. Schade, dass man E-Mails nicht langsam öffnen kann, dachte sie. Eine E-Mail ist entweder da, oder sie ist nicht da.

«Kann es sein, dass ich meine Tasche vergessen habe?», stand dort.

Was meinte er damit nun wieder? Es war Wochen her, dass er bei ihr gewesen war.

Bevor sie gut darüber nachgedacht hatte, schickte sie ein Fragezeichen zurück.

Eine Minute später kam eine Antwort: «Sorry! Falsches Meerschweinchen!»

Das geht nun doch ein bisschen zu weit, dachte Cavia, und sie spürte, wie sich die Haare ihres Fells sträubten. Sie beschloss, nicht zu antworten, um die Dinge nicht noch weiter zu verkomplizieren. Vor zehn Jahren hätte sie nicht eine Sekunde an sich halten können, also betrachtete sie dies nun eben als Zeichen ihrer persönlichen Reife.

Sie ging eine Stunde früher, als es in ihrem Vertrag stand. «Falsches Meerschweinchen», murmelte sie, während sie an der Ampel stand und wartete. Ein älterer Herr sah sie verwundert an. Sie beschloss zu summen, damit es so schien, als wäre alles, was sie sagte, Teil eines Liedes.

Pareo

Um zu betonen, dass das Leben nicht immer einfach war, begann es in dieser Nacht zu blitzen und zu donnern. Cavia lag wach, zwanghaft zählend, wie viel Zeit zwischen einem Blitz und dem Knall verging. Als sich das Gewitter bereits längst wieder verzogen hatte, war es in ihrem Schlafzimmer noch immer drückend warm. Sie träumte, dass sie an einer Gruppenreise zu irgendeinem Tropenziel teilnahm. Stella war auch mit von der Partie, und Roger. Stella fand es lachhaft, dass Cavia keinen Pareo dabei hatte, und Cavia wollte googeln, was genau nun wieder ein Pareo war, doch an diesem Tropenziel gab es kein WLAN.

In ihre Bettdecke eingewickelt wachte sie auf. Es war noch

früh, aber sie beschloss aufzustehen, extra lange zu duschen und wieder einmal ihr komplettes Fell zu waschen.

Es war ein windiger Morgen, merkte sie, als sie zur Arbeit ging. Die nassen Haare ihres Fells standen weit ab, so dass sie wie eine Art Staubwedel aussah, als sie in der Firma erschien. Schnellen Schrittes ging sie zu ihrem Schreibtisch und tat so, als würde sie arbeiten. Gerade als sie in der Suchmaske das Wort «Pareo» eingegeben hatte, bekam sie eine Mail. Von Roy, dem Rezeptionisten. Darin stand: «Ja, stimmt! Ich bin wieder da! Und ich werde völlig ignoriert.»

Cavia sprang auf und rannte zur Empfangshalle. «Entschuldige, ich hatte dich nicht gesehen!», rief sie.

«Hey, du hast eine neue Frisur», rief er gleich, als er Cavia sah, sie dabei übertönend. «Trägst du den Farah-Fawcett-Look?»

«Nein, ich habe nur meine Haare gewaschen.»

«Na, und das mit Erfolg, wie ich finde.»

Roy konnte gleich erzählen, dass in Griechenland jetzt alles «zum Schreien» billig sei. Er hätte eigentlich schon eine Woche vorher wegen des Geburtstags seiner Mutter zurückkommen müssen, aber das sei ihm nicht gelungen. «Denn ich saß da so unglaublich zenmäßig auf dieser Insel und aß meinen Fisch, dass ich dachte: Du musst ja verrückt sein, wenn du jetzt zurückgehst.» Danach erzählte Roy gut eine halbe Stunde lang von einem jungen Griechen, den er getroffen habe und dessen Name Aristotelis gewesen sei. Und dann war es auch schon wieder Zeit für den Kaffee.

Gegen drei Uhr beschloss Cavia, all ihre Aufmerksamkeit auf den Stein zu richten, den sie noch immer mit einer Botschaft versehen musste. Sie versuchte diese Hochzeit zwar krampfhaft zu verdrängen, aber sie rückte dennoch immer näher.

Schließlich schrieb sie vorsichtig mit Tipp-Ex auf ihren Stein: «Viel Glück Cavia.» Es passte kein Ausrufezeichen mehr zwischen «Glück» und «Cavia», so dass es schien, als würde sie sich selbst Glück wünschen.

Ferienmensch

Kim war einen Tag früher zurück als erwartet. «Caaf, ich hab dich ja so vermisst!», rief sie ausgelassen.

«Wieso?», fragte Cavia. Sie machte sich zu spät klar, dass man Menschen, die einen vermisst hatten, ebenfalls zu vermissen hatte. «War es nicht schön auf Curaçao?»

«Doch, schon», antwortete Kim, «aber ich habe gut zwei Wochen in dieser Gluthitze bei meiner Schwiegerfamilie verbracht, und das mit Stanleys Kindern. Und jeden Tag gab es sechs Kilo Essen – pro Person. Ich habe – kein Scherz! – drei Kilo zugenommen.»

«Nun, willkommen daheim!», sagte Cavia.

«Ich werde also nur noch Salat, angemacht mit Zitronensaft, essen. Und die Ruhe genießen.»

Die Tür ging auf und wurde mit einem Knall wieder zugeschlagen. «Tag, ihr Racker!», ertönte es.

«Hi, Rudi», sagte Kim. «Auch wieder da?»

«Nein, ich bin noch auf dem Campingplatz», entgegnete Rudi abschätzig. «Ja, ich bin wieder da.» Etwas zu laut fügte er hinzu: «Und wie!»

«Wie denn?», fragte Cavia.

«Ha ha», sagte Rudi, ohne zu lachen. «Kim, warum ist in den letzten Wochen nicht getwittert worden? Nichts, nada, niente!»

«Ich war auf Curaçao.»

«Gibt es da kein WLAN?»

«Ich dachte nicht, dass es uns als Firma voranbringen würde, wenn ich von Curaçao aus ...»

«Alles bringt uns als Firma voran, Kim», schnauzte Rudi.

«Notfalls twitterst du ein Foto vom Strand und schreibst: ‹Kommunizieren kann man auch in Bildern.› Was weiß ich, ich sag einfach mal was!»

«Sorry», sagte Kim.

«Und mit dieser Sorry-Kultur hier im Büro muss es auch endlich mal vorbei sein. Hopp hopp, an die Arbeit, du!»

Kim holte hastig ihr Smartphone aus der Tasche, um etwas zu twittern.

«Hast du einen schönen Urlaub gehabt?», fragte Cavia Rudi vorsichtig.

«Ich bin kein Ferienmensch», antwortete er, «ich bin mehr der Typ, der was zum Anpacken braucht.»

Cavia las, was Kim inzwischen getwittert hatte. Ein Foto, das einen Strand zeigte. Darunter stand: «Kommunizieren kann man auch in Bildern.»

Hut

Am Tag der Hochzeit von Roger wachte Cavia auf und hatte Halsschmerzen. Noch im Bett probierte sie ihre Stimme aus. «Hallo», sagte sie ins Nichts hinein. Es klang wie ein Piepsen.

Ansonsten fühlte sie sich in Ordnung, es gab also kein Entkommen: Heute würde sie ihren Ex Juliette, die dürre Frau, heiraten sehen.

Nach einer Tasse Tee sagte sie noch ein paarmal «Hallo», und das klang schon besser. Sie setzte ihren Sonntagshut auf und zog ab zur Kirche.

Ein überaktiver Zeremonienmeister koordinierte die Feier. «Alle Steine hier! Steine! Hierher!» Cavia ging zu der Steinesammlung und sah, dass andere den Auftrag völlig anders interpretiert hatten als sie. Jemand hatte sorgfältig und in verschnörkelter Schrift «Love is the master key to happiness» geschrieben. Es gab geschliffene Bergkristalle und eine Kugel aus Marmor. So unauffällig wie möglich versuchte sie ihren grauen Stein aus dem Gartencenter dazuzulegen.

Der Zeremonienmeister stellte sich zu ihr und sagte: «Sehr apart, oder? Wie verschiedenartig so etwas doch wird.»

«Na ja», krächzte Cavia.

Der Zeremonienmeister sah sie forschend an. «Und wer bist du?»

«Ich bin Cavia», sagte Cavia mit sich überschlagender Stimme, «die Ex von Roger.»

«Sehr gut, dass du gekommen bist», sagte der Zeremonienmeister und drückte ihre Schulter. Er deutete ihre erkältete Stimme offenbar als emotionale Not, schloss beruhigend die Augen und hielt sie derweil an der Schulter fest. Dann atmete er hörbar ein und sagte: «Ich führe dich schon mal zu einem netten Plätzchen in der Kirche. Da kannst du dich in aller Ruhe schön akklimatisieren.»

Und so saß Cavia kurze Zeit später allein auf einer harten Kirchenbank. «Was mache ich hier?», fragte sie sich. Ihr Kopf juckte unter dem Hut, und sie versuchte behutsam, sich unter dem Rand zu kratzen. Sie bereute es jetzt schon, diesen Hut aufgesetzt zu haben. Man sah darin zehn Minuten lang nett aus, konnte ihn dann aber nicht absetzen, weil das Fell darunter vollkommen platt am Kopf lag. Ob sie sich noch davonschleichen konnte? Konnte man so etwas tun?

Doch dann begann die Orgel zu spielen.

Mja

Nach langem Nachdenken erkannte Cavia, dass es eine langsame Version von «All You Need Is Love» war. Mit einem Schock sah sie, dass Rudi die Kirche betrat. Natürlich! Plötzlich erinnerte sie sich wieder, dass er Juliettes Nachbar war. Übrigens nicht mehr lange, da Roger und Juliette natürlich zusammenziehen würden. Mit ihrem Steingarten.

Ein priesterartiger Typ, der aber kein Priester war, ergriff das Wort und sprach davon, «Ja zueinander und Ja zum Leben zu sagen». Nach einem langen Vortrag darüber, wie und wo sich Roger und Juliette kennengelernt hatten (auf einer Feier des Fechtvereins) und worin sie einander wiedererkannten (in ihrer Einstellung zum Leben), durften sie sich dann endlich das Ja-Wort geben. Rogers Stimme überschlug sich, und Juliette sagte etwas, das sich wie «Mja» anhörte, doch sie sahen beide froh und glücklich aus und gaben sich einen langen Zungenkuss. Die anwesenden Gäste begannen daraufhin zu applaudieren, und so wurde dieser peinliche Moment wenigstens halbwegs neutralisiert.

Der Zeremonienmeister der Feier suchte Cavias Blick und kniff wieder kurz die Augen zu.

Cavia lächelte zurück. Dass ihr Ex jetzt verheiratet war, machte ihr, wie sie merkte, überhaupt nichts aus.

Anschließend gab es Häppchen, und Cavia hielt hier und da ein Schwätzchen. Mit ihrer erkälteten Stimme musste sie jedes Mal aufs Neue erklären, dass sie Rogers Ex war, und alle fanden es deutlich schade für sie.

Nach einem Lied von Juliettes A-cappella-Chor (wiederum «All You Need Is Love»), einer Ansprache von Rogers Bruder (ob der noch immer im Krematorium arbeitete?) und einem Sketch seiner Kollegen konnte der DJ endlich loslegen.

Cavia versuchte zu tanzen, ließ es dann aber bleiben, da sie fürchtete, dass es nicht gut aussah, so mit dem Hut auf dem Kopf.

Sie ging zur Toilette und beschloss in einem rebellischen Moment, gleich auch ihre Jacke zu nehmen. Draußen setzte sie den Hut ab und fuhr, in vielerlei Hinsicht befreit, nach Hause.

Zu Hause in der Diele sah sie in den Spiegel. Es schien, als habe sie ein Schweißband um ihren Kopf. Sie starrte eine volle Minute auf ihr Spiegelbild und versuchte, Ja zum Leben zu sagen. Doch mehr als ein «Mja» brachte sie nicht hervor.

Bouillon

Am Morgen nach der Hochzeit von Roger und Juliette begann Cavia zu zittern. Es war Sonntag. Sie nahm ein Alka-Seltzer, stieg unter die Dusche und versuchte, sich auszumalen, wie das Fieber durch den Abfluss davongespült wird. Davon hatte sie einmal jemanden im Fernsehen sprechen hören. Es funktionierte aber nicht.

Mit nassem Fell kroch sie wieder ins Bett. Dort brütete sie ein paar Stunden, bis das Fieber endlich ein wenig zu sinken begann.

Um drei Uhr stand sie auf und trank eine Bouillon. Brot gab es nicht, also aß sie einen Cracker mit Erdnussbutter. Danach schaute sie sich eine Fernsehsendung über Leute an, die kochten, als würde ihnen der Tod auf den Fersen sitzen. Und anschließend noch eine über Leute, die in England auf dem Land ein neues Haus suchten.

Da fiel Cavia ein, dass sie noch einen Beutel Pistazien hatte. Es wurde ihr Abendessen, wiederum mit einer Schüssel Bouillon. «Für die Flüssigkeitsbilanz», sagte sie zu sich selbst.

Am nächsten Morgen fühlte sie sich eigentlich wieder in Ordnung, doch Kim sagte immer, dass es besser sei, sich «richtig auszukurieren», bevor man wieder zur Arbeit ging. Ansonsten könnte man alles noch sehr viel schlimmer machen.

Sie wartete bis neun Uhr mit dem Anruf, denn dann würde Roy da sein, der stets Verständnis für sie hatte. Der Hörer wurde mit einem lauten «Hallo?» abgenommen.

«Hallo?», sagte Cavia. «Roy?»

«Roy ist krank. Hier ist Rudi.»

«Oh, Cavia hier», sagte Cavia. Sie versuchte, besonders krank zu klingen. «Ich rufe an, weil ich am Wochenende auch krank geworden bin und mich noch nicht wieder ganz auf dem Damm fühle.»

Es war einen Moment still. «Ja ja», hörte man dann. «Nein.»

«Nein?», fragte Cavia.

«Nein», sagte Rudi. «Ich habe gestern auch in den Seilen gehangen, aber du weißt ebenso gut wie ich, dass das womöglich etwas mit der Hochzeit am Samstag zu tun gehabt haben könnte.»

Ach richtig, Rudi war ja auch dagewesen.

«Aber ich habe da überhaupt nichts getrunken», gab Cavia noch zu bedenken.

«Ha ha», sagte Rudi, ohne zu lachen. «Die Ausrede kennen wir. Nein, Cavia, abends ein Kerl, morgens ein Kerl.» Und er legte auf.

Cavia stand auf, um sich anzuziehen. «Und ich bin nicht mal ein Kerl», murmelte sie.

Kommunikationsstrategie

Cavia fühlte sich noch tagelang kränklich. Schmerzen in den Gelenken. Schmerzen, wenn sie in grelles Licht sah. Schmerzen, wenn Rudi laut «Tag, ihr Racker!» rief.

Sie beschloss, ihre Malaise mit Schokolade zu lindern, und nahm Brownies mit ins Büro. Glutenfrei, das hörte sich gesund an. Rudi futterte rasch eines weg und sagte mit vollem Mund: «Lecker. Jetzt muss ich zu einer Strategieanalyse in den Mutterkonzern.»

Stella wollte kein Brownie, selbst dann nicht, als Cavia sagte, dass es gesund sei. An diesem Nachmittag hatte sie also eine Brownieparty mit Roy und Kim in der Küchenecke. «Caaf, das ist ja sooo lecker!», sagte Kim. «Man merkt überhaupt nicht, dass es gesund ist!»

Roy erzählte von seinem Mitbewohner, der einen neuen Freund hätte, und die beiden würden es ständig miteinander treiben, sehr laut und sehr lange. «Mich macht das depressiv, könnt ihr euch das vorstellen?», fragte Roy.

Kim und Cavia konnten es sich vorstellen.

«Ich werde nachts sogar wach davon. Aber wenn ich an die Wand klopfe, fühle ich mich wie ein frustrierter alter Sack.»

«Ach, Mensch, wir sind doch alle frustriert?», sagte Cavia.

Roy und Kim sahen sie mitfühlend an. «Ja, so ist es», bestätigte Kim zögernd.

«Na ja, außer dir natürlich», sagte Cavia. «Du hast Stanley.»

Rudi, zurück vom Mutterkonzern, kam in die Küche. «Am Empfang blinkt das Telefon schon seit einer Stunde», sagte er.

«Vielleicht sollten wir mal einen Rezeptionisten einstellen.»

Roy erschrak. «Ich geh schon.»

Als Roy gegangen war, sagte Rudi. «So, und nun zu uns, meine Damen! Gemütlich so zu dritt in der Küche.» Er lachte.

«Wir machen uns auch mal wieder an die Arbeit», beschloss Cavia spontan. «Kommst du, Kim?»

«Nicht so schnell», antwortete Rudi. «Ich habe da eine kleine Aufgabe für dich, Cavia.»

«Oh?», erschrak Cavia.

«Befehl von oben: Du sollst eine kombinierte Kommunikationsstrategie entwickeln, in Zusammenarbeit mit dem Mutterkonzern.»

«O Gott», sagte Cavia, «und was muss ich mir darunter genau vorstellen?»

«Das ergibt sich von selbst. Ich gebe dir gleich die Visitenkarte vom Abteilungsleiter Kommunikation des Mutterkonzerns. Es wird ein hartes Stück Arbeit, in das du dich mal richtig hineinknien kannst. Also genau das Richtige für dich», sagte Rudi und ging.

«Als wenn wir nicht schon genug zu tun hätten», sagte Cavia zu Kim.

Eine erste Vorahnung des Herbstes lag in der Luft. Cavia hatte ihre Grippe inzwischen völlig überwunden, zurückgeblieben war jedoch ein hartnäckiger Husten. Das war an sich nicht schlimm, doch der Husten klang ein wenig wie «Ha», wie der Beginn eines Lachens.

Am Mittwochmorgen kündigte Stella an, dass ein Experiment mit Betriebsyoga stattfinden würde. «Ha», hustete Cavia, worauf Stella sie scharf ansah. «Das können wir lachhaft finden, aber wir können dem auch einfach offen begegnen.»

«Nein, ich habe gehustet. Ha!», hustete Cavia.

«Na, umso besser, wenn man dann Yoga macht» sagte Stella aufgeräumt. «Denn es bringt sehr viel mehr, in die Prävention zu investieren, als in Leute, die sich mit allerhand Zipperlein und Wehwehchen der Arbeit entziehen.»

«Aber ich bin einfach nur erkältet», murrte Cavia, «und außerdem bin ich doch da?»

«Nicht alles so persönlich nehmen, Cavia», sagte Stella. «Nun, es geht heute Nachmittag um drei Uhr los, und es wird gewünscht, dass alle mitmachen.»

«Müssen wir dafür etwas Besonderes anziehen?», fragte Kim.

«So wenig wie möglich», sagte Rudi.

«Ha», hustete Cavia, wodurch es schien, als würde sie über Rudi lachen. Er blickte zufrieden in die Runde.

Der Vormittag verlief ruhig. Cavia musste sich um den Druck eines neuen Prospekts kümmern und telefonierte deswegen mit einem sturen Drucker im Osten des Landes. Doch wegen ihres vielen Hustens – Ha! – verlief das Gespräch reibungsloser, als sie gedacht hatte, so dass sie ihm am frühen Nachmittag bereits die Dateien zumailen konnte.

In ihrem Kopf war sie bereits damit beschäftigt, den Tag abzuschließen, als die Tür aufschwang – ein grauhaariger Mann stand lächelnd auf der Schwelle.

«Hi hi», sagte er. «Wer von euch ist Stella?»

Stella stand eilig auf, um dem Mann die Hand zu geben. «Tag, Gerlof, schön, dass du da bist.» Zu den anderen sagte sie: «Das ist Gerlof, er kommt wegen des Betriebsyogas.»

Cavia sah, dass Gerlof barfuß war, und sah, dass er sah, dass sie auf seine Füße sah. Er nahm sie in den Blick und nickte ihr beruhigend zu, als wolle er sagen: «Meine Füße sind okay.»

«Möchtest du einen Kaffee?», fragte Stella.

«Ich habe meinen eigenen Tee dabei», sagte Gerlof. Und er schritt in den Raum.

Sehen

Betriebsyogalehrer Gerlof setzte sich auf einen Tisch. Er griff zu seiner Thermosflasche mit dem Tee, schenkte sich ein, verschränkte die Beine unter sich und sagte – nichts. Cavia sah sich um. Alle saßen noch an ihren Schreibtischen. War das richtig so, oder sollten sie sich vielleicht in einem Kreis hinsetzen?

«Gerlof?», fragte Stella. «Möchtest du jetzt anfangen, oder ...?»

Gerlof drehte ihr langsam das Gesicht zu. «Ich habe schon angefangen, Stella», sagte er in ernstem Ton. Danach erschien ein träges Lächeln auf seinem Gesicht. «Nein, ein Scherz.»

Stella lachte nervös.

«Ich muss das hier erst einmal kurz in mich aufnehmen», sagte Gerlof. Er atmete ein.

«Während der Zähler läuft?», rief Rudi. Er war damit beschäftigt, einen Stapel ausgedruckter Excel-Tabellen zu lochen.

Gerlof sah ihn an und sagte nichts. Das schien sogar Rudi zu beeindrucken. «Sorry», sagte er.

«Ich arbeite mit einer *flat fee*», erklärte Gerlof. Das klang nicht besonders yogamäßig, aber es war schließlich Betriebsyoga.

Cavia begann Respekt vor dem barfüßigen Mann zu bekommen, der jeden kleinkriegte.

«Möchtest du einen Keks?», fragte sie.

Er lächelte wieder. «Nein», sagte er, «aber danke für dieses Zeichen der Aufmerksamkeit.» Er schloss die Augen.

Cavia machte sich wieder an ihrem Newsletter zu schaffen. Sie musste ab und zu husten, doch ansonsten war es ungeheuer ruhig in der Abteilung. Alle warteten darauf, dass Gerlof etwas machen würde.

Nach einer Viertelstunde war der Newsletter fertig, und Cavia begann sich auf ihrem Stuhl zu drehen. Es passierte noch immer nichts. Sollte sie noch schnell den Abteilungsleiter Kommunikation des Mutterkonzerns anrufen? Dazu musste sie endlich einmal den Mut aufbringen. Sie sah auf die Visitenkarte, die nun schon seit Tagen auf ihrem Schreibtisch lag.

Gerade als sie widerwillig zum Telefonhörer greifen wollte, seufzte Gerlof und sagte: «Ich sehe hier sehr viele Menschen, die völlig verkopft sind. Ich sehe sehr viel Aktivität in den Köpfen und in den Händen. Aber dem Rest wird wenig Beachtung geschenkt.»

«Nun», begann Rudi mit dem, was wahrscheinlich ein schlüpfriger Witz werden sollte.

«Ich sage nur, was *ich* sehe», unterbrach ihn Gerlof. «Jeder darf etwas anderes sehen.»

Cavia lachte sich leise ins Pfötchen.

«Freude ist gut», sagte Gerlof. «Lachen ist gut.»

Dann schwang er sich vom Tisch und befahl: «Schuhe aus!»

Namasté

Cavia lag auf dem grauen Büroteppich und sah ein einsames Lakritzbonbon unter ihrem Schreibtisch. Sollte sie es vorholen oder für die Reinigungskräfte eine Notiz machen? Aber dann würde es so aussehen, als hätte sie den Drops dort absichtlich hingelegt, um sie zu testen.

«Cavia», ertönte es. Sie schreckte hoch. «Einfach die Augen zumachen, Cavia», sagte Gerlof.

Sie hatte für einen Moment vergessen, dass sie gerade meditierten.

«Es gibt eine Menge Gedanken», sagte Gerlof zur Musik, «und die darf es geben. Aber versucht sie auch wieder loszulassen. Es muss nichts weggedrängt werden, sondern betrachtet eure Gedanken als Wolken, die auch wieder vorübertreiben.»

Das «vorüber» betonte er extra stark, vielleicht, weil er nicht wollte, dass man denken könnte, er spreche von Wolken, die es übertrieben.

Die Sitzung näherte sich ihrem Ende. Sie hatten viel in der «Hund mit dem Kopf nach unten»-Position dagestanden, etwas, das Cavia besonders gut gelang. Der Lotussitz war bei ihr jedoch nicht drin. «Wahrscheinlich lässt es dein Knochenbau nicht zu», hatte Gerlof diplomatisch bemerkt. Rudi hatte gekichert.

Cavia war froh, dass sie die letzten zehn Minuten auf dem Boden liegen durfte. Ab und an hörte man das «Ping» einer Mail, die irgendwo eingegangen war. «Geräusche dürfen sein», sagte Gerlof. Sofort ertönten drei «Pings» hintereinander, als hätte das Geräusch gespürt, dass es nun die Erlaubnis dazu erhalten hatte.

«Steht in eurem eigenen Tempo wieder auf», sagte Gerlof. Sie kamen wackelig wieder auf die Beine. Stella sah aus, als hätte sie geweint, Kim richtete ihr Haar.

«Schaltet kurz einen Gang zurück», sagte Gerlof. «Nehmt einen Moment das Tempo heraus. Namasté.»

«Für mich bitte einen Kaffee», sagte Rudi. Gerlof reagierte nicht.

«Danke, Gerlof», sagte Stella. «Ich glaube, dass es uns allen sehr, sehr gut getan hat.»

Wrap

Cavia nahm die Visitenkarte, die sie von Rudi bekommen hatte. Jetzt würde sie die Sache endlich mal angehen. Der Leiter der Abteilung Kommunikation des Mutterkonzerns hieß Enzo.

Es war nun an ihr, ihn anzurufen.

Erst kurz nach der Mittagspause, als noch niemand wieder da war, traute sie sich.

«Enzo hier!», hörte sie.

«Hallo, hier ist Cavia, von der Kommunikationsabteilung der …»

«Ja, ich wusste, dass du mich anrufen würdest», unterbrach er sie. «Ich glaube, wir sollten einen Termin machen, oder?»

«Äh, ja, das ist dann wohl das Beste», sagte Cavia. Sie schwieg einen Moment. «Ich meine, weil … dass wir zusammenarbeiten sollen, deswegen.»

«Wir werden essen gehen», beschloss Enzo. «Und dabei besprechen wir alles. Aber dann auch wirklich *alles*!» Er lachte.

«Gut», sagte Cavia, «und wann würde das passen?»

«Montag?», schlug er vor.

«Ja, in Ordnung», sagte Cavia. Sie war nicht selbstsicher genug, das spürte sie an allem. Los, jetzt selbst eine Idee einbringen, Cavia! «Wir könnten vielleicht einen Wrap zu uns nehmen, in einem Bistro hier in der Nähe», versuchte sie es.

«Einen Wrap?», reagierte Enzo voll Abscheu. Er sprach das W mit aus.

«Oder auch etwas anderes …», sagte Cavia.

«Na, dann gern», sagte Enzo. «Ein Wrap, das ist doch dieses essbare Küchenpapier mit Resten von Suppengemüse darin? Sorry, aber dafür ist das Leben zu kurz.»

«Sorry», sagte Cavia.

«Ach komm, ich wollte dich nur foppen. Aber ich such uns mal etwas Gutes. Der Mutterkonzern bezahlt.»

«Okay.»

«Oder stehst du nicht auf gutes Essen?»

«Doch, sogar sehr.»

«Hey, gut zu wissen. Ich auch. Nun denn, ich such uns was und setz dir dann alles in die Mail. Bis Montag!»

Verwirrt legte Cavia auf. An diesem Enzo war etwas, das sie nervös machte.

Enzo

«Hi!», rief Enzo. «Du musst Cavia sein!»

«Ja», sagte Cavia, «und dann bist du sicher Enzo.»

«Setz dich», sagte er und schob ihr den Stuhl unter. «Ich habe schon ein paar Antipasti für uns bestellt.»

«Bist du Italiener oder so?», fragte Cavia.

«Ich heiße Enzo» sagte Enzo.

Cavia sah ihn verdutzt an.

«Du hast gefragt: ‹Bist du Italiener oder so?› Aber ich heiße Enzo, nicht Oderso.»

Darüber musste er selbst herzhaft lachen.

Cavia war kein großer Fan von Wortspielen, aber wenn jemand so viel Spaß daran hatte, war es auch irgendwie charmant.

«Aber bist du Italiener?»

«Ein halber», sagte Enzo.

Es wurden Häppchen gebracht, über die sich Enzo gleich begeistert hermachte. «Nimm auch welche», sagte er, «sonst esse ich sie alle allein auf.»

Cavia machte sich also auch ans Essen, und bevor sie sichs versah, knabberte sie einträchtig mit Enzo vom Mutterkonzern italienische Häppchen.

«Mmm», sagte Cavia, «nett, das auch mal mittags zu essen.»

«Der Mittag ist der neue Abend», meinte Enzo.

Und so glitt unmerklich eine Stunde dahin, in der sie über das Essen, ihre Kollegen und ihre Urlaubsländer sprachen.

«Hey, aber», versuchte Cavia sich dann doch noch professionell zu geben, «sollten wir nicht auch noch kurz über die kombinierte Kommunikationsstrategie reden?»

«Wenn du weißt, was damit gemeint ist», erwiderte Enzo gelassen.

«Na ja, ich hatte eigentlich gedacht, dass es deine Idee war, weil du vom Mutterkonzern kommst.»

«Ach was, Quatsch. Kombinierte Kommunikationsstrategie? Gemeinsam Prospekte drucken oder so? Wahrscheinlich hat der Große Vorsitzende mal wieder ein Managementbuch gelesen.»

«Sollen wir denn nichts damit machen?»

«Nur insofern, dass wir dazu ganz viele Meetings haben müssen, damit wir alle in dieselbe Richtung marschieren.» Er lachte und sah auf sein Handy. «Ich muss an die Arbeit. Nächste Woche wieder? Ich werde inzwischen über eine Strategie nachdenken.»

Er winkte dem Kellner, um zu bezahlen.

«Und, war es nett mit Enzo und so?», fragte Kim, als sie vom Mittagessen zurückkam.

«Ging so», sagte Cavia. Sie errötete, aber das war ihr ja glücklicherweise nicht anzusehen.

«Erzähl!», bat Kim. Jetzt wollte sie alles wissen.

«Na, er ist schon ein netter Typ.»

«Groß?»

«Nein, nicht groß.»

«Ein bisschen attraktiv?»

«Na ja, auf eine bestimmte Art schon.»

Es war einen Moment still.

«Cavia, was ist los? Hat er eine Behinderung oder so was? Ist er ein Aborigine?»

«Nein», sagte Cavia. «Er ist ein Meerschweinchen.»

Karos

«Enzo ist ein Meerschweinchen?», rief Kim. «Das ist ja nicht dein Ernst!»

«Doch, aber er ist langhaarig», sagte Cavia und fügte überflüssigerweise hinzu: «Und ich bin kurzhaarig.»

«Das spielt doch keine Rolle!», rief Kim. «War er nett? Das wollen wir wissen!»

«Er mag gutes Essen.»

«Hat er jemand Festes?»

«Ehrlich gesagt, dazu sind wir während dieser ersten Lunchverabredung nicht wirklich gekommen.»

«Schade», seufzte Kim.

Stella kam herein. «Meine Damen», sagte sie. «Ich habe hier das Exemplar eines Newsletters, den ihr verschickt habt.»

Sie legte einen Stapel Ausdrucke auf Cavias Schreibtisch. «Seht mal, überall Karos und Sonderzeichen.»

«Oh», sagte Cavia, «ja, das kann passieren, das kommt dann wahrscheinlich durch deinen Browser oder vielleicht durch ein Update bei Windows oder so.»

Es war immer gut, von Updates zu sprechen. Das klang kompliziert, aber auch wieder nicht so kompliziert, dass es nicht lösbar wäre, irgendwann.

«Ja», sagte Stella, «das kann schon sein, aber wenn unsere Kunden das so kriegen, wandert der ganze Newsletter stante pede in den Rundordner, if you know what I mean.»

«Ja», sagte Cavia.

«Also?»

«Wir werden uns darum kümmern?»
«Richtig. Also bitte ein korrigiertes Mailing, aber *asap*.»
«Alright», sagte Cavia, um ebenfalls entschlossen zu wirken. Zurück zu den Mühen der Ebene.

Vermehren

Es war ein träger Vormittag. Die Heizung war nicht warm genug, doch als Cavia sie höher stellte, begannen ihre Kollegen innerhalb einer halben Stunde zu gähnen.

«Ich bin noch gar nicht auf den Herbst eingestellt», meinte Kim. «Obwohl ich schon wieder Lust auf die kalten Abende hätte. Dann lege ich mich gemütlich mit einem warmen Kakao und einer Decke auf die Couch.»

«Na, dann kriech ich gemütlich dazu», sagte Rudi, worauf Cavia etwas zu laut seufzte.

«O pardon!», rief Rudi. «Ist das etwa wieder einmal zu direkt für Madam?»

Cavia ging schnell zur Toilette und blieb unterwegs bei Roy hängen.

«Tag, Liebes», sagte Roy. Das Telefon klingelte. Mit rollenden Augen nahm er den Hörer ab, hörte zu und stellte durch. «Mein Leben ist sinnlos», sagte er zu Cavia.

«Na ja, nicht nur dein Leben, sondern das Leben im Allgemeinen ist sinnlos», versicherte sie ihm.

«Hey, das baut mich auf», sagte Roy. «Komm schon, Cavia, erzähl mal was Schönes.»

Cavia musste einen Moment tief nachdenken. «Ähm, ich war gestern mit einer Freundin im Kino ...»

«Die mit den drei Kindern?»

«Ja, die. Wir haben uns also diesen Woody-Allen-Film angesehen, und anschließend sind wir noch was trinken gegangen, und dann hat sie mir erzählt, dass sie sich ein viertes Kind wünscht!»

«Ein viertes Kind? Was treibt die Frau dazu?»

«Ich weiß auch nicht. Aber sie kriegt ihren Willen sowieso nicht, denn ihr Mann findet drei schon zu viel.»

«Recht hat er!»

«Aber ich fand es auch traurig. Sie fing an zu weinen und sagte, dass ein viertes Kind immer ein Schmusekind wird, weil es mit dem Rest der Familie dann sowieso schon läuft.»

«Aber das ist doch vollkommener Blödsinn?»

«Sie hatte es in einem Hochglanzmagazin gelesen.»

«Ich kapiere sowieso nicht, warum sich immer alle vermehren wollen. Ich finde mein eigenes Leben schon chaotisch genug.» Roy blickte ungewöhnlich ernst drein. «Und du, Caaf? Was willst du eigentlich?»

Das Telefon klingelte wieder. Roy nahm den Hörer ab. «Okay», sagte er, «ja, in Ordnung. Verstanden.» Er legte auf. «Das war Rudi», erklärte er. «Er sagte, dass er sich dazu berufen fühlen würde, dir mitzuteilen, dass die offiziöse Kaffeepause jetzt vorbei ist.»

Surprise

Es war ein ruhiger Vormittag, und Cavia telefonierte mit dem Prospektdrucker, um zu fragen, ob noch alles nach Plan laufe. «Nach Plan ...», sagte der Drucker langsam, «das hängt aber natürlich davon ab, wie man die Sache betrachtet.»

«Nun», versuchte es Cavia, «ich spreche eigentlich über die Deadline, die wir abgemacht haben, also ...»

«Ach, so ist das», antwortete der Drucker. «Nun ja, wir tun hier, was wir können, aber wie mein Opa schon sagte: ‹Mehr als sein Bestes kann man nicht geben.›»

«Oh», sagte Cavia. «Ja, äh, dann gib mal dein Allerbestes.»

Verwirrt legte sie den Hörer auf.

Hinter ihr erklang das Geräusch von Stöckelschuhen. «Surprise, surprise», kündigte Stella an, «die Weihnachtsfeier findet dieses Jahr einfach im Büro statt.»

«Reden wir jetzt schon über die Weihnachtsfeier?», fragte Kim.

«Wir reden über Einsparungen, die sich auf den Ort der Weihnachtsfeier auswirken», sagte Stella gestelzt.

«Tja, ihr Racker, sorry!», rief Rudi. «Mein Name ist Corry. Sparmaßnahmen. Sonst hätte der Kaffeeautomat weggemusst, und dabei würde mich keiner von euch unterstützen. Denke ich.»

Das Telefon klingelte. Cavia ging ran und hörte am anderen Ende der Leitung ein Seufzen. Anne-Bet, Rudis Vorgängerin. «Ich dachte, ich erkundige mich schon mal, ob ich eigentlich noch zur Weihnachtsfeier eingeladen werde», sagte sie. «Ich habe doch fast die Hälfte des Jahres noch bei euch gearbeitet, dann finde ich das eigentlich angebracht.»

«Aber Anne-Bet», erwiderte Cavia, «der Sommer ist gerade erst vorbei. Wir denken hier überhaupt noch nicht in Richtung Weihnachtsfeier. Wenn es sie überhaupt gibt. Denn das ist angesichts des aktuellen Klimas noch sehr die Frage.»

Des aktuellen Klimas.

Sie hatte es wirklich gesagt und konnte es nun nicht mehr zurücknehmen.

«Hey, noch mal zur Weihnachtsfeier!», rief Rudi quer durch die Abteilung. «Das bedeutet somit, es gibt keine Nikolausfeier! Nur der Deutlichkeit halber!»

Anne-Bet verstummte am anderen Ende der Leitung.

«Oh», sagte sie dann. «Es gibt also doch eine Weihnachtsfeier?»

«Ja, was für ein Zufall, das höre ich jetzt auch gerade!», log Cavia. Sie spürte, dass alle Augen auf sie gerichtet waren. «Komm doch auch ruhig vorbei. Das wird bestimmt nett.»

Kim rollte mit den Augen, Rudi feuerte eine imaginäre Pistole auf sie ab.

«Ja, gut», seufzte Anne-Bet.

Cavia legte den Hörer auf. Sie sah um sich. «Was hätte ich denn machen sollen?»

Genießen

Cavia merkte, dass sie schon die ganze Woche auf eine Nachricht von Enzo wartete. Hatte er ihr wegen eines neuen Termins mailen wollen, oder sollte sie ihm eine Mail schicken? Dazu hatten sie nichts ausgemacht.

Dafür bekam sie aber eine Mail von Roger. Es war eine Rundmail an alle Hochzeitsgäste. Der Tag sei, so Roger, unvergesslich gewesen. «Beigefügt ein Foto des Steingartens, den wir inzwischen angelegt haben, voller Steine, die unsere Freunde herbeigeschafft haben.» Cavia studierte das Foto eine Weile, um zu sehen, ob ihr Stein aus dem Gartencenter darunter war, doch sie konnte ihn nicht entdecken. Das war eigentlich auch zu verstehen. Das andere Foto, das der E-Mail angehängt war, zeigte Juliette, die sich an einem tropischen Ort an ein pittoresk wirkendes Fischerboot schmiegte. Ihre Haut war so weiß, dass sie fast abstrahlte, ihre Sonnenbrille schwarz und ihr Bikini leuchtend grün.

Während sich Cavia das Foto genauer betrachtete, hörte sie plötzlich hinter sich ein «Sooo, muss das während der Arbeitszeit sein, Cavia?»

Rudi.

«Sorry», entschuldigte sich Cavia, «ich hatte gerade eine Mail von Roger bekommen, und ...» Sie klickte die Mail weg.

«Nein, lass sie ruhig offen», sagte Rudi, «dann können wir sie gemeinsam genießen.»

«Aber ich habe sie überhaupt nicht genossen!», verteidigte sich Cavia.

«Ja ja», sagte Rudi.

«Echt nicht!», bekräftigte sie.

«Das ist doch nichts, für das man sich schämen müsste», sagte Rudi, während er wieder ging.

Cavia sah entrüstet um sich.

«Nicht so schnell anbeißen, Caaf», sagte Kim. «Das findet er *gerade* gut.»

Cavia verbrachte den Rest des Nachmittags damit, sich wütende Antworten auszudenken, die sie Rudi hätte entgegenschleudern können – aber nicht entgegengeschleudert hatte.

Offenbar strahlte sie so viel Frustration aus, dass Kim plötzlich von ihrem Achtsamkeitskurs zu erzählen begann, bei dem sie eine Viertelstunde lang in ihren großen Zeh habe hineinatmen müssen. «Damit man weiß, dass es ihn gibt.»

«Willst du mir etwa sagen, dass ich auch so ein Achtsamkeitstraining machen muss?», fragte Cavia mürrisch.

«Na ja, müssen ... Es kann helfen, Gefühle der Wut loszuwerden», sagte Kim vorsichtig.

Ping! Eine E-Mail. Enzo.

«Morgen, 13 h, same place?» stand darin.

«Ja», tippte Cavia schnell und schickte die Antwort ab.

Plötzlich fühlte sie sich ein ganzes Stück besser.

Aufgreifen

Enzo hatte sein Haar hochgeföhnt, das sah man gleich.

«Herrje», sagte Cavia, als sie hereinkam, «wie lange hast du dafür gebraucht?» Es klang calvinistischer, als sie es beabsichtigt hatte. Als würde man jemanden mit einem hübschen Mantel fragen: Ist der auch warm genug?

«Wieso? Nicht gut?», fragte Enzo.

«Doch, schon», sagte Cavia zögernd.

«Du bist einfach nur neidisch», sagte Enzo lachend, «weil du das nie so schön hinkriegen würdest. Na, setz dich, wir müssen essen.»

«Und eine Strategie abstecken», fügte Cavia hinzu. Inzwischen wagte sie es, so etwas mit deutlicher Ironie zu bringen.

«Das hier ist Burrata», sagte Enzo. «Eine Art Mozzarella, aber fetter.»

Lachend kam Cavia eine Stunde später wieder ins Büro.

«Uff!», sagte sie und ließ sich auf ihren Bürostuhl plumpsen.

«Und?», fragte Kim.

«Es war wieder sehr nett», sagte Cavia. «Und nein, ich weiß nicht, ob er jemand Festes hat.»

Kim wirkte enttäuscht.

Cavia hatte noch keine Zeit gehabt, darüber nachzudenken, welche Krankheit sie als Nächstes googeln sollte, als Stella auch schon angestöckelt kam.

«Das ist ja alles schön und gut, dieser Job für den Mutterkonzern», begann sie – war Stella etwa neidisch? –, «aber ich habe hier jetzt schon wieder einen unleserlichen Newsletter.» Sie atmete durch die Nase aus. «Ich weiß nicht, wie ich es euch begreiflich machen soll, aber Kommunikation, die nicht kommuniziert, ist keine Kommunikation.»

Cavia nahm den Stapel Ausdrucke, den Stella ihr reichte. «Lass mich das mal machen», sagte sie, «ich werde die Sache sofort aufgreifen.»

Das hatte sie noch nie gesagt, und Stella war sichtlich verblüfft.

Cavia griff sofort zum Telefonhörer und versuchte, Harm-Jan von der IT anzurufen, doch dann fiel ihr wieder ein, dass er Telefonangst hatte. Sie stand auf und sagte: «Ich werde mich in dieser Angelegenheit an die zuständige Stelle wenden.»

Entschlossenen Schrittes verließ sie den Raum. «So machen wir das», sagte sie laut.

Kollegen

Cavia klopfte an die Tür der IT-Abteilung, hörte nichts und trat ein. Harm-Jan lag mit seinem Kopf auf dem Schreibtisch. «Harm-Jan?», sagte Cavia vorsichtig. Am Abend vorher hatte sie sich einen Krimi angesehen. Vielleicht war er ja tot?

«Ja?», antwortete Harm-Jan.

«Oh, zum Glück, ich dachte, du wärst tot!», rief Cavia.

«Nein, ich lausche dem Gebäude», sagte Harm-Jan. Er blieb mit dem Kopf auf dem Schreibtisch liegen.

«Okay», sagte Cavia tolerant, «und was hörst du dann?»

«Eine ganze Menge», antwortete Harm-Jan, «das Ticken in den Rohren und so.»

«Oh, ich hatte schon gedacht, du kommunizierst mit dem Gebäude», lachte Cavia nervös.

«Ja, das auch», sagte Harm-Jan. Er richtete sich langsam auf. «Womit kann ich dir dienen?»

«Ähm, es stehen immer wieder lauter Karos in dem Mailing, das ich versuche zu versenden», erklärte Cavia, während sie den Stapel Ausdrucke in die Höhe hielt, «obwohl ich nichts anderes mache als sonst auch.»

«Hm», überlegte Harm-Jan. Er stierte vor sich hin.

«Kannst du das Problem lösen?» Sie legte die Ausdrucke auf seinen Schreibtisch.

«Oft liegt es am Browser.»

«Ja, das habe ich auch schon gesagt, aber das akzeptiert Stella nicht.»

«Ich schaue es mir mal an.» Er legte seine Hand auf den Stapel mit Ausdrucken.

«Okay. Schon mal vielen Dank im Voraus.» Sie drehte sich um und ging wieder hinaus.

Unterwegs auf dem Flur dachte sie: Das geht so nicht, und sie stiefelte wieder zurück.

«Harm-Jan», sagte sie, während sie die Tür aufriss, «geht es dir auch gut?»

«Wieso?», fragte Harm-Jan.

«Weil ich es ziemlich sonderbar finde, dass du dem Gebäude lauschst. Nicht, dass ich dafür nicht offen wäre, aber wenn es etwas gibt, musst du es sagen, okay? Dafür sind Kollegen da.»

«O ja», sagte Harm-Jan. Er lächelte matt.

«Na, okay», sagte Cavia verwirrt, «dann gehe ich mal wieder.»

Sick Building

«Stella?», fragte Cavia.

«Ja?», antwortete Stella, ohne hochzusehen.

«Da ist etwas Human-Resource-Mäßiges, das ich kurz mit dir besprechen möchte.»

«Stella blickte auf. «Du bist doch hoffentlich nicht schwanger?»

«Nein, natürlich nicht», antwortete Cavia.

«Gott sei Dank», sagte Stella.

Es war einen Moment still. Cavia beschloss, neu anzusetzen.

«Ich war eben bei Harm-Jan und hatte das Gefühl, dass es ihm womöglich nicht besonders gut geht.»

«Aber das ist doch nichts Neues?»

«Na ja, jetzt sieht es so aus, als ob mit ihm wirklich etwas nicht stimmt. Er lag mit dem Kopf auf dem Tisch.»

«Hm», sagte Stella. «Danke, dass du mir Bescheid gesagt hast. Ich werde das im Auge behalten.»

«Um ihm zu helfen, nehme ich doch an?», fragte Cavia, plötzlich besorgt. Sie hatte doch nicht etwa Harm-Jans Stelle in Gefahr gebracht?

«Um einzuschätzen, welche Maßnahme sich in der Situation am besten eignet», entgegnete Stella. Sie ging hinaus und ließ Cavia mit einem beunruhigten Gefühl zurück.

Als sie wieder an ihrem Schreibtisch saß, sagte Kim: «Es ist das Sick-Building-Syndrom. Denk an meine Worte.»

«Das Sick-Building-Syndrom?», fragte Cavia. «Aber davon hört man doch schon ewig nichts mehr?»

«Nein, weil alle, die dafür empfänglich sind, inzwischen Freiberufler geworden sind», sagte Kim ominös. «Es ist irgendetwas in den Neuronen, und wenn man dann den ganzen Tag lang in einem abgeschotteten Betonklotz sitzt – tja!»

Was ihr «tja» genau bedeutete, wusste Cavia nicht, aber nun sah sie den armen Harm-Jan vor sich, mit seinen empfindlichen Neuronen und bedrängt von einem Betonklotz. Und vielleicht hatte sie ihm jetzt …

Das Telefon klingelte.

«Abteilung Kommunikation, Cavia hier.»

«Einen schönen guten Tag!», schrie jemand mit einem undefinierbaren Akzent in den Hörer. «Ich möchte bei Ihnen gern etwas Kommunikation kaufen, geht das?»

«Hey, Enzo», sagte Cavia «du musst besser üben mit deiner Piepsstimme, denn natürlich habe ich sofort gemerkt, dass du es bist.»

«Schade», sagte Enzo, «ich habe mir wirklich die größte Mühe gegeben. Aber gut – weswegen ich anrufe: Ich nehme an, dass du in den nächsten Tagen schwer beschäftigt bist?»

«Mja», sagte Cavia in neutralem Ton.

»Denn ich muss Montag zu einer Konferenz nach Oxford», erklärte Enzo, «und da dachte ich …»

«Ja, gern!», sagte Cavia.

«Okay!», freute sich Enzo. «Super.»

Oxford

Es war ein angenehmer Flug. Enzo gestattete es Cavia, all seine Mandeln aufzuessen. Er selbst trank Wein. Sie sah sich die Mappe mit dem Programm der Konferenz an. «Aber wir haben auch Freizeit», sagte Enzo. «Ich kenne da einen ausgezeichneten Pub in Oxford, den ich dir zeigen möchte.»

Als er kurz zur Toilette ging, sah Cavia, dass er haarte. Das rührte sie.

«Ich haare», sagte Enzo dann auch selbst, als er zurückkam. «Kriege ich immer, wenn die Heizperiode wieder anfängt.»

«Das musst du mir nicht erzählen», sagte Cavia.

In London nahmen sie gleich einen Zug nach Oxford und dann ein Taxi zu einem etwas deprimierend wirkenden Vorort, in dem sich das Hotel-Slash-Konferenzzentrum befand, dicht neben einem Fußballstadion. WELCOME COMMUNICATION PROFESSIONALS! stand auf einem Transparent an der Rezeption.

Sie checkten ein. Zwei Zimmer, natürlich.

«Ein Stündchen ausruhen», schlug Enzo vor, «und danach dann zur Eröffnung?»

Da lag Cavia also allein auf einem Doppelbett. Sie schaute sich noch kurz eine hypnotisierende Fernsehsendung an, in der es ums Gärtnern ging, und schlief schon bald ein.

Sie wurde durch ein Klopfen geweckt, schreckte hoch, rannte verwirrt zur Tür und öffnete sie. Enzo.

«Bist du so weit?», fragte er. Na ja, eigentlich nicht.

«Ja, klar!», sagte Cavia und griff schnell zu ihrer Mappe.

In einem Fell, das vom Kopf bis zu ihren Füßen zerzaust war, betrat sie zusammen mit Enzo einen schummrig beleuchteten Saal im Untergeschoss des Komplexes.

Alle saßen bereits auf ihren Plätzen. Rasch suchten sie sich zwei Stühle im rückwärtigen Teil.

Hinter einem Rednerpult stand ein grauhaariger Mann. «Communication is transferring information from one person or group to another person or group», intonierte er feierlich. Er drückte einen Knopf, und auf dem Bildschirm hinter ihm erschienen dieselben Worte noch einmal.

Im Saal war es warm. Und dunkel. Cavia dachte an das Nickerchen, das sie gerade eben gemacht hatte.

Pub

Der Applaus ließ Cavia mit einem Schreck aufwachen. Sie war an Enzos Schulter eingenickt. Wie lange hatte sie geschlafen? Sie sah Enzo an, der ihren Blick lachend erwiderte. «So, und jetzt bitte eine kurze Zusammenfassung dieser spannenden Präsentation», sagte er.

Cavia kicherte schuldbewusst.

Es gab Gelegenheit, mithilfe eines drahtlosen Mikrofons, das umständlich durch die Reihen weitergereicht werden musste, Fragen zu stellen. «Mikrofontechnik ist alles», schrieb Cavia auf ihre Mappe, die sie Enzo hinhielt.

«Komm, wir gehen», schrieb er zurück.

Polternd verließen sie den abgedunkelten Raum und traten

in einen Nachmittag mit strahlendblauem Himmel, einer gleißend-hellen Sonne und umherwirbelnden Blättern.

«Sollten wir nicht hierbleiben?», fragte Cavia noch, doch Enzo fand: «Es gibt Grenzen.»

Mit einem Taxi fuhren sie ins Zentrum von Oxford, unternahmen auf gut Glück einen Spaziergang durch die Stadt und landeten schließlich vor dem Pub, auf den Enzo sich gefreut hatte. Er bestand aus verschiedenen kleinen Gebäuden mit durchhängenden mittelalterlichen Dächern. Dazwischen gab es kleine Innenhöfe mit langen Tischen, an denen jedermann gemütlich beim Bier saß. Man konnte noch gut draußen sitzen, fand Cavia, wenn man sich die Frische für einen Moment aktiv wegdachte.

Die Studenten und Dozenten, die dort saßen, ähnelten Figuren aus einem Harry-Potter-Film beziehungsweise einer Folge von Inspektor Lewis. Sie setzten sich an einen der Tische. Enzo holte für sich ein Pint und für Cavia («Wenn schon, denn schon») ein halbes Pint. Dazu gab es dann noch eine Ofenkartoffel, sehr viele Tortilla-Chips sowie ein weiteres Pint und ein halbes Pint – und dann war es dunkel. Enzo und Cavia hatten über ihre Schulzeit gesprochen, ihr Studium und ihre Abteilungen – Cavia hatte von ihrem Nichtstun während des Sommers erzählt. Und dann war es still.

Enzo räusperte sich und sagte: «Du kommst doch gleich mit zu mir auf mein Zimmer, oder?»

Cavia verschluckte sich.

«Ja, sorry, dass ich es so plump sage, aber ich kann es nicht gut haben, wenn ein Spannungsfeld zu lange anhält», sagte er.

«Okay», sagte Cavia.

So ging es also auch.

Hm

Genau richtig, dachte Cavia. Genau richtig. Das war mal eine Nacht gewesen, die sich genau richtig angefühlt hatte.

Neben ihr lag Enzo, ein großes Büschel Haare, und schnarchte. «Nein, nein!», murmelte er mit größter Dringlichkeit.

Cavia stieß ihn an. «Enzo.»

Er schrak hoch und richtete sich ein wenig auf. «Was?», rief er.

«Nichts», beruhigte ihn Cavia, «aber es ist Morgen, und du hast im Schlaf geredet.»

Er ließ sich mit einem Seufzer wieder aufs Kissen sinken. «Ich habe geträumt, dass ich in Arnheim wäre, in einem Café. Ich habe jeden nach der Adresse des Cafés gefragt, aber keiner wusste sie.»

«Und da bist du in Panik geraten?», fragte Cavia.

«Ja, es ist doch komisch, wenn niemand die Adresse kennt, an der er sich gerade aufhält?» Enzo stand noch mit einem Bein in seinem Traum, das war deutlich zu merken.

«Müssen wir schon aufstehen?», fragte Cavia. «Es ist halb neun.»

Enzo machte die Augen nun richtig auf. «Dann müssen wir aufstehen. Soweit ich weiß, fängt das nächste Seminar schon um Viertel nach neun an.»

«Und worum geht es da?»

«Um sich wandelnde Kommunikationsskills in einer sich wandelnden Welt, nehme ich an.»

Cavia fragte sich, ob sie etwas über die vorangegangene

Nacht sagen sollte. «Fandest du es auch so schön?», versuchte sie es in Gedanken, doch sie verwarf es gleich wieder, weil es zu abhängig klang.

«Ich glaube, dass wir schönes Wetter kriegen», sagte sie dann.

Sie schwiegen. Cavia beschloss in diesem Moment der Stille, dass sie locker-flockig sagen würde: «Hm, schön.» Das wäre vage genug und die Nacht damit zumindest ein wenig umschrieben.

Gerade als sie mit ihrem «Hm» einsetzen wollte, vibrierte Enzos Smartphone. Er sah kurz auf das Display, runzelte die Stirn und sagte: «Oh, da muss ich ran.»

Er ging in den Flur.

Cavia hörte ihn sagen: «Nein … Nein … Jetzt, in diesem Stadium nicht, nein.» Am anderen Ende der Leitung wurde gesprochen, darauf erwiderte Enzo: «Das passt mir jetzt wirklich sehr schlecht.» Danach war es einen Moment still, und dann hörte sie Enzo resigniert sagen: «Okay. In zehn Minuten über Skype.»

Er kam wutschnaubend ins Zimmer zurück. «Eine furchtbare Frau!»

«Wer?», fragte Cavia.

«Jemand aus dem Vorstand», sagte Enzo. Er begann an seinem Laptop herumzufummeln. «Haben wir hier überhaupt WLAN?», murmelte er.

«Was ist denn los?»

«Na, halt dich fest, sie will eine kombinierte Kommunikationsstrategie. Und dazu muss ausgerechnet jetzt geskypt werden. Denn sie sitzt gerade in der Konzernzentrale mit irgendeinem Marketingstrategen zusammen.»

Er loggte sich bei Skype ein.

«Soll ich gehen?», fragte Cavia.

«Wie du willst», sagte Enzo geistesabwesend. «Oder na ja, es macht vielleicht keinen besonders guten Eindruck, wenn man dich im Hintergrund in meinem Bett liegen sieht.»

Burnout

Cavia war wieder im Büro. Draußen wehte es, und ein Zweig tickte an die Fensterscheibe.

Kim mailte: «Aber was ist denn passiert?»

«Enzo musste plötzlich zurück. Wegen des Vorstands. Aber ansonsten war es sehr schön.»

Zum Glück hatte Enzo sie angerufen, kurz nachdem sie heimgekehrt waren. Und er hatte gesagt, dass sie sich bald wieder verabreden würden. Aber sie wusste nicht, ob sie ihn nun anrufen oder es im Gegenteil lieber bleiben lassen sollte.

Kim versuchte mit den Augen rollend ihre Aufmerksamkeit zu erregen, doch weil Rudi diese Art Rudelbildung immer sofort mitkriegte, mailte Cavia rasch: «Später.»

«Ich bitte darum!», mailte Kim zurück.

Kurz danach traf auch eine Mail von Roy ein, in der lediglich stand: «Was höre ich da?»

Gleich darauf sagte Rudi plötzlich: «So, Caaf, hast du die Beziehung zum Mutterkonzern mal ein bisschen vertieft?» Er lachte.

«Hm», sagte Cavia.

Es war still. Kim mailte. «Von mir hat er es nicht.»

«Hallo, darf ich euch alle mal kurz um eure Aufmerksamkeit bitten?», ertönte es plötzlich aus der Ecke, in der Stella saß. «Harm-Jan von der IT kommt vorläufig nicht mehr zur Arbeit, weil er ein Burnout hat. Wenn also jemand von euch jemanden kennt, der etwas von IT versteht ...»

«Hä?», sagte Kim. «Harm-Jan?»

«Wollte er das denn selbst?», fragte Cavia argwöhnisch.

«Dazu möchte ich mich jetzt nicht äußern», sagte Stella. «Aber ganz allgemein kann ich dazu sagen, dass wir hier mit Menschen arbeiten, die motiviert sind und zu zweihundert Prozent für ihre Arbeit brennen. Und wenn das nicht der Fall ist, suchen wir nach einer Lösung.»

«Aber er kommt doch wohl wieder?», wollte Kim wissen.

«Das muss der Betriebsarzt entscheiden», antwortete Stella. «Der Kern meiner Botschaft lautet also: Wenn ihr einen arbeitslosen Nerd kennt ... bitte melden.»

«Burnout ist natürlich bloß ein anderes Wort dafür, dass einer sich anstellt», sagte Rudi.

«Also Rudi, das solltest du nicht sagen», begann Kim. «Ich kenne jemanden, der überhaupt nicht mehr atmen konnte. Echt!»

«Wenn man überhaupt nicht mehr atmen kann, stirbt man», sagte Rudi. «Was letztlich auch eine Lösung des Problems wäre.»

Es herrschte einen Moment Stille.

Cavias Telefon vibrierte. Eine SMS. Von Enzo.

«Ich kann ziemlich gut kochen», stand dort.

Bauern

Enzo wohnte in einer sehr viel besseren Gegend als Cavia, in einem Haus mit hohen Decken. Cavia hatte nun schon ein paarmal in Enzos Bett übernachtet und wusste inzwischen sogar, wie die Espressomaschine funktionierte. Und sie hatte auch bereits eine

Grußbeziehung zur Nachbarin, die unter Enzo wohnte und die ihr jedes Mal interessiert nachsah, wenn sie nach oben stieg.

Es war Sonntag, und sie gingen zum Bauernmarkt in der Nähe. «Schön ländlich», sagte Cavia, während sie unterwegs waren.

Das Ländliche erwies sich als Enttäuschung. Es gab dort überhaupt keine Bauern, sondern nur Männer mit Bärten, die längst vergessene Rosskartoffeln verkauften und ein drahtloses Kartenzahlgerät hatten. Auch wurden traditionell hergestellte Würste verkauft, und man trank Champagner.

An einem Stand mit Kastanien sah Cavia plötzlich Harm-Jan, er trug einen Rucksack. «Hey, Harm-Jan!», sagte sie. Harm-Jan erschrak.

«Das ist Enzo», sagte Cavia, «mein ähm ...»

«Ich bin ihre haarige bessere Hälfte», sagte Enzo feierlich. Cavia lächelte. Harm-Jan streckte die Hand aus. «Ich, äh ... bin Harm-Jan.»

«Wie geht es dir?», fragte Cavia.

Harm-Jan sah sich nervös um. «Ich versuche jeden Tag, kurz nach draußen zu kommen.»

«Ist dir das denn hier nicht zu viel Gedränge?», fragte Cavia. Leute mit teuren Sonnenbrillen schlenderten vorbei.

«Ich bin hier aus Versehen gelandet.»

«Wie wär's mit einem Kaffee?», fragte Enzo.

Sie gingen zu einem Espressostand. Innerhalb von zwei Minuten waren Harm-Jan und Enzo in ein detailliertes Gespräch darüber vertieft, was man alles beachten musste, wenn man sein eigenes Bier braute. Harm-Jan hatte das schon mal gemacht und Enzo immerhin darüber nachgedacht.

Cavia hatte Harm-Jan noch nie so entspannt gesehen.

Erst als die teuren Sonnenbrillen wieder nach Haus gegangen waren, um längst vergessene Rosskartoffeln zu kochen, nahmen sie Abschied.

«Netter Bursche», sagte Enzo über Harm-Jan.

«Er hat ein Burnout», erzählte Cavia.

«Jeder, der zehn Jahre in der IT beschäftigt ist, kriegt ein Burnout», sagte Enzo. «Und wenn man es nicht kriegt, stimmt was nicht mit einem.»

Ein leeres Haus

Cavia saß da und tippte. In der Ferne hörte man es donnern, was Cavia unendlich gemütlich fand. Für sie war es ein Signal, dass sie später am Nachmittag eine Tasse heißen Kakao trinken durfte. Oder teuren, aber leckeren Kaffee. «Mm!», sagte sie laut, denn sie war allein. Rudi war auf einem Kurs, Kim krank und Stella mit etwas beschäftigt, über das sie nicht sprechen wollte. Cavia vermutete, dass es um Botox ging oder um Filler. Ein Zittern durchlief ihren Körper.

Roy sah um die Ecke, blieb aber an der Tür stehen. «Was machst du gerade?», fragte er träge, gefolgt von einem «Ich langweile mich zu To-de.»

«Ich arbeite an einem neuen Mailing.»

«Willst du auch gleich Kaffee?» Er seufzte.

«Wie geht es dir eigentlich, Roy?»

«Ach, hör auf», sagte er. «Ich glaube, ich habe fürs Erste genug vom Daten.»

Das war neu. «Wieso das denn?»

«Man kann sich zwar Nacht für Nacht beiwohnen lassen, aber letztendlich steht man dann doch mit einem leeren Haus da.»

Man konnte sich darauf verlassen, dass es Roy immer wieder gelang, unangenehme Details pseudophilosophisch zu verpacken. Er seufzte erneut.

«Weißt du was?», sagte Cavia. «Ich mache das hier kurz zu Ende, und dann gehen wir zusammen zu dem Laden um die Ecke und holen uns einen leckeren Kaffee.»

Roy lebte auf und klatschte in die Hände. «Ja!» Fröhlich hüpfte er wieder zurück auf seinen Posten. Er war ein unkomplizierter Mensch.

Cavia beschloss, Enzo anzurufen.

«Hallo?», rief Enzo laut.

«Ich bin's», sagte Cavia.

«Hi! Kann ich dich später zurückrufen?»

«Ja, klar», sagte Cavia. «Oder warte mal: Sehen wir uns heute Abend noch?»

«Weiß ich noch nicht, hier ist plötzlich ziemlich was los.»

Jetzt bloß nicht die Klagenummer raushängen lassen, Cavia, sagte sie sich in Gedanken. «Okay, dann viel Erfolg!»

«Tschüss, Haarbällchen!»

«Tschüss.» Cavia legte auf.

Auf der Decke

«Ich habe eine gute und eine schlechte Nachricht», sagte Rudi. «Welche wollt ihr zuerst hören?»

«Die schlechte Nachricht», entschied sich Cavia, während Kim «Die gute!» rief.

Rudi schien die Antwort auf seine Frage nicht weiter zu beschäftigen. «Wir machen eine Klausurtagung! Inklusive Übernachtung!»

Cavia fragte sich, ob das die gute oder die schlechte Nachricht war.

«Allerdings», fügte Rudi hinzu, «wird es aufgrund der finanziellen Situation der letzten zwei, drei Jahre etwas weniger luxuriös zugehen, als man es sich unter einer Klausurtagung vorstellt.»

Cavia war noch nie auf einer Klausurtagung gewesen, sie fand es daher schwierig, sich das dazu passende Luxusniveau vorzustellen.

«Es ist», sagte Rudi und schien sich ein wenig zu schämen, «in einem Naturfreundehaus.»

«Oh! Bei den Naturfreunden!», rief Roy, der gerade die Kaffeetassen einsammelte. «Daran habe ich sehr viele Erinnerungen. Sehr viele!»

Alle waren kurz still, um Roy nicht zu ermuntern.

«Und worum soll es bei dieser Klausur gehen?», versuchte Cavia das Gespräch wieder in Gang zu bringen.

«Wir werden alle gemeinsam ein paar Milestones erarbeiten, Commitment generieren, Best Practice diskutieren, solche Sachen», sagte Rudi entschlossen.

«Na ja, das geht dann aber schon auf Kosten der Arbeit», sagte Stella.

«Ja!», pflichtete Cavia ihr bei. «Ich bin noch mit einem Mailing beschäftigt, das raus muss ...»

«Das mag ja alles sein, aber die Klausur ist ein Fakt», sagte Rudi. «Um ganz ehrlich zu sein, es ist eine Idee des Mutterkonzerns. Aber was soll's? Da heißt es, mal kurz die Zähne zusammenbeißen und sich abends ordentlich einen auf die Lampe gießen.»

O ja, das war natürlich der wahre Zweck eines solchen Tages, machte sich Cavia klar.

«Kommen die anderen Abteilungen auch mit?», fragte Kim.

«Nun, der Mutterkonzern schon», antwortete Rudi, «vom Rest weiß ich es nicht.»

«Oh, toll, dann ist Enzo auch da!», sagte Kim.

«Ja, aber es gibt getrennte Schlafsäle, Cavia!», rief Rudi. «Die Pfötchen bleiben auf der Decke!»

Unterwegs

Zum Glück war das Wetter gut, das schon. Cavia saß zusammen mit Rudi und Kim bei Stella im Auto, einem tadellos aussehenden roten Mini Cooper. Roy kam mit dem Bus und Enzo mit dem Mutterkonzern. Um die Dinge nicht «unnötig zu verkomplizieren», hatten Enzo und Cavia beschlossen, jeweils mit den eigenen Kollegen anzureisen.

Irgendwo auf der A1 sagte Rudi: «Sooo! Und gleich wollen wir mal schauen, was der Typ von dir zu erzählen hat, Cavia!»

«Äh, wieso?», fragte Cavia.

«Er muss doch eine Präsentation halten. Hat er das nicht erzählt? Über globale Kommunikationsstrategien!»

Nein, das hatte Enzo nicht erzählt.

«Vielleicht ist es mir kurz entgangen», sagte sie begütigend, «oder es war ihm nicht so wichtig. Er ist ziemlich relaxed, was solche Sachen angeht.»

«Na, ich fände es komisch, wenn mein Partner das nicht mal erwähnen würde», mischte sich Stella ein.

«Ich glaube, wir haben über andere Dinge gesprochen»,

sagte Cavia in der Hoffnung, damit das Gespräch beenden zu können.

«Ja ja!», rief Rudi. «Das kennen wir! Andere Dinge! Ha ha!»

Cavia sah aus dem Fenster.

«Stanley und ich wollen vielleicht ein neues Auto kaufen», versuchte Kim das Thema zu wechseln. «Aber dann hat man das Problem ‹Welches Auto?› Und darüber reden wir jetzt schon seit Monaten.»

«Toyota», riet Rudi, «so schwer ist das nicht. Ist einfach zuverlässig, und schon ist man fertig. Hör mal, für mich ist es wichtig, dass ein Auto gut beschleunigt, und das nimmt man dann gern mit, aber darüber denkt nicht jeder so wie ich.»

«Ich will vor allem bequem einparken können», sagte Stella, während sie einen langsam dahinfahrenden Transporter überholte.

«So hat jeder seine Vorlieben», sagte Rudi in fast feierlichem Ton. «Steuerliche Abzugsfähigkeit. Auch nicht unwichtig.»

Cavia sah nach draußen, auf einen Lärmschutzwall entlang der Autobahn.

«Was fährst du eigentlich, Cavia?», fragte Rudi. «Einen Fiat 500?»

«Ich habe keinen Führerschein», gestand Cavia. «Ich fahre meist mit dem Zug. Im Ruhebereich.»

Erbsen

Das Naturfreundehaus, in dem die Klausur stattfand, war mit beigefarbenen Steinplatten ausgelegt, die auch schon in den Siebzigerjahren scheußlich ausgesehen haben mussten. Das Wetter war annehmbar, doch eine Klausur bedeutete nun einmal, dass man, in dem Wissen, dass draußen ein Herbstwald um Aufmerksamkeit schrie, in einem geschlossenen Raum sitzen musste.

Cavia stand an einem Resopaltisch und pumpte sich aus einer großen Thermoskanne Kaffee in ihre Tasse.

«Die haben sie bei meinen Eltern in der Kirche auch», sagte Roy. «Schrecklich.»

«Gehen deine Eltern denn in die Kirche?», fragte Cavia.

«Hör bloß auf», sagte Roy, «die Leute leben förmlich in der Kirche. Ich habe den größten Teil meiner unglücklichen Kindheit damit zugebracht, diesen gelben Klitschkuchen zu essen, im Begegnungsraum nach dem Kindergottesdienst.» Er lachte, nicht wirklich fröhlich.

Cavia roch Enzo schon, bevor sie ihn überhaupt sah. «Was ist los?», fragte sie. Sie konnte fast mitverfolgen, wie ihm die Haare ausfielen.

Er zog sie mit sich in eine Ecke. «Ich muss eine Präsentation halten», flüsterte er panisch.

«Ja? Aber das kannst du doch», beruhigte ihn Cavia.

«Ja, wenn ich sie vorbereitet hätte!», sagte er. «Ich wusste von nichts! Das heißt, ich sehe zwar jetzt, dass es in meinem Kalender steht, aber da hatte ich schon eine ganze Weile nicht reingeschaut.»

Es war das erste Mal, dass Cavia Enzo gestresst sah. Seine Augäpfel huschten nervös hin und her, und er kratzte sich am Hals.

«Was jetzt?», fragte sie.

«Ich werde improvisieren müssen», sagte er beherzt.

Cavia klopfte ihm ermutigend auf den Rücken.

«Na, dann wollen wir mal», sagte Enzo. «Und erinnere mich daran, dass ich hinterher die Kündigung einreiche und einen Biobauernhof aufmache.» Er machte sich auf, hielt inne, drehte sich um und fügte hinzu: «Mit einem Erbsenfeld.»

Präsentation

«Darf ich schon einen kleinen Scherz darüber machen?», fragte Cavia. Sie saßen in Enzos Auto und fuhren mit hundertachtzig Stundenkilometern nach Haus.

«Na los. Was habe ich alles gesagt? Ich habe es komplett verdrängt.»

«Du hast gesagt: ‹Gerade in diesen Zeiten ist Kommunikation etwas, das kommuniziert werden muss.›»

«O Gott, wie furchtbar!» Enzo sah gequält drein.

Seine Präsentation war ein Leidensweg gewesen. Cavia hatte versucht, sich auf die Holzverkleidung der Wände und die beigefarbenen Steinplatten zu konzentrieren, trotzdem hatte sie Stella laut durch die Nase atmen hören. Und Rudi hatte einem

Controller des Mutterkonzerns laut und deutlich zugeflüstert: «Das nenne ich professionell.»

Es war, kurz gesagt, nicht Enzos *finest hour* gewesen.

Gleich im Anschluss an die Präsentation hatte Enzo gesagt: «Komm, wir gehen», und Cavia war ihm gefolgt. Eigentlich hatten sie noch einen halben Klausurtag vor sich gehabt sowie einen Umtrunk plus eine Übernachtung, aber jetzt fuhren sie plötzlich auf der Autobahn, das Dachfenster offen.

In jeder Beziehung gibt es einen Moment, in dem man den anderen in grellem Scheinwerferlicht sieht, überlegte Cavia. Das war nicht schlimm, wenn man hinterher nur wieder den Dimmer in seinem Kopf anschalten konnte.

Ihren Ex Roger hatte sie einmal einen Zelthering in den Boden treten sehen, wobei er sich seinen Mittelfußknochen brach. Er war mit übertriebenem Gejammer über den Campingplatz gehinkt. Ein Wunder, dass sie danach überhaupt noch bei ihm geblieben war, und das auch noch so lange, bis er *sie* aufs Abstellgleis geschoben hatte. Das war jetzt zwei Jahre her.

Cavia blickte zur Seite. Enzo konnte, was sie betraf, tausend peinliche Präsentationen halten. Oder doch wenigstens hundert.

«Ich meine es übrigens ernst, Caaf», sagte Enzo. «Sollen wir nicht das Ruder herumreißen? Einfach etwas radikal anderes machen?»

Newsletteter

Cavia tippte einen Newsletter. Doch als sie ihn gerade abschicken wollte, sah sie, dass sie im Header «Newsletteter» statt «Newsletter» geschrieben hatte. Cavia starrte lange auf das Wort. «Newsletteter» hatte was, rein vom Klang her. Doch ansonsten bedeutete es, dass sie ihre Arbeit noch einmal gut kontrollieren musste.

Sie druckte den Newsletter aus und begann, ihn sich selbst leise vorzulesen.

«Vollziehst du gerade ein satanistisches Ritual?», wollte Rudi wissen.

«Nein», erwiderte Cavia, «aber ich werde das mal besser irgendwo anders machen.»

«Na, na», sagte Rudi, «bin ich da etwa jemandem auf die Pfötchen getreten?»

Sie ging zur Toilette. Nach der Klausur hatte sie sich so viele Scherze über Enzo anhören müssen, dass sie all die Versuche, humorvoll zu sein, inzwischen ein wenig ermüdeten, und insbesondere, wenn es sich um den Humor von Rudi handelte.

Auf der Toilette war es zumindest ruhig. Vor dem Spiegel fuhr sie mit dem Laut-Vorlesen fort. «Es ist Herbst. Das bedeutet, dass die Nächte länger werden und die Tage kürzer. Das Licht wird früher angemacht und die Heizung ebenfalls. Es bedeutet aber nicht, dass ...»

Hinter ihr betätigte jemand die Spülung. Cavia hielt inne.

Stella kam aus einer der Toiletten. «Neue Arbeitsmethode, Cavia?»

«Nein, ich musste es kurz laut …»

«Lass nur», sagte Stella. «Ich habe längst aufgehört, in diesem Büro nach Logik zu fragen.»

Als der Newsletter endlich verschickt war, verwandte Cavia den Rest des Nachmittags darauf, eine Ameise dabei zu beobachten, wie sie sich ekstatisch mit einem Zuckerkorn auf ihrem Schreibtisch abmühte.

Um fünf Uhr bekam sie eine Mail von Enzo. «Sechs Uhr bei La Acetosa?», stand darin.

«Okay», mailte sie zurück.

«TOP!», lautete die Antwort. Enzo war nun mal ein Fan von Großbuchstaben, und auch des Ausrufezeichens.

Gleich darauf trudelte noch eine Mail ein: «Ich muss dir was erzählen.»

Ruder

Enzos Augen glänzten. Er biss von einer Bruschetta ab und sagte mit vollem Mund: «Halt dich fest: Ich habe gekündigt!»

«Oh!», reagierte Cavia in einem Ton, von dem sie hoffte, dass er als begeistert interpretiert werden würde. «Warum? Wegen der Klausur?»

«Die Klausur?», sagte Enzo, aufrecht verwundert. «Ach was, nein, es war eine Aneinanderreihung von Dingen. Wenn mir in diesem Jahr eins klar geworden ist, dann ist es das: Es gibt im Leben Wichtigeres als die Kommunikation.»

«O je!», entfuhr es Cavia. Sie wusste das schon lange, fand es jedoch ein wenig drastisch, daraus nun gleich Konsequenzen abzuleiten. «Bist du dir sicher?», fragte sie.

«Ja, ich bin in einem Alter, in dem ich das Ruder noch herumreißen kann. Und ich bin voller Ideen!» Er sah sie lachend an. «Aber erst ein bisschen schmusen!»

Cavia stand auf und begrub ihr Gesicht in seinem langen Haar.

«Mmm», sagte Enzo.

«Was hast du denn für Ideen?», fragte sie aus der Umarmung heraus.

«Na ja, ich denke ernsthaft darüber nach, mit einem Foodtruck loszuziehen.»

«Einem Foodtruck?»

«Ja!»

«Wie hip», sagte Cavia und sah ihn an, «... und interessant!», fügte sie rasch hinzu. Denn das sollte es natürlich vor allem sein: interessant. Enzo konnte gut kochen. Und eine Beziehung mit einem Koch war immer eine Art Traum gewesen, um auf die Frage «Was macht dein Freund?» antworten zu können: «Der ist Koch.»

Für einen Moment sah sie Stevens Gesicht vor sich.

«Ja, findest du es interessant?», fragte Enzo.

«Ja, natürlich», antwortete Cavia. Aber sie fand es schwierig, sich auf demselben Begeisterungslevel zu bewegen wie er. Man stelle sich nur vor, dass Enzo ihr, während er in einem Topf rührte, entgleiten würde, in Richtung einer neuen Welt voller kulinarischer Typen.

«Ich finde das echt unheimlich schön für dich, Enzo», sagte sie.

«Danke, liebes Haarbällchen. Und weißt du, was mir klar geworden ist: Ich traue mich, diesen Schritt zu machen, weil ich dich an meiner Seite habe.» Er sagte es feierlich und schenkte Wein ein.

«Was willst du eigentlich in diesem Foodtruck zubereiten?», fragte Cavia.

«Gulasch!», rief Enzo. «Und der Truck wird ‹Gulasch-Enzo› heißen! Er lehnte sich zurück. «Denn alle haben immer Lust auf Gulasch, aber meist wissen sie es erst, wenn es ihnen angeboten wird.»

Cavia dachte kurz nach. «Glaubst du, dass die Menschen es okay finden, Gulasch von einem Meerschweinchen zu kaufen?», fragte sie vorsichtig.

«Nicht von einem Meerschweinchen», sagte Enzo, «von zweien.»

Gulasch

Es war wie ein Heiratsantrag. Allerdings einer ohne Heirat. Wollte sie mit in den Gulaschbus? Oder wollte sie schön im Büro bei ihrem Hefter und der Schachtel mit den Büroklammern bleiben?

«Darf ich das eine Weile auf mich wirken lassen?», fragte sie. Enzo war deutlich enttäuscht, fasste sich aber schnell wieder. «Lass dir Zeit», sagte er.

Einen Tag später sah sie, dass er dabei war, ein Ticket zu buchen. «Wo willst du hin?», fragte sie.

«Nach Ungarn», sagte er. «Ich muss natürlich ein paar Wochen in die Gulaschkultur eintauchen. Aber es scheint mir für alle Seiten besser, wenn ich das allein mache. Sonst setze ich dich zu sehr unter Druck.»

«Oh», sagte Cavia, verdutzt über so viel Tatkraft.

An diesem Abend aßen sie vegetarische Bällchen mit Pfannengemüse, die Cavia auf Enzos gasbetriebenem Sechsflammenherd zubereitet hatte. «Was ist das, Caaf?», fragte Enzo.

«Ich versuche, nicht zu sehr zuzunehmen», gestand Cavia.

«Aber ich bin doch verrückt nach dir?», sagte Enzo. «So, wie du bist.»

«Das ist lieb von dir.»

Doch der Gulaschbus stand noch immer ein wenig zwischen ihnen.

Los!

Mit einem beschwerten Gefühl betrat Cavia die Marmorhalle. Roy saß am Telefon und warf ihr mimisch Küsschen zu. Sie mimte eines zurück.

Kim war nicht da. Rudi saß am Schreibtisch und starrte intensiv auf seinen Bildschirm.

Cavia sah nach draußen. Die Bäume waren völlig kahl. Weiter hinten in der Straße pfiff jemand «California Dreaming». Eine Leuchtstoffröhre machte ein surrendes Geräusch und fiel dann aus.

Los!, redete sich Cavia in Gedanken gut zu. In die Hände gespuckt. Um gleich darauf zu überlegen, dass sie ja Pfoten hatte.

Stella betrat die Abteilung und fing voller Tatendrang an, Ordner aus dem Regal zu ziehen. «An die Arbeit», sagte sie, scheinbar beiläufig, doch Cavia interpretierte es als einen Befehl. Sie stellte ihren Computer an, und während er hochfuhr, klingelte ihr Telefon.

«Ich dachte, ich ruf doch noch mal an», sagte Enzo, «denn du brauchst dich wirklich absolut nicht verpflichtet zu fühlen, in dem Gulaschbus mitzufahren, weißt du?»

«Nein, ich fühle mich nicht verpflichtet. Ich denke nur einfach noch ein bisschen darüber nach.»

«Ja, aber ich kann auch immer noch Josje fragen.»

«Wer ist Josje?»

«Oh, das ist jemand von früher.»

Cavia war nicht sonderlich erpicht auf jemanden «von früher».

Sie spürte, dass ihr Gespräch mitgehört wurde. Jetzt ging es darum, es so schnell und so neutral wie möglich zu beenden.

«Wir besprechen das einfach später, okay?», fragte Cavia.

«Oh. Ja, in Ordnung», sagte Enzo. Er klang enttäuscht.

Mit einem unguten Gefühl legte Cavia auf.

«Und? Gibt es Konkurrenz, Cavia?» Rudi natürlich.

«Nein, das war rein geschäftlich», sagte Cavia.

«Ja, ja», lachte Rudi verschmitzt. «Alles fängt immer rein geschäftlich an.»

Josje

Cavia saß an Enzos Küchentisch und blätterte gedankenverloren durch den ungarischen Guide Michelin. Mit aller Macht versuchte sie zu vermeiden, über Josje-die-vielleicht-für-die-Mitarbeit-im-Gulaschbus-gefragt-werden-würde nachzugrübeln. Dann und wann hörte sie Enzo Telefonate führen – sie nahm an, mit Josje –, in denen es um Gulaschrezepte und Magnetstreifen zur Befestigung am Foodtruck ging. Cavia schwieg über ihre Sorgen.

Neulich, an einem Morgen der Schwäche, hatte sie Roy dann doch davon erzählt.

«Ach Schatz, du solltest Enzo *gerade* danach fragen!», hatte er ausgerufen. «Denn was für eine Art Freundin wärst du, wenn du kein bisschen Eifersucht zeigen würdest!»

Rudi war dazugekommen. «Geht es um diese Josje?»

«Nein Rudi, es geht um die Frage, ob Eifersuchtsgefühle in einer Beziehung erwünscht sind oder nicht», hatte Roy geantwortet.

Cavias Versuche, ihn mit Blicken zum Schweigen zu bringen, waren von Roy gar nicht erst beachtet worden.

«Ein bisschen Eifersucht ist gerade gut», hatte Rudi gesagt. «Meine Frau wird noch immer eifersüchtig, wenn ich auf dem Campingplatz ein Gespräch mit einer anderen Mutti führe.»

«Mutti!», hatte Cavia sich geekelt.

«Ja, ich weiß, was du meinst», so Rudi, «aber manche Muttis können sich durchaus noch sehen lassen, weißt du?»

Enzos Kühlschrank sprang an, und Cavia schlug den Guide Michelin zu. Sie musste die Sache nun doch ansprechen.

«Enzo?», rief sie.

Er kam aus dem Arbeitszimmer. «Ja?»

«Wer ist diese Josje eigentlich genau?» Sie versuchte, warm und interessiert zu klingen.

«Ich wusste, dass du mich das fragen würdest.»

«Rein aus Interesse!», verteidigte sich Cavia.

«Josje ist meine Ex.»

«Oh.»

«Aber sie ist, wie gesagt, meine Ex. Ich habe nichts mit ihr.»

«Wer hat die Sache beendet?»

«Sie.»

«Hm.»

Den Rest des Abends über quälte sich Cavia mit dem Gedanken daran, dass Enzo, hätte es an ihm gelegen, womöglich bis ans Ende seiner Tage mit Josje zusammengeblieben wäre.

Jetzt ging es darum, sich im Weiteren so nett wie möglich zu geben. Schon in ein paar Tagen würde er abreisen, und es lag natürlich nicht in ihrem Interesse, dass sie ihn in die Arme dieser Josje trieb.

Umdenken

«Was, sagst du, will Enzo machen?», fragte Rudi ungläubig.

«Einen Foodtruck starten», wiederholte Cavia. «Einen Gulaschbus.»

«Gulasch?»

«Ja, Gulasch.»

«Gulasch», sagte Rudi kopfschüttelnd. «Hübsch für den Wintersport, aber einfach so im Flachland …?»

«Es ist eine Form des Umdenkens», erklärte Cavia in der Hoffnung, Rudi damit das Maul zu stopfen.

«Ich denke, dass die Leute ganz schön umdenken müssen, bevor sie Gulasch von einem Meerschweinchen kaufen», sagte Rudi.

«Rudi!», rief Kim. «Das ist total daneben!»

«Ja sorry, ich sage nur, was alle denken.»

«Hör mal, Caaf, ich denke das nicht», sagte Kim beruhigend. «Es ist egal, wer das Gulasch verkauft. Gulasch ist Gulasch.»

Wohnmobil

Enzo war weg. In Ungarn hatte man nur selten einmal ein Netz, und auch das WLAN war dünn gesät. Cavia hatte von Enzo eine SMS bekommen, dass er sicher gelandet sei, sowie eine weitere SMS, dass er sich gleich «in den Busch» aufmachen würde.

«Wo wohnt Josje eigentlich?», hatte Cavia ihn am Morgen seiner Abreise noch gefragt.

«Ach, überall und nirgendwo», war Enzos Antwort gewesen. «Sie cruist gerade mit einem Wohnmobil durch ganz Europa.»

Ob sie mit diesem verdammten Dreckswohnmobil auch Ungarn ansteuern würde, konnte Cavia nur vermuten. Denn ein Abschied musste gut sein. Und der Abschied war gut gewesen. «Tschüss, liebstes Haarbällchen», hatte Enzo gesagt. «Zeig ihnen, was in dir steckt, da in deinem merkwürdigen Büro.»

«Ja», hatte Cavia geantwortet. «Und du sei vorsichtig.»

Jetzt saß Cavia wieder im Büro. Sie begann, einen kurzen Text für die Website zu schreiben, und beriet sich mit Kim leise über das Mailing. Dann sah sie sich das Angebot eines hippen Websiteentwicklers an, legte es jedoch wieder zur Seite, um es sich für einen Moment aufzuheben, in dem sie mehr Verständnis für Begriffe wie «efficiency breakdown» würde aufbringen können.

Steuergeld

Um halb elf hörte sie Schritte im Flur, dann jemanden, der sich räusperte und zögernd «Guten Morgen» sagte. Sie sah hoch.

«Hey, Harm-Jan!», rief sie. «Bist du wieder da?»

«Ja, das heißt, ein paar Stunden.» Er sah sich nervös um. «Um langsam wieder reinzukommen.»

«Toll!», sagte Cavia begeistert. Sie fand, dass sie wie jemand klang, der mit dementen Alten arbeitete. «Super!»

«Okay», sagte Harm-Jan zögernd. Er schien nicht zu wissen, ob er nun stehen bleiben musste oder schon gehen durfte.

«Lass uns sonst gleich mal zusammen mittagessen!», sagte Cavia, um das Gespräch positiv abzurunden.

«Okay», sagte Harm-Jan wieder und ging unsicher zur Treppe. Er trug eine etwas zu kurze Hose, was Cavia anrührend fand.

«Komisch, er kommt doch nie vorbei, um Hallo zu sagen?», bemerkte Kim, als er weg war. «Er geht immer direkt nach oben.»

«Muss er, wegen seinem Coach!», rief Rudi. «Soziale Beziehungen knüpfen. Ist gut gegen Burnout.»

«Echt wahr?», fragte Kim interessiert.

«Ja, Harm-Jan hat sich sehr dagegen gesträubt», mischte sich Stella ins Gespräch ein, «aber dann hieß es: Willst du mitarbeiten, oder gehen wir in Richtung einer ganz anderen Lösung, sagen wir mal in Richtung Outsourcing? Na ja, und dann ging es plötzlich schon.» Sie sah mit halb zugekniffenen Augen auf den Bildschirm, seufzte und begann heftig auf die Tab-Taste zu tippen.

«Sind das nicht persönliche Informationen über Harm-Jan?», fragte Cavia vorsichtig.

«Und ob das persönlich ist», antwortete Rudi. «Aber wir bezahlen hier alle mit für seine Genesung.»

«Aber dafür ist die Krankenversicherung doch da?», sagte Cavia.

«Von Ihrem und meinem Steuergeld, Madam», ließ Rudi nicht locker. «Wenn wir sein Krankengeld berappen müssen, dürfen wir, nehme ich an, doch wohl auch ein bisschen darüber auf dem Laufenden sein, wie es um die Sache steht.»

Gelöst

Nun, da Enzo weg war, wurde Cavia plötzlich wieder in ihrer eigenen Wohnung wach. Sie war in letzter Zeit so wenig dort gewesen, dass sie es traurig für ihre Sachen fand, doch sie ermahnte sich sofort: «Dinge können nicht traurig sein.» Das wäre ja noch schöner.

Weil sie nichts im Haus hatte, beschloss sie, in dem kleinen Laden um die Ecke einen Kaffee zu trinken, mit einem Schokocroissant dazu. Es lief französische Musik, und ein älterer Herr saß dort und las die *Financial Times*. Cavia fühlte sich wie ein Meerschweinchen von Welt.

«Mahlzeit!», rief Rudi, als sie um halb zehn in die Abteilung kam.

«Sorry», sagte Cavia.

Der Tag war halb rum, als eine Mail vom Mutterkonzern ein

traf. Darin standen Worte wie «Innovation», «gerade in diesen Zeiten» und Anmerkungen zur «Identität unseres Unternehmens». Und natürlich wurden auch «Schritte in die Zukunft» getan.

Cavia versuchte, die Nachricht zu lesen, doch der Text verursachte ihr ein Schwindelgefühl. Sie schloss die Mail. Kim, die mehr Vertrauen in die Fassbarkeit der Welt hatte, fragte: «Kapiert einer von euch, worum es in der Mail geht? Die vom Mutterkonzern?»

«Um Sparmaßnahmen», sagte Rudi, «und um Kündigungen.»

«Vielen Dank, Rudi», sagte Stella irritiert. «Bei Human Resources versuchen wir, diese Art Botschaften schrittweise und wohldurchdacht zu übermitteln.»

«Und wir von Finanzen finden, dass man das Pflaster am besten in einem Ruck entfernt.»

«Aber die Krise ist doch fast vorbei?», fragte Cavia.

«Ja», sagte Rudi, «aber innerhalb unserer Branche haben wir, relativ gesehen, von der Krise profitiert. Wenn der Laden erst mal wieder läuft, werden unsere Kunden ihre Angelegenheiten wieder viel mehr *inhouse* regeln.»

Darüber musste Cavia nachdenken. Zunächst hatte es geheißen, dass wegen der Krise nichts möglich sei. Und jetzt war nichts möglich, weil es sich fast ausgekriselt hatte.

«Sind noch bestimmte Stellen in Gefahr?», fragte Kim.

«Rudi!», sagte Stella scharf und wandte sich dann mit einem sonnigen Lächeln an Kim: «Dazu ist in diesem Stadium noch nichts bekannt, und übrigens, es kann auch noch gut sein, dass das ganze Problem auf andere Weise gelöst wird.»

Auf welche andere Weise? fragte sich Cavia, traute sich aber nicht, die Frage laut auszusprechen.

Schweden

Es wurde immer deutlicher, dass Stellen in Gefahr waren, und Cavia bekam allmählich auch Angst um ihre. Es war schon zweimal vorgekommen, dass sie Rudi und Stella dabei ertappt hatte, wie sie miteinander tuschelten und dann zu ihr hinübersahen. Unangenehm.

Könnte sie nur Enzo anrufen! Doch der steckte schon seit Tagen auf irgendeiner Hochebene und war nicht erreichbar.

An einem stillen Mittwoch kam Harm-Jan in die Abteilung. Drucksend blieb er in der Tür stehen. «Darf ich kurz etwas sagen?», fragte er. Cavia ging davon aus, dass er es mit seinem Coach geübt hatte.

«Ja, Harm-Jan?», sagte Stella, als spreche sie zu einem neunjährigen Kind.

«Ich komme hier mit dem Ziel, mich zu verabschieden.»

«Nein!», riefen Kim und Cavia gleichzeitig.

«Doch», sagte Harm-Jan – und schwieg.

«Was willst du denn machen?», fragte Roy, der nun auch dazugekommen war.

«Ich gehe für eine Weile nach Schweden», sagte Harm-Jan, «da hat mein Bruder einen Biobauernhof. Und da versuche ich dann, alles mal ein bisschen auf die Reihe zu kriegen.»

Kim ging zu ihm und drückte ihn. Damit konnte Harm-Jan sichtlich nicht umgehen und blieb stocksteif stehen. Roy rief: «Gruppenumarmung!» und schlug seine Arme um Harm-Jan und Kim. Cavia stellte sich ebenfalls dazu. Es war ein verrücktes Grüppchen, beobachtet von Stella und Rudi.

Da niemand wusste, wie man die Gruppenumarmung wieder auflösen sollte, hielt sie etwas zu lange an. Danach standen sie verlegen beisammen.

«Viel Glück, Harm-Jan», sagte Cavia. «Mailst du noch mal?»

«Wenn es da WLAN gibt», antwortete Harm-Jan.

«Klar gibt es da WLAN», sagte Roy.

Es war wieder still.

«Na, dann gehe ich mal.»

«Tschühüss!», riefen alle, als wollten sie den Nikolaus verabschieden.

Danach herrschte einen Moment große Leere in der Abteilung.

Rudi durchbrach das Schweigen. «Na, da bleibt uns ein Haufen Elend erspart.» Er warf eine Aktenmappe in den Papierkorb. «Manchmal lösen sich die Probleme eben von selbst.»

«Ja, das macht das ganze Kündigungsverfahren auch ein Stück weit weniger kompliziert», fügte Stella aufgeräumt hinzu. «Vielleicht hat es sich damit sogar schon erledigt.»

Sie lächelte Cavia zu.

Kommunikationsumgebung

Cavia bekam von Enzo eine Mail aus einem Städtchen, das Akarmező hieß, wo er kurz WLAN gehabt hatte. «Bei uns wissen die Leute nicht mal, was Paprikapulver wirklich ist!», schrieb er voller Begeisterung. Cavia fragte sich, ob es schlimm ist, wenn man die Leidenschaft des anderen nicht ganz teilt, und befüllte unterdessen ihren Hefter.

Sie stellte sich Enzo in einer Wolke aus Paprikapulver vor, neben einer attraktiven Frau mit hennagefärbtem Haar. Josje. Mit ihrem ollen Wohnmobil. Cavia jagte die erste Heftklammer durch einen Haftie.

«Wie ergeht es Enzo eigentlich so in Ungarn?», fragte Rudi, als könne er riechen, dass sie gerade an ihn dachte. «Vermisst er die Kommunikationsumgebung schon?»

«Nein, nicht wirklich, glaube ich. Er geht völlig in seinem Gulaschbus auf.»

«Mutig», nickte Rudi. «Weiß er auch, dass jede Form der Gastronomie immer bedeutet: arbeiten bis zum Umfallen, kein Geld und zehn Jahre früher ins Grab?»

«Ähm, ich glaube nicht, dass er auf die Art denkt. Nein.»

«Na, dann wirst du die Ernährerin sein müssen», sagte Rudi.

Stella lachte sich ins Fäustchen.

«Wir brauchen nicht viel», sagte Cavia und hoffte, dass es nach einem kleinen Haus in der Prärie klang.

«Stanleys Cousin treibt auch Handel auf allen möglichen antillanischen Festivals, und der fährt jetzt einen Audi», mischte sich Kim ein.

Dafür hatte man eine Bürofreundin.

«Und wenn es nicht funktioniert, überlegt Enzo sich eben etwas anderes», sagte Cavia.

Am späten Nachmittag begann es heftig zu regnen und alle blieben etwas länger im Büro. Roy checkte den Wetterbericht, und als sich herausstellte, dass sie sicher noch zwanzig Minuten würden warten müssen, holte er Kakao aus dem Automaten. «Hier, die Schlagsahne müsst ihr euch dazudenken.»

Knecht Ruprecht

Um halb zwölf wummerte es an der Tür. Cavia schreckte auf, denn sie war gerade dabei, Milzbrand zu googeln. Ein schwarz geschminkter Knecht Ruprecht kam herein, der mit einem fremdartigen Akzent rief: «Hallo, hallo! Gibt es hier noch Kinder, die unartig waren?» Er warf ein paar Süßigkeiten in den Raum und rannte dann wieder hinaus.

Cavia sah Rudi an. «Wir wollten dieses Jahr doch gar nicht Nikolaus feiern? Weil wir schon eine Weihnachtsfeier haben.»

Rudi wollte antworten, doch gerade in dem Moment kam Roy herein. «Sag mal, Rudi, das ist zwar sehr schön, dass du dich doch noch um einen Knecht Ruprecht gekümmert hast, aber das mit dem Schwarz geht echt nicht mehr, und der Akzent schon gar nicht. Sorry, dass ich das sagen muss.»

«Ganz deiner Meinung», pflichtete ihm Kim bei.

«Ja, Kim, aber das sagst du nur, weil du einen dunkelhäutigen Freund von den Antillen hast», sagte Rudi.

Kim schnaubte wütend: «Kein Stück! Das hat damit jetzt rein gar nichts zu tun. Und ...»

«Jetzt aber Schluss damit!», unterbrach sie Rudi. «Wenn nun alle Hormone bitte mal wieder heruntergefahren werden könnten! Danke.»

«Na ja!», rief Kim und stiefelte zur Toilette.

«Nur weiter so, Rudi», fand Roy.

«Danke», sagte Rudi. »Aber mit dem Knecht Ruprecht hab ich nichts zu tun. Vielleicht ist er von höherer Stelle bestellt worden oder so.»

«Von noch höherer Stelle als deiner, Rudi?», fragte Cavia in falschem Ton, doch das ging ins Leere, weil Stella plötzlich rief: «Hier liegt ein Zettel!» Sie zeigte auf den Boden.

Tatsächlich lag dort ein kleiner, zusammengefalteter Zettel auf dem Teppichboden, zwischen einigen Pfeffernüssen. Kim hob ihn auf und faltete ihn auseinander. «Da steht: ‹Grüße aus der Verpackungsabteilung, denn ohne Verpackung gäbe es gar nichts!›»

«Ist das von der Verpackungsabteilung?», fragte Cavia.

«Ach, wie rührend», fand Stella, «das ist wahrscheinlich ein Versuch, PR zu machen. Wenn auch auf ihre Weise.»

«Und ich werde jetzt gleich mal der Frage nachgehen, aus welchem Budget das bezahlt worden ist», sagte Rudi.

Cavia dachte an die Verpackungsabteilung. Ob Marja dort noch arbeitete. Die Frau, die eine Weile in ihrer Abteilung gewesen war, bis man entdeckt hatte, dass ihre Rückenschmerzen nur simuliert waren? Ach nein. Marja war ja aus dem Lager gewesen. Aber das befand sich neben der Verpackung. Eigentlich komisch, dass sie zu der ganzen Abteilung nie Kontakt gehabt hatten. Gedankenverloren steckte sich Cavia eine Pfeffernuss in den Mund.

«Bah», rief Stella, «die wirst du doch wohl nicht essen? Die ist von der Verpackung!»

Waldspaziergang

Enzo war nun schon ein paar Wochen weg. Unschlüssig arbeitete Cavia an einem Newsletter. Sie wünschte, Enzo wäre wieder da, dann hätten sie zusammen einen Waldspaziergang machen können. In Gedanken tippte sie das Wort «Waldspaziergang» oben in die Kopfzeile des Newsletters, mehr oder weniger, um zu schauen, wie das aussah.

Ihr Telefon klingelte. Enzo. «Hey!», sagte sie.

«Hi, ich bin jetzt ...», hörte sie – und hörte danach nichts mehr. Dann noch kurz «hohe Berge ... kaum mal ein Netz ... phantastisch.» Danach wurde die Verbindung unterbrochen und auf dem Display stand: «Gespräch fehlgeschlagen.» Das kann man wohl sagen, dachte Cavia. Obwohl ... sie wusste exakt, was sie wissen musste. Enzo war in die Berge gezogen, und dort war es nett. Und jetzt nicht an Josje denken, sagte sie streng zu sich selbst. Sie sah gedankenverloren auf ihren Newsletter und, um den Gedanken an Josje zu unterdrücken, drückte sie auf «Senden».

Anschließend ging sie sich einen Kaffee holen. Die fünftausend Teilnehmer bekamen den Newsletter jetzt noch vor dem Mittagessen, und das war nur von Vorteil. Während des Kaffeetrinkens gestattete sie es sich, kurz gruselige Krankheiten zu googeln.

Gerade als sie in die Gürtelrose vertieft war, fragte Rudi: «Darf ich fragen, warum wir ein Mailing mit dem Titel ‹Waldspaziergang› kriegen? Habe ich da was nicht verstanden?»

Ups!, dachte Cavia. Das passierte, wenn man auf «Senden»

drückte, ohne sich das Ganze selbst vorher noch einmal vorgelesen zu haben.

Sie beschloss, sich nicht lumpen zu lassen.

«Es ist ein kleines Experiment», sagte sie. «Denn so kann ich später sehen, wie viele Teilnehmer die Mail geöffnet haben. Es gibt neue Theorien innerhalb des Feldes, die besagen, dass ein semi-unlogischer Titel sehr viel Neugierde weckt.» Nur zu, dachte Cavia. Sie war vor allem stolz auf die Tatsache, dass sie den Ausdruck «innerhalb des Feldes» hatte anwenden können.

«Hm», meinte Rudi.

Prozentsatz

Am Tag nach dem Waldspaziergangsdebakel trödelte Cavia auf dem Weg ins Büro. Sie hatte keine Lust zu sehen, wie viele sogenannt witzige Reaktionen sie auf ihr Mailing bekommen würde. Sie ging noch kurz ins Schreibwarengeschäft, um ein klitzekleines Notizbuch zu kaufen. Darin könnte sie dann bald alle Fürs und Widers eines möglichen Gulaschabenteuers aufschreiben.

In der Abteilung fuhr Cavia so umständlich wie möglich den Computer hoch, und wenig später sah sie die Mails hereinströmen. Sie hatte Schlimmeres erwartet, eigentlich war erstaunlich wenig zu ihrem Mailing gekommen.

Über das Mailinglist-Programm checkte sie, wie viele Personen das Mailing geöffnet hatten. Neunzig Prozent. Hatte sie richtig gesehen? Üblich waren sechzig Prozent. Ein nervöser Schweißausbruch zog sich durch ihr Fell.

Sie holte Kaffee, um sich anschließend den Prozentsatz noch einmal mit frischem Blick anzusehen, für den Fall, dass sie geschielt haben sollte. Noch immer neunzig Prozent.

«Warum kommen plötzlich so viele Aufträge rein?», rief Rudi durch die Abteilung. «Haben unsere Kunden plötzlich einen Geldbaum im Garten?»

«Vielleicht hat es was mit der Waldspaziergangsmail zu tun», sagte Cavia vorsichtig, «die ist von neunzig Prozent aller Teilnehmer geöffnet worden.»

«Neunzig Prozent?!», rief Kim. «Aber das ist doch unmöglich!»

«Offenbar doch», sagte Cavia. Und jetzt ging es darum, so bescheiden wie möglich zu wirken und zugleich die Erinnerung daran wachzuhalten, dass dieser Erfolg auf ihr Konto ging.

Organigramm

«Der Mutterkonzern will dich sprechen», sagte Stella und legte den Hörer auf.

«Mich?», fragte Cavia.

«Yes», sagte Stella, «dein jüngster Erfolg mit dem Mailing ist nicht unbemerkt geblieben.» Sie legte so viel Ironie in diesen Satz, dass Cavia klar wurde, dass Stella ihr die Geschichte von der neuen Kommunikationsstrategie nicht glaubte.

«Vielleicht kriegst du sogar einen Bonus!», rief Kim, stets bereit, anderen ihr Glück zu gönnen.

«Das glaube ich nicht», sagte Rudi säuerlich, «denn das hätte dann ja über mich laufen müssen.»

Cavia rief beim Mutterkonzern an, bekam eine schaurig-professionelle Sekretärin ans Telefon, und schon bald war ein Termin mit dem Big Boss gemacht. Oder mit einem der Big Bosse, so genau wusste es Cavia nicht.

«Gibt es eigentlich ein Organigramm der gesamten Firma?», fragte sie später am Tag Stella.

«Organigramme sind zwanzigstes Jahrhundert, wie du vielleicht weißt», sagte Stella, «denn diese Art feste Strukturen passen nicht mehr zu einer Firma, die sich selbst als wendig und flexibel sieht.»

«Und sie machen es schwieriger, Leute zu entlassen», fügte Rudi mit einem Schmunzeln hinzu.

«Vielleicht brauchst du demnächst ein Kostüm, Caaf!», rief Kim begeistert.

Groß

Wenn Enzo doch nur da wäre, dachte Cavia, während sie gedankenverloren an ihrem Müsli kaute. Der würde wissen, wie sie sich beim obersten Chef verhalten musste. Sie hatte eine Ansichtskarte aus Üdvözlettel bekommen. «SUPERGULASCH HIER! TSCHÜSS HAARBÄLLCHEN, DEIN HAARBÄLLCHEN!» stand darauf. Für jemanden, der sich sein ganzes werktätiges Leben mit

Kommunikation beschäftigt hatte, war er auf dem Papier ein Mann, der nicht viele Worte machte.

Kurz darauf stand Cavia in ihrem grauen Trenchcoat vor dem Spiegel und überprüfte ihr Fell. Soweit sie es feststellen konnte, saßen nirgendwo Haarbüschel lose. «Na, dann auf!», sagte sie laut zum Spiegel.

Der Mutterkonzern befand sich in einem größeren Gebäude als dem, in dem sie sich befanden, die Eingangstür war größer, und selbst die Sekretärin war größer als Roy. Es war eine Wikingerfrau mit einem dicken Zopf: «Wenn Sie dort dann bitte mal Platz nehmen», forderte sie Cavia auf. Sie zeigte auf eine Sitzecke mit modernen Hockern.

Cavia setzte sich. «Richtig», sagte die Wikingerfrau beifällig.

Cavia starrte auf einen Stapel Hochglanzmagazine, wagte jedoch nicht, eines zu nehmen, da sie fürchtete, es würde zu lässig wirken.

«Kann ich Ihnen etwas zu trinken anbieten? Wasser?», fragte die Wikingerfrau nach einer Weile.

«Nein, danke, ich bin okay», sagte Cavia – um sich anschließend für dieses merkwürdig informelle «Ich bin okay» im Stillen die Leviten zu lesen. Wieso bin ich okay?, dachte sie. Ich habe ein falsches Mailing verschickt, das irrtümlich zum Erfolg geworden ist. Das ist nicht okay.

Während sie in der Sitzecke wartete, fasste Cavia den Entschluss, dem obersten Chef einfach ehrlich zu sagen, was passiert war. Peinlich, ja, aber am vernünftigsten.

«Wenn Sie mir bitte folgen würden», sagte die Wikingerfrau. Sie gingen durch ein Labyrinth aus breiten, hübsch geschmückten Fluren, bis sie an eine große Holztür kamen. Die Wikingerfrau klopfte an, öffnete die Tür und sagte: «Ihr Termin ist da.»

«Ja», hörte man eine Stimme. «Er soll reinkommen.»

Cavia betrat den Raum. Durch hohe Fenster ergoss sich das Sonnenlicht über den Teppichboden. Sie sah, wie sich die Silhouette eines Mannes erhob. Der oberste Chef war riesig, mindestens zwei Meter zehn groß. Langsam kam er auf sie zu. Als er ganz nahe war, fiel Licht auf sein Gesicht, und Cavia erkannte ihn wieder, von dem Seminar, an dem sie im Sommer teilgenommen hatte. Es war der Vorstandsvorsitzende, der damals eine unverständliche Ansprache gehalten hatte.

«De Groot», sagte er und streckte die Hand aus.

«Ja, das sehe ich», sagte Cavia aus purer Nervosität.

De Groot reagierte nicht.

Hinter sich hörte sie, wie die Tür des Raums leise geschlossen wurde.

Initialisieren

«Wir sind gespannt auf Ihre Ideen», sagte de Groot.

Cavia saß in einem Schalensessel, der auf einem hochflorigen Teppichboden in dem riesigen Raum des obersten Chefs stand.

«Ja», sagte Cavia verwirrt. Sie hatte einen Satz vorbereitet, und den sollte sie am besten gleich bringen. «Ich glaube, dass es, wenn es um Kommunikation geht, in diesen Zeiten sehr wichtig ist, *out of the box* zu denken. Gerade in diesen Zeiten.» Sie hätte nicht zweimal «in diesen Zeiten» sagen sollen, wurde ihr bewusst. Doch es war schon zu spät.

«Hm», sagte de Groot. Er war nicht nur hochgewachsen, sondern er hatte auch einen besonders großen Kopf. Seine Augen waren wahrscheinlich normal groß, doch durch all die Größe um sie herum erschienen sie klein. Er sah sie eindringlich an. «Und was meinen Sie damit?»

Ja, das war das Problem. Sie hatte beschlossen, über ihr wilderfolgreiches Mailing ehrlich zu sein. Doch nun zeigte sich, dass sie diese Art Ehrlichkeit im entscheidenden Moment doch nicht aufbringen konnte.

«Dass es sehr erfrischend sein kann, Menschen zu überraschen, anstatt ihnen exakt das zu schicken, was sie ohnehin schon erwarten», hörte sie sich sagen.

«Was uns welchen Benefit bringt?», fragte de Groot.

Benefit, das war etwas, womit man sich als Kommunikationsmensch doch nicht zu beschäftigen brauchte? Das war doch Rudis Gebiet?

«Mehr Online-Verkehr?», versuchte sie es.

«Und wie wollen Sie das initialisieren?»

«Äh», sagte Cavia zögernd, während sie den Angstschweiß roch, der aus ihrem Fell aufstieg. «Vielleicht über ein Seminar mit allen Kommunikationsleuten? Und mit ihnen dann über innovative Formen der Kommunikation brainstormen?»

Es war einen Moment still. «Und dass Sie dann die Keynote-Speech halten?», fragte de Groot.

«Zum Beispiel!», sagte Cavia. «Zum Beispiel.» Gleich mal nachschauen, was genau die Definition einer «Keynote-Speech» war.

«Gut», sagte de Groot. «Make it happen.»

Cavia schluckte.

Stützstrümpfe

Eine Woche verging, in der Cavia bange Visionen hatte, die sich alle um die Keynote-Speech drehten. Es war eine Art Vortrag, das wusste sie jetzt, aber einer mit Bildern. So schwer kann das nicht sein, redete sie sich gut zu, um anschließend sehr lange sehr nützliche Dinge zu tun, die keinerlei Aufschub duldeten – wie zum Beispiel, die Heftzwecken an ihrer Pinnwand zu ordnen.

An einem feuchtkalten Nachmittag beschloss Cavia in einem neuerlichen Anfall Keynote-Speech-vermeidenden Verhaltens, den Wartungsmonteur des Kaffeeautomaten anzurufen. Sie tippte die Nummer ein. Nachdem es ungefähr fünfzehnmal geklingelt hatte, wurde der Hörer abgenommen. Eine alte Stimme sagte: «Brakenhof.»

«Guten Tag! Spreche ich mit der Firma Kaffee vor Ort?»

«Bitte?» Der Mann, der Brakenhof hieß, verstand offensichtlich nicht, worum es ging. «Sind Sie von der Sozialstation?», fragte er zurück.

«Nein, ich rufe wegen unseres Kaffeeautomaten an, aber wahrscheinlich bin ich falsch verbunden.»

«Ich sollte neue Stützstrümpfe kriegen», sagte Herr Brakenhof, «aber die habe ich bis zum heutigen Tag nicht erhalten.»

«Ach, wie ärgerlich», fand Cavia.

«Könnten Sie sich diesbezüglich vielleicht einmal telefonisch bei einem Ihrer Kollegen informieren? Ich falle unter den Betreuungscluster Geritopia», klärte sie Herr Brakenhof auf.

«Na ja, ich bin eigentlich nicht von der Sozialstation», versuchte es Cavia.

«Es ist mir in diesem Stadium egal, von welcher Organisation Sie sind, aber die Sachlage ist nun mal die, dass ich hier ohne Stützstrümpfe stehe.» Herr Brakenhof klang wie jemand, der früher einmal eine wichtige Funktion gehabt hatte.

«Ich werde sehen, was ich für Sie tun kann.»

«Vielen Dank, und ich sehe Ihrer Antwort in Bälde entgegen.»

Cavia legte auf und sah sich um. «Falsch verbunden», sagte sie zu den anderen.

«‹Falsch verbunden› gibt es schon seit fünfzig Jahren nicht mehr, Cavia», belehrte sie Stella. «Seitdem es keine Telefonistinnen mehr gibt, machen wir alle Fehler selbst.»

«Okay, dann eben falsch eingetippt», sagte Cavia.

Sie dachte noch kurz über Herrn Brakenhof nach, der sicher einsam in einem großen Haus wohnte, verwirrt und unglücklich. Sie suchte die Nummer des Betreuungsclusters Geritopia heraus, rief dort an und bekam eine Mitarbeiterin ans Telefon, die «nicht über Einzelpersonen Auskunft geben» durfte und «nur nach Aktenzeichen, nicht nach Namen» suchen konnte, denn «das komplette System ist abgestürzt». Und ob sie einen Moment warten könne. Cavia lauschte etwa fünf Minuten einer Wartemusik und wurde dann mit jemand anderem verbunden, jemand, der rasch und dezidiert erklärte, dass der Nachschub an Stützstrümpfen in der Tat «sektorweit» ein Problem darstelle.

Dann war es auch schon wieder fünf Uhr. Mit einem unbefriedigten Gefühl fuhr Cavia ihren Computer herunter. Als sie draußen war, vibrierte ihr Handy: eine SMS. «Morgen steige ich in den Flieger nach Hause, du verrücktes Haarbällchen!»

Enzo kam zurück. Gott sei Dank.

Jó étvágyat

Cavia war auf dem Weg zur Firma durch den Nebel gelaufen. Als sie es sich bequem gemacht hatte, merkte sie, dass ein Duft von Paprikapulver sie umgab. Sie hoffte, dass niemand es riechen würde, doch irgendwann gegen Mittag sagte Kim plötzlich: «Ich habe Lust auf ein Winteressen. Gulasch oder so.» Es war also doch durchgedrungen. Cavia hoffte, dass es auf einem unterschwelligen Niveau bleiben würde. Trotzdem ging sie sicherheitshalber zur Toilette, um die Tür ein paarmal auf- und zuzumachen. Dann senkte sich jedes Mal ein Wölkchen Lavendelduft auf sie herab.

Enzo war am Vortag zurückgekommen. Seine Sporttasche war mit vollauthentischem Paprikapulver aus den ungarischen Tiefebenen gefüllt gewesen, und sein ganzes Fell hatte danach gerochen.

«Mann, Mann, Mann», hatte er geseufzt, «ich weiß alles über Gulasch. Jetzt noch einen Truck klarmachen und pimpen, und ich bin bereit. Jó étvágyat.» Er schwieg einen Moment. «Das ist Ungarisch und bedeutet ‹Guten Appetit›.» Er sah sie an. «Und wie läuft es hier?»

«Ich muss für den obersten Chef ein Brainstorming zu einer neuen PR-Strategie organisieren», berichtete Cavia.

«O je», sagte Enzo, «du siehst aus, als ob dieses Brainstorming eine schreckliche Krankheit wäre.»

«Ist es auch», antwortete Cavia, «und ich habe noch nichts, und außerdem muss ich eine Keynote-Speech halten.»

Plötzlich stiegen ihr die Tränen in die Augen.

«Ach, armes Haarbällchen.» Er zog sie an sich. «Dir wird doch wohl was einfallen? Schlechter als meine letzte Präsentation kann es auch nicht werden.» Er lachte.

«Ja, aber ...» Jetzt weinte sie wirklich.

«Was ist denn?»

«Du warst so lange weg», schluchzte Cavia.

«Solltest du nicht doch einfach mitmachen bei dem Gulaschprojekt? Die Sache sozusagen gemeinsam anschieben?»

«Wie denn? Soll ich meine Stelle aufgeben?»

«Du darfst auch gern zuerst nur an den Wochenenden mit. Ein bisschen im Topf herumrühren.»

Ein bisschen im Topf herumrühren. Das klang plötzlich wie der schönste Zeitvertreib, den es gab.

«Und was ist mit Josje?», fragte sie.

«Josje ist in Budapest noch vorbeigekommen», erzählte Enzo. Cavias Nackenhaare stellten sich sofort senkrecht auf. «Sie hat eine neue Freundin, mit der sie ein Weingut starten will.»

Es fühlte sich wie eine regelrechte Erleichterung an. Cavia holte Luft. «Ist sie lesbisch geworden?»

«Keine Ahnung. Aber sie hat jetzt eine Freundin, also ist sie zumindest bi.»

«Und sie fährt nicht mit in dem Gulaschbus?»

«Nein. Darüber bin ich auch froh, denn ich hatte vergessen, wie intensiv sie ist, als Persönlichkeit. Ich war nach einem Abend, an dem wir zusammen was getrunken haben, schon total kaputt.»

Man hätte es, als Frischverliebte, natürlich lieber gehabt, wenn eine Ex zu träge als «zu intensiv» gewesen wäre, aber Cavia musste eben mit dem Material arbeiten, das sie hatte.

«Zum Glück», sagte sie mit einem dünnen Stimmchen. «Und was mache ich in der Zwischenzeit mit meiner Keynote-Speech?»

«Kommt in Ordnung», beruhigte Enzo sie.

Und so fühlte es sich auch an. Als komme nun alles in Ordnung.

Panik

«Wann ist diese Präsentation eigentlich?», fragte Kim, und Cavia spürte, wie ihr der Schweiß schon wieder ausbrach.

«Nächste Woche», sagte sie beklommen.

«Sollten wir dann nicht ein Mailing verschicken?», fragte Kim. «Ich meine, an alle, die kommen sollen? Und wo findet das Ganze eigentlich statt?»

«Ähm», sagte Cavia. Die Panik schlug zu.

«O je», reagierte Kim, die sah, was los war. «Wie wär's mit einem Kaffee?»

«Geht es noch, meine Damen, oder spielen die monatlichen Hormone wieder verrückt?», rief Rudi, doch Kim und Cavia waren schon auf dem Weg in die Empfangshalle.

«Okay, mal kurz in Ruhe Luft holen», sagte Kim, «wir werden das Problem schon lösen. Einatmen, ausatmen. Was muss alles gemacht werden?»

«Alles», gestand Cavia. «Alles.»

Roy, der ein feines Gespür für Krisensituationen hatte, kam zu ihnen. «Was ist los, meine lieben Schätzchen?»

«Cavia muss ein Brainstorming zu neuen Kommunikationsstrategien organisieren, aber was sie macht, macht sie aus Versehen», fasste Kim das Problem erstaunlich akkurat zusammen.

«Und eine Keynote-Speech», ergänzte Cavia. «Ich muss auch eine Keynote-Speech halten.»

«Oh», sagte Roy, «und weshalb die Panik?»

«Na ja, erst einmal: Wo soll das alles stattfinden?»

«Wie wär's mit hier?», fragte Roy.

Ja, warum eigentlich nicht? Die Empfangshalle eignete sich bestens dafür. Das bot schon mal einige Sicherheit.

«Wir stellen den Beamer hier auf und dekorieren den Raum hübsch», schlug Roy vor.

«Wir brauchen auch noch ein Thema», sagte Kim.

«Waldspaziergang?», brachte Cavia vor.

«Waldspaziergang!», rief Roy.

«Es muss allerdings nicht-alkoholisch sein», sagte Cavia.

«Ich mache dann Mini-Cupcakes mit Blaubeeren», bot Roy an. «Ein bisschen Kaffeekränzchen-Bindestrich-Picknickatmosphäre, gemütlich brainstormen, und irgendwo zwischendrin hältst du deine Keynote-Speech.»

Jetzt schien es plötzlich auf irgendetwas hinauszulaufen. Inhalte gab es noch nicht, wohl aber die Dekoration.

Mini-Cupcake

«Warum mache ich das hier eigentlich?», fragte sich Cavia fünf Minuten bevor sie ihre Keynote-Speech halten musste. In der Empfangshalle, in der es eigentlich doch reichlich zugig war, saß eine Handvoll Kommunikationsmitarbeiter. Roy hatte das Thema «Waldspaziergang» in der Deko wiederaufgegriffen: Im Raum standen drei Stehtische, geschmückt mit grünem Krepppapier und Kastanien. Auf einem der Tische war der Beamer aufgebaut. Für ihren Laptop hatte man Cavia ein Rednerpult hingestellt, mit Lautsprecherboxen daneben für den Ton.

Cavia versuchte, den kleinen Stecker der Boxen in ihren Laptop zu pfriemeln, doch entweder war es der falsche Stecker oder es war das falsche Loch. Gerade als sie Roy herbeirufen wollte, schwang die Tür auf: De Groot, der oberste Chef, trat ein.

«Willkommen, willkommen», begrüßte ihn Roy, während er mit einem Teller voller Mini-Cupcakes auf ihn zuging. «Ich bin Roy. Und wer sind Sie?»

«Ich bin Ihr Chef», erwiderte de Groot. Er nahm sich einen Mini-Cupcake. Der Kuchen wirkte in seiner großen Hand schon äußerst hilflos.

«Oh», sagte Roy, «sorry.»

«Macht nichts», beruhigte ihn de Groot, «ich bin hier ja auch so gut wie nie.» Er sah sich mit einem Blick um, aus dem sich nichts ablesen ließ.

Alle Kommunikationsmitarbeiter hatten sich umgedreht und sahen de Groot an. Der nickte freundlich und setzte sich. Seine Knie bildeten einen spitzen Winkel, wie bei einem Vater, der auf einem Elternabend in der Grundschule auf einem viel zu kleinen Stuhl sitzen muss.

Und dann war es Zeit anzufangen. Cavia hatte mit Kims Hilfe eine Powerpoint-Präsentation vorbereitet, von der sie hoffte, dass sie damit gut eine Viertelstunde würde füllen können. Als sie sie mit Enzo geübt hatte, dauerte sie nur drei Minuten, aber, so hatte sie sich eingeredet, man wusste ja nie, wie es laufen würde, wenn es Reaktionen aus dem Publikum geben sollte. Wie auch immer, es würde genügend Zeit für das anschließende Brainstorming übrig bleiben.

«Kommunikation», setzte sie an, als alle saßen. Sie merkte, dass sie im Lichtschein des Beamers stand und trat einen Schritt zur Seite. «Kommunikation ist natürlich sehr wichtig, denn ohne Kommunikation könnten wir einander nicht verstehen.»

Es war eine Binsenweisheit, doch man musste ja schließlich irgendwo anfangen.

«Aber haben wir uns inzwischen nicht völlig dösig kommuniziert?», fragte sie ins Publikum und präsentierte das Foto eines Mannes mit einem Handy.

«Sind wir nicht müde von all der Kommunikation?» Die Abbildung einer schlafenden Frau.

«Wie soll man sich als Kommunikationsprofi noch von anderen in seinem Feld unterscheiden?» Ein Foto, das Tokio zeigte, mit lauter Neonreklamen.

«Durch ...» Ein Trommelwirbel, der leider nur aus ihrem Laptop kam und nicht über Roys Boxen ging.

«Das war ein Trommelwirbel», erläuterte sie.

«Oh, ich hatte gedacht, dass jemand einen Stuhl verrückt hätte», sagte eine Frau, die Cavia nicht kannte, die aber wahrscheinlich in einer Außenstelle arbeitete.

«Durch ...», wiederholte Cavia und drückte auf die Leertaste.

«SURPRISE!» stand auf der Folie.

«Durch eine Überraschung», übersetzte Cavia. «Wir müssen unsere Kontakte überraschen, sonst merken sie nicht, was wir machen. Neulich habe ich beispielsweise eine Mail mit dem Titel ‹Waldspaziergang› verschickt, obwohl der Inhalt ansonsten nichts mit einem Waldspaziergang zu tun hatte. Das wirkte überraschend.»

Es herrschte einen Moment Stille. Cavia war fast am Ende ihrer Präsentation angelangt, doch sie hatte nicht das Gefühl, dass sie schon eine Viertelstunde gesprochen hatte.

Sie klickte weiter, und man sah einen Screenshot ihres Waldspaziergangs-Mailings. Darüber stand der Ausruf: «Von 90% der Kontakte geöffnet!»

«Also ...», schloss sie.

Nach Cavias Präsentation war es still. Ihre positiven Phantasien sahen nun lauter Fragen vor, beziehungsweise es entstand eine begeisterte Diskussion, damit auch der Brainstorming-Idee Genüge getan wurde. Glücklicherweise hob eine Frau in einer der hinteren Reihen die Hand.

«Ja?», sagte Cavia.

«Aber was hatte das Mailing denn mit einem Waldspaziergang zu tun?», fragte die Frau.

«Ja, äh, nichts», gab Cavia zu, «das war sozusagen der Trick, dass es nichts damit zu tun hatte, und da dachten alle: ‹Häh?›»

Es herrschte Schweigen. Jemand verrückte eine Tasse.

Cavia sah zur Uhr. Es musste etwas geschehen. JETZT.

Puszta

Das Publikum sah Cavia erwartungsvoll an. Wie sollte sie die restliche Zeit überbrücken? «Also ...», sagte sie noch einmal.

In dem Moment wurde die Tür aufgestoßen. «Surprise, surprise!», rief Enzo. Er kam mit einem Tablett voller Schälchen, aus denen Dampfschwaden aufstiegen, in die Halle.

Cavia stand da wie vom Donner gerührt. Irgendwo hörte man ein verwundertes «Was zum Teufel ...?» Wahrscheinlich Roy.

«Könnte mir mal jemand helfen?», rief Enzo. Kim schnellte hinzu.

«Ja, Leute, das ist also, was Cavia mit dem Überraschungseffekt gemeint hat!», rief er. De Groot drehte sich langsam um.

«Also, speziell zu diesem Anlass», fuhr Enzo fort, «habe ich eine kleine Gulaschverkostung vorbereitet. Wunderbarer Herbst, wunderbarer Waldspaziergang, wunderbares Gulasch.»

Er begann, die Schälchen zu verteilen.

«Das hier ist ein Hochland-Gulasch», hörte Cavia ihn zu de

Groot sagen, «wohingegen das hier eher ein Puszta-Gulasch ist, also sozusagen das, was wir hier kennen.»

De Groot nahm ein Puszta-Gulasch vom Tablett. Er tauchte den Plastiklöffel hinein und führte ihn langsam zum Mund.

Es war einen Moment still.

«Verdammt lecker», sagte er.

Es schien, als ob das der Startschuss gewesen war. Plötzlich gab es Unterhaltungen, Stühle wurden umgedreht, und innerhalb von fünf Minuten war eine Gulaschparty im Gange. Eine Flasche Wein wurde aus einem übrig gebliebenen Weihnachtspaket vom Vorjahr hervorgezaubert, und Roy rief «Olé», was zwar kein Ungarisch war, aber trotzdem zur Atmosphäre beitrug.

Die Frau, die Cavia nicht kannte, kam auf sie zu und sagte: «Supergut ausgedacht! Und ich dachte schon, dass du nach drei Minuten fertig wärst, ha ha!»

«Ja, ha ha», stimmte Cavia ein.

Enzo kam zu Cavia. «Willst du auch ein Schälchen?», fragte er.

«Ja», sagte Cavia, «gibt mir mal das Hochland-Gulasch.»

«Gute Wahl», sagte Enzo.

«Danke dir», sagte Cavia. «Ich hatte gerade gedacht, dass alles völlig ins Stocken geraten würde. Und dann kamst du rein.» Sie verbarg kurz ihr Gesicht in seinem Nackenfell.

Enzo lachte leise.

«Hattest du das schon geplant?», fragte Cavia.

«Ein bisschen», gab Enzo zu. «Aber ich bin nur die Durchreiche, weißt du? Das Gulasch wollte hier selbst gern sein.»

Ja, nein

Cavia wachte mit einem Kater auf. Die Präsentation war zwar gut gelaufen, aber das Ganze hatte damit geendet, dass sie noch mit einer kleinen Gruppe zu Enzo nach Hause gegangen waren. Roy war dabei gewesen und Kim, und später war auch Stanley, Kims Freund, noch dazugestoßen. Außerdem waren noch ein paar Leute mitgekommen, die sie nicht kannte. Es war reichlich Gulasch geflossen und auch süßer ungarischer Wein. Cavia hatte nicht getrunken, aber aus so vielen verschiedenen Gläsern gekostet, dass sie jetzt doch Kopfschmerzen hatte. Plötzlich kam die Erinnerung an einen ungarischen Kräuterlikör hoch. Sie versuchte, den Gedanken zu verdrängen.

Enzo lag neben ihr und schlief den tiefen, schnarchenden Schlaf der ungarischen Tiefebene.

Leise stand Cavia auf. Sie musste zur Arbeit.

Die Nachbarin, die unter Enzo wohnte, öffnete die Tür in dem Moment, als Cavia die Treppe hinunterstieg.

«Nette Party gestern?», fragte sie.

«Ja», sagte Cavia, «ist nur ein bisschen spät geworden.»

«Ja, nein, ich hatte schon gedacht: Das geht hier aber lange.» Die Nachbarin lächelte dazu etwas zu breit.

«Sorry.»

«Nein, so meine ich es nicht, aber ich hatte schon gedacht: All diese Paprikagerüche in letzter Zeit ...»

«Ja, Enzo beschäftigt sich mit Gulasch.»

«Ich dachte schon. Das hatte ich mir schon gedacht. Ja, nein, ich finde das vollkommen in Ordnung, aber wenn er das gewerbsmäßig macht, muss er natürlich schon die Einwilligung der Eigentümergemeinschaft einholen.»

«Oh», sagte Cavia. «Nun, dazu kann ich weiter nichts sagen.» In ihrem Kopf hämmerte es. «Sorry, ich muss eigentlich jetzt los.»

«Ja, nein», sagte die Nachbarin, «mir ist das alles egal, nicht wahr? Jeder soll nach seiner Fasson selig werden, aber es gibt natürlich schon gewisse verbindliche Vereinbarungen zwischen den Eigentümern.»

«Ja», sagte Cavia, «ich gebe es weiter, dass es ein Punkt ist, der Aufmerksamkeit verdient.»

«Gern, denn man weiß natürlich nie, wohin so eine Gulasch-Obsession führt.»

Handtuchtrocken

Der Dezember schritt stetig voran. Kein Schnee in Sicht, nur Sturm und Regen. Cavia kam mit einem durchnässten Fell im Büro an und setzte sich rasch an die Heizung. Ein Fell hat viele Vorteile, ein nasses Fell dagegen nur wenige.

Alle hatten sich inzwischen wieder vom Gulaschspektakel erholt. Cavia bekam eine persönliche Dankesmail von de Groot, woraufhin sie ein zweites Mailing mit einem unlogischen Titel («Zwergschimpansen») verschickte, doch da war alles wieder wie immer.

Rudi hatte noch kurz versucht, seine Diarrhö auf das Gulasch zu schieben, aber Kim wies ihn feinsinnig darauf hin, dass er schon vor dem Gulasch über seinen Stuhlgang geklagt hatte.

Mitten am Nachmittag war Cavia schon wieder eine Stunde damit beschäftigt, obskure Krankheiten zu googeln. Als sie sich dabei ertappte, dass sie «Symptome der asymptomatischen Blasenentzündung» eintippte, wusste sie, dass sie etwas Nützliches machen sollte.

«Soll ich mal den Schrank mit Ordnern aufräumen?», fragte sie in den Raum hinein.

«Wenn du das Gefühl hast, dass es nötig ist», sagte Stella.

Cavia setzte sich vor den Schrank und zog alle Ordner heraus. Staubwolken. Undeutliche Etiketten. Schon bald saß sie zwischen Stapeln und abermals Stapeln von Ordnern. Glaubte man den Aufklebern, standen manche dort schon seit 1995. Konnten die unbesehen weg?

Schließlich fischte sie nur die leeren Ordner heraus und stellte den Rest ordentlich wieder zurück. Um das Inhaltliche würde sie sich zu einem späteren Zeitpunkt kümmern. Nicht alles gleichzeitig machen wollen. Als sie fertig war, sah der Schrank gut aus.

«So!», sagte sie gutgelaunt. «Wer will Kakao?»

Alle wollten. Es stellte sich heraus, dass Roy Sprühsahne gekauft hatte, und damit gerieten sie jählings in eine Weihnachtsstimmung.

Nur Kim ließ ihren Kakao stehen. «Ich fühle mich nicht so gut.»

«Hast du etwa Enzos Gulasch gegessen?», fragte Rudi gemein.

«Oder bist du schwanger?», rief Roy vergnügt.

Kim wurde rot.

Hinter dem Ofen

«Ich bin erst im dritten Monat», sagte Kim aus der Umarmung heraus, in die sie mit Cavia und Roy verschlungen war.

«Champagner!», rief Roy. «Ach nein! Darfst du ja nicht!»

«Eine kleine Kim!», sagte Cavia. «Aber dann mit Stanleys Kraushaar! Wie süß!»

«Na, meinen Herzlichen», gratulierte Rudi. «Jetzt ist es noch schön, wollen wir mal sagen. Ich hätte vor zehn Jahren einen Knoten reinmachen sollen, aber wie es dann so geht.»

Richtig, dachte Cavia, Rudi hat ja Kinder.

«Meine ganz herzlichen Gratulationen», sagte Stella. «Ich nehme an, dass es noch ein bisschen zu früh ist, um zu fragen, wie du dir das dann vorstellst, konkret?»

«Wie du dir was vorstellst?», fragte Cavia.

«Na, mit der Work-Life-Balance», sagte Stella.

«Gott, Stella!», mischte Roy sich ein. «Kannst du das nicht ein andermal fragen?»

«Als ob man das jemals einen Mann fragen würde», sagte Cavia, kämpferischer als üblich.

«Na ja, wir haben natürlich schon darüber nachgedacht», sagte Kim und wurde noch röter, «aber ich glaube, arbeiten kann ich noch mein ganzes Leben lang, und das hier ist eine so einzigartige Erfahrung ...»

«Richtig so, sich schön zu Hause hinter dem Ofen verkriechen», rief Rudi.

«Meine Güte!», erregte sich Roy.

Es war kurz still.

«Also», begann Cavia vorsichtig, «du verlässt uns?» Sie schluckte. Kim war ihre treue Stütze.

«Wir ziehen nach Curaçao. Denn Stanley will da eine Strandbar aufmachen.»

«Wow», sagte Cavia tapfer, «das wird ein Riesenabenteuer werden. Mit so einem kleinen Baby dabei.» Sie versuchte, ein aufkommendes Tränchen zu unterdrücken. Das gelang ihr nur gerade so.

«Da ist das Leben relaxter.»

Die Neuigkeiten von Kim waren zu groß, um sie so plötzlich in ihrer Gänze zu erfassen, und alle machten sich, mangels einer besseren Alternative, wieder an die Arbeit.

«Dann musst *du* eben die sozialen Medien machen, Cavia», sagte Rudi.

Aber dann in Norwegen

Kim war bei der Hebamme, und Stella verbrachte einen Tag mit der Familie. Es war ruhig im Büro. Auch Rudi ging früher als gewöhnlich, nach einem Telefonat mit seiner Frau, das Cavia interessiert verfolgt hatte, wobei sie so tat, als schriebe sie gerade in höchster Anspannung eine E-Mail.

«Mir ist das egal ... Dann mach doch diesen Obstsalat ... Nein, so habe ich das nicht gemeint ... Ja, nein, es macht schon was aus ... Ich habe nur gemeint, dass ich jetzt noch eine Weile zu tun habe ... Könnte deine Mutter sie denn nicht holen? ... Also, was willst du jetzt konkret von mir? ... (Seufzer) ... Okay ... Dann hole ich die Kinder eben ab ... Und eine Packung Butter ... Und Blätterteig ... Okay ... In einer Stunde bin ich dann da ...»

Rudi hatte den Hörer auf die Gabel geworfen und seufzend zu seinem Mantel gegriffen. «Ich bin mit Kim Jong-un verheiratet», erklärte er Cavia.

Am späten Nachmittag kam Roy herein. «Ich habe eine Stelle!», sagte er.

«Ja», antwortete Cavia, «du bist hier Rezeptionist.»

«Ja, nein», sagte Roy, «eine richtige Stelle!»

«O nein!», rief Cavia aus. «Gehst du denn hier auch weg?»

«Also, Cavia, erst mal bitte ein bisschen Freude und Interesse zeigen.»

«Sorry», sagte Cavia. «Wie schön für dich! Was wirst du machen?»

«Ich habe mich über das Internet beworben und bin genommen worden: Ich werde bei einer Surfschule in Norwegen arbeiten!»

«Wow, erst Harm-Jan nach Schweden, und jetzt gehst du nach Norwegen», sagte Cavia.

«In Skandinavien geht's ab», erklärte Roy.

«Ich wusste gar nicht, dass da gesurft wird», sagte Cavia. «Und ich wusste im Übrigen auch nicht, dass du an, äh, Surfkultur interessiert bist.»

«Bin ich auch nicht», gestand Roy vergnügt. «Ich werde da ein bisschen das Telefon hüten, Termine machen, mich darum kümmern, dass vorne alles rund läuft.»

«Also eine Art Rezeptionist?», erkundigte sich Cavia.

Roy nickte freudig. «Aber dann in Norwegen! Bei einer Surfschule!»

Kotzi, kotzi

Auf dem Weg zum Büro rutschte Cavia aus, genau vor dem braunen Café neben dem Schreibwarengeschäft. Ihre gesamte rechte Seite war nass, und sie beschloss, dann eben ins Café zu gehen, um sich auf der Toilette zurechtzumachen.

Und jetzt noch eine Tasse Kaffee, beschloss sie, als sie sich abgetrocknet hatte. Da war ein Schild mit der Aufschrift «Der Kaffee ist fertig!» Eine Empfehlung, die dort schon seit dreißig Jahren stand, ebenso wie der Kaffee, den man ausschenkte.

«Ja, alles ändert sich», sagte der Gastwirt, so dass Cavia kurz befürchtete, dass sie ihre Bedenken bezüglich des Kaffees laut ausgesprochen hatte. «Früher war es hier brechend voll», fuhr der Gastwirt fort, und daraus schloss Cavia, dass es ein durchgehender Monolog war, der bei jedem weiteren Gast fortgesetzt wurde.

«Ja», sagte Cavia. Sie hatte sich vorgenommen, im neuen Jahr öfter einfach «Ja» zu sagen, wenn eine Diskussion die Mühe nicht lohnte.

Im Büro ordnete sie gerade ihre Haftie-Sammlung, als Kim mit geröteten Augen hereinkam.

«Geht es?», fragte Cavia erschrocken.

«Ja, nur ein bisschen Übelkeit», beruhigte sie Kim. Ach ja, die Morgenübelkeit.

«Kotzi, kotzi!», rief Rudi.

«Vielleicht solltest du mal etwas essen», schlug Cavia vor. Sie erinnerte sich, dass ihre Freundin mit den drei Kindern immer mit Crackern herumlief, wenn sie schwanger war.

«Nein, es geht schon», sagte Kim. Cavia sah, dass Kim sich auf den Blick aus dem Fenster konzentrierte und sich nicht allzu viel bewegte.

Roy kam herein. «Hört mal, in Vorbereitung auf Norwegen habe ich vor, selbst einmal Graved Lachs zu machen, also klassisch, mit: den Fisch erst eingraben und so ...», begann er.

In einer ziemlich ruhigen Bewegung beugte sich Kim über ihren Papierkorb und übergab sich.

«Bah», rief Stella. «Ja, hört mal, sorry.»

«Ach, Schätzchen», meinte Cavia mitleidig, «solltest du nicht besser nach Hause gehen?»

Kim kam mit tränenfeuchten Augen wieder hoch. «Das nehme ich dafür alles gern in Kauf», sagte sie.

«Ja, aber nehmen wir es auch gern in Kauf?», rief Rudi. «Ein Scherz!»

Wie lange noch?, dachte Cavia.

So ist das Leben

«Sagt mal, wie ist das eigentlich», fragte Cavia einfach nur mal so, «wenn Kim weg ist und Roy auch, bleiben wir hier dann zu dritt übrig?» Sie sah Stella und Rudi an.

«Das hängt davon ab, was der Mutterkonzern beschließt», sagte Stella.

«Oh», sagte Cavia. Die Antwort befriedigte sie nicht. «Und äh ... was wären die Optionen?»

«Wiederbesetzung der Stellen, Zusammenlegung von

Zweigstellen, weitere Ausdünnung des Personalbestands», spulte Rudi ab.

«Ausdünnung des Personalbestands?», rief Kim. «Meinst du, dass ihr entlassen werden könnt, weil es sich hier sowieso schon leert?»

«Alles ist möglich», meinte Rudi, «aber ich für meinen Teil bin hier weg, bevor es so weit kommt, denn so was sieht im Lebenslauf natürlich nicht wirklich gut aus.»

Das Telefon klingelte. Stella nahm sofort ab. «Ja, am Apparat», hörte man. «Nein. Nein. Doch, das geht schon. Ich notiere mir Ihre Nummer.» Es war kurz still. «Okay, auf Wiederhören.»

Sie legte auf.

Es gab häufiger Telefonate, bei denen Cavia nicht verstand, worum es ging, aber das hier hatte sich merkwürdig angehört.

Kim kam ihr zuvor. «Wer war das?»

«Es ist unhöflich, so etwas zu fragen», sagte Stella.

«Wenn jemand nicht sagen will, wer angerufen hat, ist er meistens dabei, sich zu bewerben», erklärte Rudi.

Alle sahen Stella an.

Heuli-heuli

Beim Frühstück kleckerte Cavia aus Versehen Müsli auf ihr Fell. Als sie im Büro war, hing noch immer ein wenig Milchgeruch um sie herum. Kim lief zweimal zur Toilette, um sich zu übergeben, behauptete jedoch steif und fest, dass es wirklich nicht an Cavia lag.

«Nun, die Sache ist definitiv», sagte Stella um vier Uhr plötzlich aus dem Nichts heraus.

«Wie bitte?», fragte Kim.

«Ich werde einen weiteren Schritt in meiner Karriere gehen. Ich bin gefragt worden, ob ich die Human-Resources-Abteilung bei einer großen Firma aus dem Food-Sektor übernehmen will.»

Es klang, als habe sie Angst, aus Versehen Schleichwerbung zu machen.

«Darfst du nicht sagen, welche Firma?», erkundigte sich Cavia.

«Doch, schon», sagte Stella, «bei Meat International. Rindfleisch und Viehfutter. Sie sitzen über ganz Europa verteilt.»

«Mensch!», fand Kim. «Das ging aber schnell.»

«Ja», sagte Stella. «Manchmal kreuzt etwas den eigenen Weg, zu dem man nicht Nein sagen kann.» Sie hatte plötzlich rote Wangen.

«Wer weiß, vielleicht kannst du dir da ja einen hübschen Schlachter angeln!», rief Rudi.

Es herrschte einen Moment Schweigen.

«Na, das ist ja herzerfrischend, zu sehen, wie euch allen der Schreck in die Glieder fährt, dass ich euch verlasse», fand Stella.

«Ja, nein!», sagte Kim sofort. «Das ist unheimlich schade, aber weil ich selbst auch schon weggehe ...»

«Na, Stella, so kennen wir dich ja gar nicht. Machst du jetzt einen auf heuli-heuli?», fragte Rudi.

«Nein, da brauchst du keine Angst zu haben», sagte Stella. Sie sah in der Tat nicht nach heuli-heuli aus, eher nach schimpfi-schimpfi, fand Cavia.

«Ich finde es sehr schade, dass du uns verlässt», sagte sie, «aber es ist auch ein mutiger und verständlicher Entschluss.»

«Ja, es ist hier natürlich sowieso schon ein Totenhaus», sagte Stella.

«Aber das ist die Schlachterei von dir doch auch?», bemerkte Rudi.

«Kriegst du dann eine Ermäßigung auf Fleisch?», erkundigte sich Kim.

«Ja, zehn Prozent», sagte Stella.

Es war wieder still. Langsam drangen die Realitäten zu Cavia durch. Roy weg, Kim weg, Stella weg …

«Aber bleiben wir hier dann zu zweit übrig?», fragte sie Rudi.

«Jetzt schau nicht so ängstlich», sagte Rudi. «Es kann äußerst inspirierend sein, jeden Tag, Stunde um Stunde, mit mir in einem abgeschlossenen Raum zu sitzen.»

Resturlaub

Es war ein träger Vormittag. Cavia führte mit Roy ein langes Gespräch über den Kaffeeautomaten. Sie fragten sich, ob die Taste «starker Kaffee» wirklich für starken Kaffee sorgte oder nur für die Psyche war. Cavia glaubte an die Psyche, Roy meinte, dass er wirklich etwas bewirke, wenn er auf «starker Kaffee» drücke, weil er dann tatsächlich mehr Energie habe. Cavia fand dagegen, dass Energie auch etwas Psychisches sei.

Die Tür ging auf. Ein Stapel Umzugskartons schob sich durch die Tür, dahinter erschien Stella. Mit einem Knall stellte sie die Kartons auf den Schreibtisch. «So», sagte sie, «dann packe ich meine Sachen mal zusammen.»

«Jetzt schon?», fragte Cavia erschrocken.

«Ja», sagte Stella, «wenn man erst einmal angekündigt hat, dass man geht, ist man eigentlich schon weg.»

«Oh», sagte Cavia.

«Außerdem habe ich noch so viel Resturlaub, dass ich ihn sowieso nicht mehr abfeiern kann. Also ... Ich gehe.»

«Aber sollen wir denn nicht noch eine Abschiedsfeier machen?», fragte Cavia.

«Na ja, wenn es dir nicht wirklich etwas ausmacht, werde ich mir über meine eigene Abschiedsfeier mal keine Gedanken machen.»

Nachmittags war Stellas Schreibtisch leer geräumt, und man hatte den Entschluss zu einer größeren Verabschiedung während der Weihnachtsfeier gefasst, der «in einem Rutsch» auch für Roy und Kim gedacht sein sollte. «Dann haben wir es hinter uns», sagte Rudi.

In gedrückter Stimmung angesichts all der Veränderungen ging Cavia durch den Regen nach Hause. Um sich aufzuheitern, kaufte sie im Schreibwarengeschäft ein paar braune Umschläge – eigentlich nur, um daran zu riechen.

Abends beim Kaffee räusperte sich Enzo und sagte gewollt lässig: «Sag mal, wird es nicht Zeit, dass du mitmachst in dem Gulasch-Bizz? Gemeinsam durch die Benelux-Länder touren, mit drei Töpfen, in denen es brodelt?»

Er sah sie gespannt an.

«Ähm», sagte Cavia, «darf ich noch eine Nacht darüber schlafen?» Sie dachte an das klitzekleine Notizbuch, das sie gekauft hatte, um ihre Gedanken zu ordnen. Bisher hatte sie erst zwei Worte hineingeschrieben: «PRO» und «KONTRA». Der Rest war leer.

«Du schläfst schon ziemlich viele Nächte darüber, Caaf.»

Das stimmte.

«Nur noch eine Nacht.» Ihre Gedanken wanderten zu ihrem Schreibtisch mit den Büroutensilien: ihrem Locher, ihrem Hefter, ihren Heftzwecken und der Schachtel mit den Büroklammern.

«Darf ich dann den Bürokrimskrams mitnehmen?», fragte sie. «Denn wenn ich im Gulaschbus mitfahre – ich sage: *wenn* –, dann habe ich schon das Bedürfnis nach ein wenig Büroatmosphäre.»

«Was bist du doch für ein komisches Haarbällchen», sagte Enzo aufrichtig erstaunt. «Aber wenn ich dir mit ein paar Umschlägen und ein bisschen Tesafilm eine Freude machen kann, sage ich: Kein Problem.»

«Hm», überlegte Cavia.

«Ist das ein Ja?», erkundigte sich Enzo.

«Nein, das ist ein Hm, und es bedeutet somit, dass ich noch eine Nacht darüber schlafen möchte.»

Community

Nachts träumte Cavia, dass sie in einem riesigen Topf Gulasch rührte und plötzlich de Groot vor dem Bus stand. Der oberste Chef wollte Gulasch mit braunen Bohnen, doch so etwas gab es überhaupt nicht: Gulasch mit braunen Bohnen. Enzo stand da und lachte de Groot aus, während Cavia sich fragte, ob sie nicht zufällig eine Dose braune Bohnen dabei hätten, und auf die Suche ging. «Dann machen wir es customized, Enzo!», rief sie in Panik.

«Gulasch ist nicht customized», sagte Enzo, «Gulasch ist community.»

«Schreibst du das dann auch mal in deinen Newsletter, Caaf?» Mit einem Mal hatte sich de Groot in Stella verwandelt.

«Aber du arbeitest doch für Meat International?», sagte Cavia, worauf Stella sie ungeduldig ansah und meinte: «Gulasch ist doch auch Fleisch?»

Verwirrt und auf Händen und Füßen machte sich Cavia auf die Suche nach einer Dose brauner Bohnen. «Was machst du denn da?», fragte Enzo.

«Ich bete um braune Bohnen», antwortete Cavia.

Die Tür des Gulaschbusses wehte knarrend auf und zu, auf und zu. Gerade als Cavia sich überlegte, dass sie mit einem Spritzer Multispray WD-40 etwas gegen das Knarren unternehmen sollte, wurde sie wach.

«Braune Bohnen», sagte sie laut.

«Wie bitte?», fragte Enzo.

«Nichts», antwortete Cavia.

Enzo wurde langsam wach. «Was hast du da gesagt?»

«Nichts», sagte Cavia. «Einfach irgendwas.»

Enzo schmiegte sich an sie und grub sich in ihr Fell. «Und?», fragte er. «Hast du ein Nächtlein darüber schlafen können? Kommst du mit mir mit? Sollen wir den Bus startklar machen?»

Jetzt ist der Moment, dachte Cavia, hoffentlich geht es gut.

Käsewürfel

Während des Kaffees mit Rudi, Roy und Kim räusperte sich Cavia und sagte: «Es kommt vielleicht ziemlich überraschend, aber ...»

«Du bist schwanger!», rief Roy.

«Nein», sagte Cavia, «das nun nicht gerade.»

«Ich dachte: Sind das zusätzliche Pfunde, oder sind es ein paar extra Pfötchen im Bauch?!», sagte Roy begeistert.

Cavia holte tief Luft. Gestern Morgen im Bett hatte sie zum Gulaschbus und zu Enzo Ja gesagt, der daraufhin einen Freudentanz durchs Schlafzimmer aufgeführt hatte. «Wir ziehen durch ganz Europa!», hatte er gerufen. «Du, ich und drei große Töpfe!»

Cavia war eine Last von der Seele gefallen, jetzt aber war sie doch nervös, als sie ihre Neuigkeit verkündete.

«Nachdem ich lange mit mir und mit Enzo zurate gegangen bin», fuhr sie fort, feierlicher, als sie es von sich selbst gewohnt war, «habe ich beschlossen, den Schritt zu wagen.»

«Du fährst im Gulaschbus mit!», rief Kim begeistert. «Caaf, was für ein Abenteuer! Herrlich, überall bei Wind und Wetter warmes Essen bringen!»

Cavia schaute nach draußen und sah, dass es stärker zu regnen begonnen hatte.

«Na ja, erst einmal fahren wir vor allem die Sommerfestivals ab», sagte Cavia vorsichtig. «Und ich werde dann eine Website betreuen und Gulasch-Newsletters schreiben, mir eine Strategie ausdenken ...»

«Su-per!», fand Roy. «Und vielleicht könnt ihr dann ja auch nach Norwegen kommen? Why not?»

«Und wie stellst du dir das mit deiner Alterssicherung vor?», fragte Rudi.

«Pfui, Rudi, was bist du doch für ein Spießer», sagte Roy. «Who cares about Alterssicherung?»

«Ich», antwortete Rudi.

«Ähm», sagte Cavia, «Enzo und ich werden zu gegebener Zeit schon das eine oder andere dazu in unserer Fünf-Jahres-Projektion definieren.»

So. Das klang gut, und sie würde nachher mal nachschauen, ob sie etwas Vernünftiges gesagt hatte.

«Lasst uns die Abschiedsfeier zu Weihnachten dann für alle machen», fuhr Roy fort. «Mit norwegischen Häppchen von mir, karibischen Häppchen von Kim und Gulasch von Caaf. Und vielleicht können wir Stella fragen, ob sie ein bisschen Wurst mitbringen kann.»

«Und was ist mit dir, Rudi?», fragte Kim.

«Ich glaube, ich bringe dann Käsewürfel mit», sagte Rudi, «denn ich werde hier wohl noch eine Weile sitzen. Auch wenn ich natürlich schon ein paar Eisen im Feuer habe», fügte er hastig hinzu.

Es war einen Moment still.

«Haben wir eigentlich überhaupt ein Budget für das Catering?», fragte Kim. «Ich meine, im Zuge der Sparmaßnahmen?»

«Na ja, jetzt, wo wir dich nicht mehr bezahlen müssen, bleibt wieder was übrig», sagte Rudi. «Also, Onkel Rudi zückt das Portemonnaie.»

Es herrschte eine Weile Schweigen.

«Schön, dann werde ich mal am Wochenende einen Fisch für den Graved Lachs vergraben», unterbrach Roy die Stille. «Was das Skandinavische betrifft. Und ich bestelle auch noch was. Sushi oder so.»

«Nicht für mich», sagte Kim. «Roher Fisch.»

«Aber schon für uns, nicht wahr, Caaf?», schaltete sich Rudi ein.

«Ich überlege mir schon was», sagte Roy.

Als Cavia, etwas früher als gewöhnlich, nach Hause ging, sah sie, dass Rudi mit angespannter Nackenmuskulatur auf die Seite einer Stellenbörse starrte.

Partycatering

Am nächsten Tag fand die Feier statt, dies würde also der letzte «normale» Arbeitstag werden – etwas, bei dem Cavia zweifellos alles Mögliche empfinden musste. Doch als sie zu ihrer Firma spazierte, ertappte sie sich dabei, dass sie bereits Listen für den Gulaschbus anlegte. Sie musste eine Website erstellen lassen, ein mobiler Gasherd musste organisiert werden.

«Aber jetzt erst einmal volle Konzentration auf das Hier und Jetzt», sagte sie laut. Ein Herr, der gerade vorbeikam, sah sie merkwürdig an.

In der Firma angekommen, versuchte sie dem Geräusch ihrer Schritte auf den Marmorfliesen zu lauschen. Bald werde ich dieses Geräusch nicht mehr hören, dachte sie.

In der Mittagspause machte sie sich in der Küchenecke gerade einen extra doppeltstarken Cappuccino, als plötzlich hinter ihr jemand ziemlich laut «Mahlzeit! sagte.» Cavia sah erschrocken über die Schulter. Dort stand ein kleines Männlein. «Können Sie eben unterschreiben, meine Dame? Ich bin hier, um unsere Spezialität, Susis Windbeutel, zu liefern.»

Unterschreiben? Susis Windbeutel?

«Und Sie sind …?»

«Pardon, Elemans mein Name. Von Elemans Partycatering!»

«Oh.» Cavia begriff. «Für die Feier.»

«Wofür es ist, ist mir egal, aber hier sind sie!» Er holte eine Schale aus dem Flur und stellte sie auf die Spüle.

«Aber unsere Feier ist erst morgen», sagte Cavia zögernd, «ist das denn richtig, dass es heute schon …»

«Deswegen sind sie auch mit lange haltbarer Schlagsahne gefüllt!», unterbrach Herr Elemans sie. «Alle Weihnachtsfeiern finden Freitag statt. Wir können zwar viel, aber die logistischen Fähigkeiten des Weihnachtsmanns haben wir uns noch nicht angeeignet.» Er lachte. «Darum liefern wir die Hälfte also schon einen Tag früher aus. Aber das hält sich schon! Lange haltbar!» Er hielt ihr den Lieferschein unter die Nase.

«Na ja, was soll's», sagte Cavia, «aber künftig wäre es vielleicht doch besser, wenn Sie …» Ach, lass mal, dachte sie. Es würde kein «künftig» mehr geben.

Sie unterschrieb. Es ertönte noch ein lautes «Tschüssikowski!», und Herr Elemans war verschwunden.

Die Schale mit den Windbeuteln stand allerdings noch da.

Roy kam herein. «Wer war das?»

«Herr Elemans, von Elemans Partycatering.» Cavia zeigte auf die Windbeutel.

«Und was ist das hier?», fragte Roy und zeigte ebenfalls auf die Windbeutel.

«Er sagte: ‹Susis Windbeutel›», antwortete Cavia zögernd, «für die Abschiedsweihnachtsfeier.»

Roy kicherte kurz. «Schon bizarr», sagte er.

«Sie sind mit lang haltbarer Sahne gefüllt, das wäre also kein Problem, hat er gesagt.»

«Das meine ich nicht», sagte Roy, «ich hatte Sushi bestellt und keine Windbeutel.»

«Vielleicht hat Herr Elemans am Telefon «Susis» verstanden?»

Roy lachte. «Wie in den Achtzigern, als noch kein Mensch Sushis kannte, aber Windbeutel in waren. Susis Windbeutel!» Er nahm sich einen. «Na ja, auf gewisse Weise auch wieder ziemlich süß.»

Cavia lachte ebenfalls.

«Und Kim kann sie auch essen!», sagte Roy. «Ende gut, alles gut!»

Cavia vermisste Roy jetzt schon.

Weihnachten ist Weihnachten

Um Punkt fünf Uhr begann die Abschiedsweihnachtsfeier, und pünktlich um fünf Uhr hörte Cavia eine müde Stimme «Hallo» sagen.

Sie drehte sich um. Es war Anne-Bet. Sie hatte ihren Hund mit den Nierensteinen bei sich – zum Glück an der Leine. Wer hatte sie eingeladen? Sicher Kim. Cavia selbst hatte jedenfalls nicht mehr daran gedacht.

«Hey, Anne-Bet!», sagte Cavia und wusste auch gleich nicht weiter. Zum Glück kam Roy zur Küchenecke und sang mit einer bewundernswerten Begeisterung: «Hey, die Anne-Bet! Ich bin ganz von Sinnen, das Fest kann beginnen!»

Anne-Bet antwortete mit ausdrucksloser Miene: «Ja.»

Danach füllte sich die Abteilung rasch. Stella war da, ganz offensichtlich in einem neuen Kostüm. Cavia schaute noch mal kurz, ob sie ihren Bruder Steven bei sich hatte, aber nein. Zum Glück. Harm-Jan war natürlich nicht da – der war in Schweden.

Er hatte eine E-Mail geschickt, ohne Text, aber mit dem Foto eines Elchs.

Kim war natürlich mit Stanley gekommen und mit seinen Kindern. Rudi war ebenfalls da. Er trug Hosenträger mit weihnachtlichen Motiven.

Man munkelte, dass de Groot, der oberste Chef des Mutterkonzerns, vielleicht auch noch vorbeischauen könnte.

Es herrschte eine ausgelassene Stimmung. Enzo hatte einen Riesentopf Gulasch mitgebracht und Roy einen Graved Lachs «organisiert», wie er sich ausdrückte. «Ich hatte einen Fisch vergraben, aber meine Katze hat ihn gleich gefunden. Also essen wir jetzt einfach was von Ikea», vertraute er Cavia in der Küchenecke an.

Cavia ging mit den etwas zähen «Susi-Windbeuteln» herum. Sie traf Marja, die kurz mit den Kollegen der Abteilung zusammengesessen hatte, aber wieder ins Lager zurückmusste. «Tag, Cavia!», rief Marja. «Wenn man sich auch sonst nie sieht, auf der Weihnachtsfeier sieht man sich dann doch! Ha ha ha!»

«Was macht dein Rücken?», fragte Cavia. «Ich habe noch versucht anzurufen, aber ...»

«Tja, das Lager ist das Lager!», rief Marja.

«Hm, hm», sagte Cavia einfühlsam.

«Aber: Weihnachten ist Weihnachten!»

Cavia verstand zwar nicht, wie sie zu dieser Schlussfolgerung kam, sagte jedoch: «Ja, das ist natürlich auch so.»

Um sechs Uhr hörte man, wie jemand mit einem Löffel an ein Glas tickte, und das Stimmengewirr legte sich. Rudi stellte sich auf einen Stuhl und sagte: «Der oberste Chef ist, soweit ich sehe, noch nicht da, also werde ich mal das Wort ergreifen.» Gejohle. «Ja, aber wartet mal», sagte Rudi. «Erst mal ganz allgemein: Alle haben viel zu tun gehabt. Es war ein Jahr, das schleppend verlaufen ist, das kann man nicht leugnen, aber ich glaube, wir alle haben einen wichtigen Schritt in Richtung Zukunft getan.

Wenn es mal etwas schlechter läuft, ist das gerade eine Herausforderung, etwas mehr in Richtung Langzeitperspektive zu denken, gerade in unserer Branche.»

Am Klang seiner Stimme hörte sie, dass Rudi die Apotheose fast erreicht hatte. «... Und wir verabschieden uns heute von ein paar Rackern, und damit meine ich natürlich Stella, Roy, Kim und Cavia, kurzum alle, die im zurückliegenden Jahr mit mir zu tun gehabt haben!»

Die Tür schwang auf. Eine hochgewachsene Gestalt betrat den Raum. De Groot. «Hallo Leute», begrüßte er die Anwesenden.

Rudi blieb auf seinem Stuhl stehen, doch niemand schenkte seiner Ansprache noch Aufmerksamkeit.

«Ich komme nur ganz kurz», sagte de Groot, «aber ich wollte mich dennoch im Namen des Mutterkonzerns von einer Reihe besonderer Mitarbeiter verabschieden.» Er zog einen Zettel aus der Brusttasche. «Und das sind: Roy ...» Er sah hoch. «Applaus für Roy!» Es wurde applaudiert. «Und Stella ...» Erneut Applaus. «Und Kim ...» Applaus. «Und Cavia.» Enzo begann laut zu johlen. «Scht», ermahnte ihn Cavia und rückte näher an ihn heran.

«Cavia, wo bist du?», fragte de Groot.

«Hier», meldete sich Cavia. De Groot entdeckte sie und fuhr fort: «Danke für deine innovative Kommunikationsstrategie.»

«Danke schön», erwiderte Cavia. Sie fühlte sich, als hätte der Nikolaus sie zu sich gerufen.

«Und dann würde ich jetzt gern mal wieder so ein Schälchen Gulasch kosten», sagte de Groot.

Später am Abend stand Cavia in der Küchenecke mit Enzo zusammen. Rudi kam dazu. «Wo fahrt ihr denn eigentlich mit diesem Bus hin?», fragte er. «Nach Ungarn?»

«Na ja, da haben sie schon selbst genug Gulasch», antwortete Enzo ruhig. «Unser erster Halt wird Vaals sein.»

«Vaals? Mit dem höchsten Berg der Niederlande?», fragte

Rudi. «Da gibt es doch nur Busladungen voll Alter und Behinderter.»

«Und wenn die nun mal Gulasch lieben?», erwiderte Enzo. «Dort findet ein kleines Alpenfestival statt, da passen wir also wunderbar rein. Nicht wahr, Caaf?» Er zog Cavia an sich. «Zwei Bergschweinchen auf Abenteuerreise.» Cavia nickte.

Sie starrte auf den Kaffeeautomaten. Sie fühlte sich versucht, den Apparat zu tätscheln.

«Doch wohl keine Tränen, Caaf?», sagte Roy, der plötzlich mit einer Flasche Prosecco neben ihr stand. «Wo wir doch erhobenen Hauptes der Zukunft entgegenschreiten wollen!»

«Ja, weiß ich», antwortete Cavia. «Finde ich ja auch. Aber es ändert sich so viel.»

«Veränderung ist gut», sagte Enzo. «Denk an meine Worte.»

© Tessa Posthuma de Boer

Paulien Cornelisse,

geboren 1976, ist in den Niederlanden durch ihre Kabarettauftritte und Kolumnen, vor allem aber durch ihre Bücher einem großen Publikum bekannt (mehr als 700 000 verkaufte Exemplare von «Sprache ist, sagen wir mal, echt mein Ding»). Sie wurde mit dem Tollensprijs, dem ältesten Literaturpreis der Niederlande, ausgezeichnet und erhielt für Ihre Kabarettauftritte zahlreiche Preise. Paulien Cornelisse lebt in Amsterdam und ist Mitbegründerin von «Echt Gebeurd» («Wirklich passiert»), einem Podium für Live Storytelling und Story Slam, ähnlich der amerikanischen Organisation «The Moth».

www.pauliencornelisse.nl

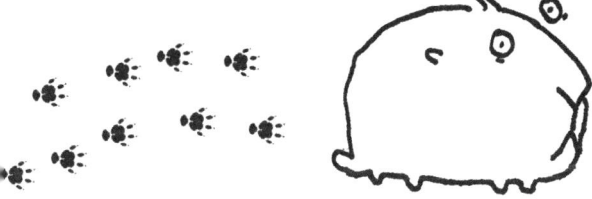